實踐派叢書

Dudjom Rinpoche 敦珠甯波車

甯瑪派叢書

The Nyingmapa Series

無垢友尊者

修部③

幻化網秘密藏續

談錫永主編

談錫永導論◆沈衛榮翻譯

目　錄

序

《甯瑪派叢書》總序

近年西藏密宗在世界各地廣泛流傳，甯瑪派（rNying ma pa）的「大圓滿」（rdzogs pa chen po）亦同時受到歐、美、日學者的重視。於是研究「大圓滿」及甯瑪派教法的外文書籍不斷出版，研究文章亦於各學術機構的學報發表。

然而遺憾的是，我們接觸到的書刊文獻，絕大部份都未能如實說明「大圓滿」（dbu ma chen po）的修持見地——「大中觀見」，即如來藏思想；於修持上亦未能說出次第修習與次第見地的配合，如抉擇見與決定見。因此便令到「大圓滿」這一法系，在大乘佛教中地位模糊。

事實上，「大圓滿」與漢土的禪宗同一淵源。即是說，他們本屬同一見地的印度大乘修持系統，即文殊師利不可思議法門。傳入漢土的成為禪宗，傳入西藏則成為甯瑪派的「大圓滿」。——因此「大圓滿」的修持，跟藏密其他教派的修持有所不同，可謂獨樹一幟。也因此，漢土禪宗於六祖慧能以前，以說如來藏（tathāgatagarbha）的《入楞伽經》（*Laṅkāvatārasūtra*）印心，而甯瑪派亦判《入楞伽經》為「大中觀」見的根本經典。

本叢書的編譯，即據甯瑪派近代法王敦珠甯波車（H.H. Dudjom Rinpoche，1904-1987）的傳授，分「見」、「修」兩部編成。在「見」的部份，着重闡釋「大中觀見」，即「如來藏思想」的真實義，使讀者能瞭解此印度佛學系統中的重要思想，以及其與禪宗修持、「大圓滿」修持的關係。

至於「修」的部份，則選譯甯瑪派歷代祖師的論著，及諸巖傳法要。如是配合大圓滿「四部加行法」(sbyor ba bzhi)——即外加行、內加行、密加行、密密加行。凡此皆為印度傳入西藏的次第止觀法門。

本叢書於香港出版後，反應良好，今應全佛文化出版社之請，特重行修訂再版以期甯瑪派法要能得正信，並期望文殊師利不可思議法門得藉此弘揚。

Preface

Nowadays, Tibetan Buddhism is no longer restricted to an isolated place somewhere far away on "the roof of the world". During the last half century, more and more people outside Tibet came in touch with Tibetan Buddhism either through the media or through traveling to the areas of Tibetan culture or through contact with Tibetan spiritual teachers. As a result there is an urgent need for studies which provide reliable translations of the primary sources of Tibetan Buddhism as well as clear introductions into its complex system of doctrinal view and practice. Through the book at hand, for the first time, one of the essential sources of Tibetan Buddhism is accessible for the increasingly interested readers in an Chinese translation.

Tibetan Buddhism today consists of four major schools or traditions. Among these schools, one is called "the old one" (in Tibetan: *rNying ma*). It traces its origin to the period of the Tibetan King Khri srong lde btsan in the late eighth century when Buddhism was first systematically propagated in the land of snow. The *rNying ma pas,* the followers of the Old School, regard Padmasambhava as the most prominent figure among those who explained the Buddhist teachings to the king and the first disciples in Tibet. Although many of the historical events around the first introduction of Buddhism into Tibet are now covered with pious legends and later Tibetan historians' additions, it is doubtless that at that time the very base was laid for a development of which Buddhism became the core of Tibetan culture.

This book introduces one of the root texts of the Old School. It presents a Chinese translation of the basic version of the work called *gSang ba snying po or gSang ba'i snying po,* the (Secret Nucleus), also known under its Sanskrit title *Guhyagarbha,* together with an introductory study of its pragmatic contents by Master Tam Shek-wing and an investigation of its transmission in Tibet by Shen Weirong. Its full Tibetan title is *gSang ba snying po de kho na nyid nges pa rdo rje sems dpa' sgyu 'phrul drva ba.* The work is said to be transmitted to Tibet from India in the eighth century. It is claimed that the original was written in Sanskrit but that it was lost during the second transmission of the Buddhist teachings in Tibet. In the past this gave rise to a controversy about the authenticity of this text among Tibetan scholars, especially until the thirteenth century when a Sanskrit version of the manuscript was finally discovered in the temple of bSam yas.[1] Nevertheless the supporters of the Old School have always regarded the text as authoritative, therefore it became the subject of a rich commentarial tradition which tried to explain the subtle meaning behind its words.

The *gSang ba snying po* belongs to a class of texts which are called rgyud in Tibetan or tantra in Sanskrit. Theses kind of texts claim to offer a faster and more effective method of

---

1 See George N. Roerich, trans., *The Blue Annals.* Delhi: Motilal Banarsidass, 1949: 103-4.

attaining enlightenment than the texts called *mdo* (Sanskrit: *sūtra*). Instead of merely suppressing all kind of emotions and physical energies, tantric practice aims to utilize them on the path to Buddhahood. Visualization and rituals play a prominent role in the tantric practice.

In his efforts to promote a better understanding of the work *gSang ba snying po,* Shen Weirong especially makes use of the commentaries of two distinct Tibetan scholars in the history of Tibetan Buddhism. The first one is Klong chen rab 'byams pa (1308-1364), definitely the most outstanding and inspiriting figure in the tradition of the Old School. Apparently many of his works have been lost, but those which were transmitted to his successors had a great impact or the further intellectual development of his school. The second one is the East Tibetan scholar Mi pham 'Jam dbyangs rnam rgyal rgya mtsho (1846-1912). He composed an impressive number of works which cover a great variety of topics reflecting the enormous learning of Buddhist scholars in Tibet during the 19th century.

Only a few scholars in the West have dealt with this work in more detail. Primarily the text itself and its commentaries have been used as a source to elucidate the highest *rNying ma* teachings on philosophy and meditation called *rDzogs chen,* the Great Perfection.[2] In this context, the *Man ngag lta ba'i phreng ba,* a short work attributed to Padmasambhava, has also been

---

2 Herbert von Guenther, *Matrix of Mystery: Scientific and Humanistic Aspects of rDzogs-chen Thought*. Boulder & London, 1984.

utilized as a tool to interpret the *gSang ba snying po*.[3] This also reflects the approach to the work within the rNying ma tradition itself where it was especially seen in the light of the *rDzogs chen* teaching. Nevertheless the rNying ma pas classify the *gSang ba snying po* as a Mahāyoga work – that is to say, according to their system of nine successive vehicles which carry one to salvation, the *gSang ba snying po* does not belong to the highest one. But this does not say that this specific work was not esteemed as one of the most important ones among the canonical literature of the rNying ma pas. They regard the *gSang ba snying po* as the fundamental *tantra* among the eighteen great *tantras* of the Mahāyoga system. Information about the history of this work according to the indigenous history of the Old School is available through the English translation of bDud 'joms rin po che's work on the fundamentals and history of the Old School. It also presents a summary of the Mahāyoga system according to the *gSang ba snying po*.[4] Although the importance of the *gSang ba snying po* was recognized among scholars in the West,[5] a fundamental and

3 Samten G. Karmay, *The Great Perfection: A Philosophical and Meditative Teaching of Tibetan Buddhism*. Leiden, New York: Brill, 1988; Ulrich Loseries, *Guru Padmasambhavas "nstruktion 'Die Kette der Anschauuugen'" (Man-Ngag lTa-Ba'i Phreng-Ba) erlautert durch Methoden der Auslegung des "die Essenz des Geheimen" Lehrenden Tantras (gSa-Ba'i sNying-Po'i rGyud)*, Bonn: Dissertationsdruck, 1989.

4 Dudjom Rinpoche. *The Nyingma School of Tibetan Buddhism: Its Fundamentals and History*, Vol. 1. Trans. Gyurme Dorje and Matthew Kapstein. Boston: Wisdom Publications, 1991: 275-283, 359-363. Information about the transmission of the work can be found throughout part five of the book (pp. 599-739).

5 See especially Dan Martin, "Illusion Web: Locating the *Guhyagarbha Tantra* in Buddhist Intellectual History", in *Silver on Lapis: Tibetan Literary Culture and History*, ed. By Christopher I. Beckwith. Bloomington: The Tibet Society, 1987: 175-200.

critical study on its history and reception has still awaiting to be done.

The publication on hand meets a growing interest among Chinese readers in Tibetan Buddhism. It is my hope that it will help improving the understanding of Tibetan Buddhism and Tibetan culture in general and that it will encourage more specialists in Tibetan studies in doing research on the primary sources of Tibetan Buddhism.

Peter Schwieger,
The University of Bonn
December 2001

序

當今藏傳佛教已不再局限於遙遠而偏僻的「世界屋脊」之上。上半個世紀中，愈來愈多西藏以外的人，或通過傳媒、或通過到西藏文化區旅行、或通過與西藏精神導師的接觸，而認識到藏傳佛教。以是之故，對提供藏傳佛教基本資料之可靠譯文，以及對其見地與修持的複雜體系作明晰介紹之研究，其須要便變得十分迫切。而本書則首次將藏傳佛教最根本的資料之一以漢譯方式介紹給興趣日濃的讀者。

今天，藏傳佛教由四大教派或傳統所組成。其中一派被稱為舊派，藏語中稱為甯瑪派。該派溯其本源至八世紀晚期吐蕃贊普赤松德贊（Khri srong lde btsan）時期，是時佛教首次於雪域蕃地得到了系統的傳播。甯瑪派（rNying ma pa），即舊派之修行人，將蓮花生大士視為當時來藏為吐蕃贊普及其首批弟子傳播佛法的印度大師中最為傑出的人物。儘管圍繞西藏佛教前弘期的史實今天已被種種神秘的傳說與後世藏族史家的添加所籠罩，然而無庸置疑的是，此日後成為西藏文化核心的佛教，其發展的基礎在那個時候已被鞏固下來。

本書所介紹的是一部舊派的根本經典之一。書中除了提供了《秘密藏續》略本的翻譯外，還有談錫永上師對本續有關實修方面的導讀，以及沈衛榮對《秘密藏續》於西藏傳播的深入研究。《秘密藏續》藏文標題為 *gSang ba snying po*，或 *gSang ba'i snying po*，梵文標題則為 *Guhyagarbha*。其藏文標題則具名為《秘密藏決定金剛勇識幻化網（*gSang ba snying po de kho na nyid nges pa rdo rje sems dpa' sgyu 'phrul drva ba*）。據說此續於八世紀時從印度傳到吐蕃。其原版當是以梵文寫成，然已於西藏佛教後弘期時軼失。因此於西藏的學者中曾引發了對其真實性的激烈爭論，一直到其原本之梵文手稿於十三世紀時終於在桑耶寺（bSam yas）被重新發現才告終止。[6]不過，舊派的支持者從來不曾懷疑本續的真實性，是故便形成了為本續文字背後的甚深微妙法義作闡釋的豐富詮釋傳統。

《秘密藏續》屬於藏文稱為「續」（rgyud）、梵文稱為「怛特羅」（tantra）一類的經典。這類經典說能提供比稱為「經」（mdo，梵文稱為 sūtra）一類經典更快、更直接的成佛之道。密續修行的目標不在於壓迫種種情緒與生理，而在於在成佛的道路上利用他們作密乘的修習。在密宗的修行中，觀想與各類儀注扮演著十分重要的角色。

為了能更清楚理解《秘密藏續》這部經典，沈衞榮還特別利用了西藏佛教史上兩位傑出學者的釋論。第一位是龍青繞絳巴（Klong chen rab 'byams pa, 1308-1364），他無疑是舊派傳統中最傑出、最賦啟發性的人物。他的許多作品無疑已經不再存在，然而那些仍在其傳人中流傳的作品對舊派教法思想之進一步發展，實在有重大影響。而另一位則是東藏的學者文殊勝海不敗尊者（Mi pham 'Jam dbyangs rnam rgyal rgya mtsho, 1846-1912）。他著作了大量引人注目的作品，涵蓋各種不同的主題，體現了十九世紀西藏佛教學者是何等的博學。

---

6 George N. Roreich, *The Blue Annals*, Delhi: Motilal Banarsidass, 1949: pp. 103-4.

在西方只有極少數的幾位學者曾詳細研究及這部經典。這部經典本身及其釋論，主要是被用作闡明甯瑪派有關見地、修持之最高教法——即大圓滿法（rDzogs chen）——的一種資料。[7]與此相應，據稱是蓮花生大士所造的一部短論《口訣見鬘》（*Man ngag lta ba'i phreng ba*）亦被用來作為闡釋的工具。[8]這也反映出於甯瑪派傳統本身，這部經典亦是特別從大圓滿法這個角度來解讀的。儘管甯瑪派將《秘密藏續》劃歸摩訶瑜伽類的一部經典，此即是說，按照甯瑪派導往圓證佛果的成佛之九乘次第，《秘密藏續》並不屬於最高的一乘。但儘管如此，這並不是說這部殊勝的經典沒有被尊為甯瑪派經典文獻中最重要的經典之一。他們視其為摩訶瑜伽體系「十八大續」中最根本的一續。舊派有關這部經典之史料，現已通過敦珠法王論舊派歷史與基礎之英文翻譯而為人所知。其中亦包含有根據《秘密藏續》而寫成的一個摩訶瑜伽體系的提要。[9]儘管此經典的重要性早已得到西方學者們的承認，[10]可對其歷史與詮釋的根本性、批評性的研究，則仍有待來者。

---

7 Herbert von Guenther, *Matrix of Mystery: Scientific and Humanistic Aspects of rDzogs-chen Thought*. Boulder & London, 1984.

8 Samten G. Karmay, *The Great Perfection: A Philosophical and Meditative Teaching of Tibetan Buddhism*. Leiden, New York: Brill, 1988; Ulrich Loseries, *Guru Padmasambhavas "Instruktion 'Die Kette der Anschauungen'" (Man-Ngag lTa-Ba'i Phreng-Ba) erlaeutert durch Methoden der Auslegung des "die Essenz des Geheimen" lehrenden Tantras (gSang-Ba'i sNying-Po'i rgyud)*, Bonn: Dissertationsdruck, 1989.

9 Dudjom Rinpoche. *The Nyingma School of Tibetan Buddhism: Its Fundamentals and History*, Vol. 1. Trans. Gyurme Dorje and Mathew Kapstein. Boston: Wisdom Publications, 1991: 275-283, 359-363. 有關此經典傳播的歷史亦可見該書第五部分（pp. 599-739）。

10 特請參見 Dan Martin, "Illusion Web: Locating the *Guhyagarbha Tantra* in Buddhist Intellectual History," in *Silver on Lapis: Tibetan Literary Culture and History*, ed. by Christopher I. Beckwith. Bloomington: The Tibet Society, 1987: 175-200.

本書的出版將滿足漢文讀者對西藏佛教日益增長的興趣。筆者希望它將有助於改進人們對藏傳佛教及其文化的理解，並鼓勵更多的西藏研究專家從事對藏傳佛教基本資料的研究。

二零零一年十二月
Peter Schwieger 於波恩大學

編按：

Peter Schwieger 博士現為德國波恩大學中亞語言文化研究所（Seminar für Sprach - und Kulturwissenschaft Zentralasiens, Universität Bonn）教授及所長。主要從事西藏宗教、歷史研究，曾長期於德國哥廷根科學院從事甯瑪派伏藏結集《大寶伏藏》（*Rin chen gter mdzod*）的編目、整理工作。

導論

《秘密藏續》說略

談錫永

沈衛榮君翻譯了一系列有關「幻化網」的藏傳佛教文獻，包括：根本續《秘密藏續》（*gSang ba'i snying po*）；龍青巴尊者的釋論《十方除暗》（*Phyogs bcu mun sel*）；文殊勝海不敗尊者的釋論《光明藏》（*'Od gsal snying po*），此一續二論，完整地介紹了甯瑪派的生起法（skyed tshul），並此而入圓滿法（rdzogs tshul）及大圓滿法（rdzogs chen tshul）。

筆者對《光明藏》已作釋義，與《秘密藏續》同時出版。《十方除暗》的譯稿則尚待校勘整理，期望能盡快完成。

對於《秘密藏續》，一般讀者實不易閱讀，因僅憑文字來理解，實在不明其所蘊涵的法義，自然更不知其如何修習。這就須要靠釋論來幫助。不過，縱使閱讀釋論，亦僅能理解其見與修的關係，至於實際修習，仍必須依賴師傳的儀軌。但反過來說，若僅有師傳的儀軌（例如一些金剛薩埵修習儀軌）而不讀根本續，那麼，便可能流為機械式的修習，對儀軌的每個環節未能貫通其法義。

所以將「幻化網」的一續二論出版，一方面可令對藏傳佛教有興趣的讀者，瞭解甯瑪派的生起法門；另一方面亦可助漢地甯瑪派學人，了知修持與見地的配合。

《光明藏》依三續十一事來詮釋根本續。三續為：基續（gzhi'i rgyud）、道續（lam rgyud）、果續（'bras bu'i rgyud）；

十一事為：見地（lta ba）、等持（ting nge 'dzin）、行持（spyod pa）、壇城（dkyil 'khor）、灌頂（dbang bskur）、誓句（dam tshig）、修證（sgrub pa）、供養（mchod pa）、事業（phrin las）、手印（phyag rgya）、密咒（sngags）。如是全部貫通根本續的密義，可以視為總論。它不但詮釋《秘密藏續》，實亦通釋餘續，故一切密續均藉此可以了知。

《十方除暗》則依《秘密藏續》文句，分外（phyi）、內（nang）、密（gsang）三重意義加以詮釋，許多時候甚至說出具體修法，故若修甯瑪派的生起法，這是一本很重要的參考資料。它亦貫通一切生起次第的儀軌。

有了這兩本釋論，若對《秘密藏續》再說一些甚麼，無非只如狗尾續貂。因此，筆者只能在此說明一下本續的結構，以及其間一些脈絡，稍方便讀者理解。若想完全讀通本續，則仍須再三閱讀兩本釋論。

《秘密藏續》分二十二品，分攝寂靜壇城與忿怒壇城的基、道、果續。

一至三品，為寂靜壇城的基續。

四至十三品，為寂靜壇城的道續。

第十四品，為寂靜壇城的果續。

第十五品，為忿怒壇城的基續。

十六至二十品，為忿怒壇城的道續。

第二十一品，為忿怒壇城的果續。

（二十二品為結續，囑託護持。）

寂靜壇城的基續，以說見地為主。

《秘密藏續》的見地，傳統教傳派（bka' ma）以之為「大瑜伽續」（Mahāyoga tantra）的層次，巖傳派（gter ma）則多依絨宋・法賢與龍青巴的觀點，以之為「無上瑜伽之大瑜伽」（Ati-Mahā）。及至不敗尊者的釋論《光明藏》弘揚以後，採取這見地的人便更多了，可以說已經成為主流。兩種見地，外義不同，密義則相同，筆者對此已於《光明藏》的釋義中詳說，此處不贅。

《秘密藏續》的外義，為依種子字生起寂靜、忿怒壇城，並對壇城作供養承事，依秘密誓句作行持及事業。但其密義，則為令行者現證「清淨大平等性」。

所謂清淨大平等性，即是在本初清淨中，一切法自顯現（rang snang）平等生起，說為平等，即輪迴界與涅槃界的自顯現平等，一切界的自顯現平等。

復次，雖有自顯現於中生起，而本初清淨並未因此而受污染，譬如鏡面，不因種種鏡像於中生起而變為不淨；另一方面，自顯現既於本初無變異的大清淨中生起，是故一切顯現亦便自性清淨，雖有客塵污染而其清淨的本體並未失壞。

於**第一品**〈緣起品〉中，越量宮具一切色、聲、香、味、觸境，與「無上本智壇城」及「一切十方四時正覺壇城」同時存在，那就即是清淨大平等性的自顯現；色受想行識示現為佛父，而地水火風空則示現為佛母（續中分別說堅硬界、柔軟界，以至幻界等，示現為王后聚），同時，能所、根識、四時等一切法皆示現為菩薩，如是而成「無盡莊嚴輪」，那便是輪涅界平等，而輪迴界中一切法，如五蘊、五大等，以至根身器界，實即清淨大平等性壇城。

以是之故，說為 ——

本智壇城大悲性
周遍離戲論法界
……
自顯現性光輝耀
如是即為如意寶

於**第二品**〈發勝義及世俗菩提心本智品〉中，說本智自顯現為一切法，此為勝義；說如來藏由業力而顯現為一切具戲論根身器界，此為世俗。然而二者實皆無非普賢佛母「以一切無餘諸佛自然姿態之金剛真實確立一切法」。

所謂「金剛真實」（rang bzhin gyi tshul rdo rjes），即是清淨大平等性，以其雖自顯現而無有變異，故喻為「金剛」；以其無有虛妄，故說為「真實」。

然此「金剛真實」卻非為實體，只是「現空無二」（snang stong gnyis med）的境界。此「現空無二」亦即是法界的本來面目，故依體性可說為真如，或依佛的功德說為佛性、如來藏等。

由勝義及世俗雙運，即可建立五蘊為五方佛壇城等，此說為「本初法爾且圓滿」。但如來藏則由業力而具二取，由是成阿賴耶，於是「由具我執具戲論，虛空中結解與縛」，是故輪迴為枉受。

於**第三品**〈抉擇一切法品〉中，建立五乘，即天人乘（人天乘）、聲聞乘、獨覺乘（緣覺乘）、菩薩乘、無上乘（金剛乘）。五乘教法中，抉擇無上乘教法為究竟。餘乘為不究竟。頌云——

淨界自性即一時
相關生起自運作
自他以及尋思續
若依清淨無上乘
說為無上清淨事

此中所謂「一時」，實指無分別時，即超越過去現在未來時。這是一個很重要的概念。超越三時，即亦超越時空。於一切時空中清淨界自顯現為一切法，「相關生起自運作」，由是有「自」、「他」，以及「心識」（尋思續），廣義而言此即包括蘊、處、界。如是皆為「無上清淨事」，便即是一切法自顯現實為無上清淨。如是建立「現空」（snang stong）為清淨大平等性。

一至三品，由見地建立壇城，復由壇城抉擇見地，於是成立「無上」——不敗尊者於《光明藏》中云：「所謂無上，乃一切法體性究竟清淨大平等性真實無二大法身。」

《秘密藏續》的道續，以說修道為主。所說修道，又以現證「現空無二」為主，由是說三種壇城：方便大樂普賢佛父壇城、法界空性佛母壇城，及與此二者無有分別之佛子大樂菩提心壇城。

此三壇城，普賢佛母壇城清淨虛空、無生且離四邊，此於行者，即如其自心之空性。然此無生法性非無生機之頑虛空，彼實無休止於一切界作自顯現，此為法爾，即說為佛父壇城。此二壇城雙運，即佛子菩提心壇城，是即「現空無二」，由是現證樂空雙運（bde stong zung 'jug）。

三壇城的建立可視為橋樑，由大瑜伽（Mahāyoga，摩訶瑜伽），經此橋樑，即可渡至無上瑜伽（Atiyoga，阿底瑜伽）——此橋樑則名為無比瑜伽（Anuyoga，阿努瑜伽）。

無上瑜伽以「本初即佛」，故一切法之本性法爾清淨，且與本性之平等任運顯現無二無別，復於無分別中現起大悲，由是證法報化三身。此若向下建立，法爾清淨可建立為佛母壇城、平等自顯現可建立為佛父壇城，二者雙運可建立為佛子壇城。此即無比瑜伽之建立。

無比瑜伽所修之自顯現為內自光明，行者若未證內自光明（唯一明點）則不可能證清淨與平等無二（現空無二），故為橋梁，令修自顯現與空性基雙運之大瑜伽行人，得以現空雙運為修道基，經同屬修自顯現與空界無二之無比瑜伽，更向上證阿底瑜伽大圓滿。

而大瑜伽者，修「現空」即修本尊之身與智。身為空性中之自顯現，智為與自顯現無二之空性基（本始基，如來藏），故雖未建立為三壇城，但卻建立為三等持（ting nge 'dzin gsum）。

三等持者，真如等持（de bzhin nyid kyi ting nge 'dzin）為空分，與佛母壇城相當；遍現等持（kun tu snang gi ting nge 'dzin）為現分，與佛父壇城相當；因等持（rgyu'i ting nge 'dzin）為因分，與佛子壇城相當 —— 此所說「因分」，相當於蓮花生大士於《口訣見鬘》說「一因證悟」之「因」。亦即勝義世俗菩提心無二智（此於第二品已說）。

此三等持，現證一切法自顯現為「無生生一切」，故以a為無生，於中建立壇城，令行者經修習而現證，現證因位便即證智。

由是**第四品**〈字鬘輪莊嚴品〉，由a（ཨ）字放射、收攝，修習虛空；復修由a化現之四十二字建立自顯現，是為「字鬘輪」。於證現空雙運時，即入因位。如是三等持即成為修習三壇城之基礎。

於此品中，說a字「十方遍滿作光淨」，說「a字自現種種相」，即說虛空與自顯現。其後說云 ——

> a ho
> 輪是方便智慧歡喜雲
> 亦是菩提心之長養因
> 勝者成熟解脫是其果

於此即說因分之種子字等持。

第五品〈幻網成就三昧品〉，說「自種字輪莊嚴雲」中，「幻化壇城四十二」。即承繼前品說建立壇城意趣，而說「由無性現有性雲，顯現變化種種相」。

此中a為無性，而四十二字，皆由a而發聲，故說為由a顯現。彼四十二字皆各有表義壇城建立，是即為有性。

第六品〈壇城幻化品〉，說修習儀，及修習意趣。修習儀者，即幻化網中諸尊的位置及手印等。修習意趣者，如云 ——「師顯幻化光影相，二相不離真如界」；復云 ——「此生示現種種身，各似六趣不同類，此雖非是真性造，因緣和合故明現」。如是所云，前者即涅槃界的自顯現，後者即輪迴界的自顯現。兩種自顯現，雖然「一變無盡智慧藏」、「一住於諸煩惱地」，但實為「一切無別平等身」，因其皆為「持智不動金剛身」故。

是故行者修習，所修身壇即修輪涅無分別的現空不二壇城。如以眼耳鼻舌四識為四內菩薩壇城等。

第七品〈壇城攝入與密咒品〉，本品全說修習儀軌。由種子字生起本尊，然後說此本尊密咒。如是一一安置幻化網中寂靜四十二尊。如說 —— hūṃ vajradhṛk，此中 hūṃ 即為種字；vajradhṛk 即為東方不動佛的密咒。

如是諸尊由密咒攝入壇城，復以密咒作灌頂及事業。此即 oṃ vajra samaya hūṃ …… 及 oṃ mahāśūnyatājñāna …… 等二咒。

第八品〈一切支分壇城加持幻化手印品〉，說生起五方佛父母、八大菩薩父母、天女眾、四門守護雙尊、六能仁等壇城。

一切壇城皆由四印生起，即大印、法印、三昧耶印及事業印。此中復分顯、隱，皆各各以秘密手印表示，有等印契且與真言配合。—— 此等因傳承不同，故各有傳規，須依師授。龍青巴尊者於《十方除暗》中已有詳說。

根本續中本品多秘密語，如「不動金剛日輪字」指右手五指，「寶生如來月輪字」指左手五指，其次第為中指、食指、拇指、四指，小指。此等處如無師授則必難由文句了知。

又如三昧耶印由「金剛掌」生起；事業印由「金剛拳生起」，於續中亦為秘密。

如是一一生起四十二尊支分壇城，各以四印印持，非專為修習時用，主要實為灌頂而設。

第九品〈金剛莊嚴秘密三昧耶品〉，說如何繪劃壇城，如何生起本尊以作供養，及說灌頂與利益。

壇城由「法源」生起，法源者，為如金剛橛形之地洞，即如三角錐形，然後以五寶、五藥等填平洞穴，再佈彩壇。其詳見《十方除暗》所說。

供養分外、內、密、密密供。此中五妙欲供為內供；以業印作供即秘密供；大體性供為密密供，於他續中此或亦稱為真如供。

必須安置壇城且作供養，阿闍梨自入壇城已，然後始可以為弟子灌頂。

行灌頂時，分行利益灌與能力灌。詳見第十品所述。

壇城分五部，弟子投花以定部居，修習該部儀軌，復以該部統攝餘部，其修習不離金剛三昧耶（誓句），即《五方佛三昧耶》及本續不共三昧耶，而以「不捨無上」為至要。

必須瞭解本品，然後才能理解下來所說的「施灌頂」。

第十品〈施灌頂品〉即承上品而說阿闍梨如何授弟子以灌頂。

此分為二：一能力灌；二利益灌。

能力灌者，耳輪灌令弟子得聞秘密法以至無上秘密法能力。其後以明點加持，再作手輪灌令能作事業；舌輪灌令能說法，則為能力灌中之利益灌。復益以五忿怒尊能力灌，則為甚深能力灌。

利益灌者，為寶冠、念珠、鎧甲、寶幢、手印、華蓋、寶瓶、飲食、五精華等九種，令弟子能得利益。

上來諸灌頂，於《十方除暗》已略說其要。

第十一品〈會供壇城品〉及第十二品〈會供修持品〉，非專說供養，實通攝十一續事。

說為通攝，亦非支離牽附之引用，實貫通十一續事為一體而供養壇城。故不敗尊者於《光明藏》中，以境、意樂、實物三殊勝說會供理趣，因知會供非只是供養，實為「證悟」之道。證悟為修道目的，其所修道，自然非通攝諸續不可。不敗尊者於說意樂殊勝時，以會供攝十波羅蜜多，故實即說其攝十一續事。

由是第十一品即云 ——

唯一因與種字相
復有加持與現觀
由此四種善證悟
圓滿現前正覺王

蓮花生大士據此，於其造《口訣見鬘》時，即詳說「一因證悟」、「種字證悟」、「加持證悟」、「現觀證悟」四證悟。

「一因證悟」，證離四邊之「無生」，以無生故，勝義與世俗無別，是為「一因」，亦即「唯一」。此亦即一切法皆為本覺之自顯現，由是觀修壇城即觀修本覺，於會供壇城時一切享用即為供佛，行者由此而證悟一因。

「種字證悟」者，a 表義為無生；oṃ 表義為無生自顯現如幻化；hūṃ 表義為心意之自性，亦即本覺。如是亦即修行道上之「三等持」、「三壇城」。a 為無生，若向下建立則為佛母壇城，更向下建立則為遍現等持；hūṃ 種子字為本明覺性（rig pa），向下建立則為佛子壇城，更向下建立則為因位等持。由是會供時修三等持與壇城，即可藉種子字而生證悟。

「加持證悟」為「一因」及「種字」所具加持力，令諸法現為正覺境界。此加持力，亦唯於會供時最能領悟。

「現觀證悟」者，現觀諸法無始以來成正覺〔或說為住於正覺〕，此種現觀，亦為會供時之修證。

由是可知以會供壇城為修證，實《秘密藏續》意趣。

故行者觀自肢身、諸根、諸識為 oṃ 字，此即修證本始基上自顯現。並依此建立 mūṃ hūṃ 等種字。結合前述字鬘之建立，以勝義世俗無有分別，故一切世俗即可於字鬘光明中轉化，由是證五大、五蘊、四識、四根、四境、四時等世俗建立為佛母、佛父、四內菩薩、四外菩薩、四妙天女、四供養天女之自性等等，詳見於《十方除暗》所說。此即貫通四證悟之實修。

如是會供以修道，又有「念修四支」，詳見《口訣見鬘》，此中由二種菩提心雙運而至樂空雙運（壇城表義為佛父母雙運），皆由會供輪假施設之種子字生起證悟境，此於《秘密藏續》之密意，則表徵為蓮花、日月輪。（於《後續》中第二品，則以 ha ho jaḥ hūṃ vaṃ bhyoḥ 六種字說此，及其雙運）。

此即頌云 ——

為彼具知瑜伽士
置於日月輪之上
持慢而修依模樣
化入 hūṃ 字而清淨
先融彼等入法界
然後種字印光熾
復化而成為佛身
光芒增長極光輝

如是修證，「行者依之作觀修，成具頂髻勝利者」，以「情器世間與心續，皆被現證為清淨」故，且以壇城具「二種平等性」（勝義與世俗平等，以勝義法爾無生、世俗如幻而為無生）、「二種增上平等性」（勝義與世俗平等，以勝義離戲而一切平等，世俗一切情器皆為佛父母壇城亦一切平等），如是清淨大平等性，即是本明覺性。

在**第十二品**，說會供修持。此中舞步、歌偈、受用、飲食等等皆為手印，尤其依止字鬘（於此處為元音與輔音種字），成就種種行 —— 此如根、識、境、時等，表義為諸聖眾（菩薩與天女），是故依勝義世俗平等之理，行者由是即可於行持中疾速入異熟持明位。

於證果中，共者十地，不共者三地，此即「方便地」

（普光地）；「方便分別智地」（淨蓮地）；「無上分別智地」（字鬘大集地）。此不共三地唯密咒道行人於行持時證入。此即會供修持之功德。

第十三品〈甚秘訣竅藏品〉，是《秘密藏續》中相當重要的一品。

此說法界為一大秘密明點，由此生起壇城，壇城復生起壇城，由是成一自顯現莊嚴輪（若以字鬘表義壇城，則可說為字鬘莊嚴輪）。這種意趣，亦即《華嚴經》所說之「華藏世界」，或顯乘共許之「帝釋梵網」。

由是世俗顯現雖依緣起，而實亦無非為法性自顯現，此即如五根、對境、時分、心識等，無論內識外境均住為自顯現普賢王如來壇城。

然此壇城卻非唯客觀存在，凡自顯現，必有生機使其生起。是故頌云 ——

精華明點等合時
大樂本智顯神變

由是「本智幻化自顯現，無邊壇城與剎土」。行者所修證者，即是由一壇城攝無量無邊無盡壇城，如是現證法界生機生起一切壇城剎土，而一切有情世間與其器世間，亦唯是壇城自顯現。此即如頌云 ——

調伏時空諸壇城
行者是故作主人

行者自成本尊，即壇城主，亦即現證現空無二，樂空無二。此二者亦實無分別，不可離異。但於名言上亦可說

「空」為「現空」；而一切自顯現則為「樂空無二」之自顯現。

是故於等持、行持、修證壇城，其無上金剛誓即是修證「秘密明點是空界，於彼生出眾壇城」。此有生起、圓滿與大圓滿三法門。蓮花生大士於《口訣見鬘》云 ——

> 「生起法」者，〔行者〕依三等持生起莊嚴壇城以作修證而得成就。
>
> 「圓滿法」者，於勝義，佛父佛母無生無滅，無分別義，不離中觀法界；於世俗則亦明修聖者之色身，且以平等不雜之修證而得成就。
>
> 「大圓滿法」者，證悟世間、出世間無分別諸法，無始以來即身、語、意壇城之自性而作修證。

故「生起」唯修證壇城自顯現；「圓滿」則修證現空無二為清淨大平等性；「大圓滿」則修證周遍輪迴涅槃一切法，無始以來即諸佛身語意之壇城自顯現。此即所謂俱生自然智。此如頌云 ——

> 俱生本智於一切
> 皆能任運而成就

此即所謂「平等金剛誓」，亦即「甚秘訣竅藏」。

第十四品〈大樂讚品〉為寂靜壇城果續。

大樂讚共六首，配合六妙音。據《十方除暗》，依次為等五、具六、中令、持地調、明意、近聞。以六音歌唱六頌。

每頌開首誦 oṃ 字，分別歌頌五佛身、語、意、功德、事業圓滿自顯現，第六頌為結頌。每頌結以 hoḥ 字，則為讚嘆之意。

頌意著重於「大明點」，此大明點即是自然智所現證之清淨大平等性本覺壇城，即是法性，即是有情所具之如來藏，亦為有情具雜染之阿賴耶。

此中第四頌，說「化為無限多元相」、「由是多元自顯露」（多元，原頌意為多方分），由此可見此「大明點」超越時空的意趣。

由本品可知，修證寂靜壇城之果，為現證超越時空一切法自顯現之生機，此亦即是大樂。

第十五品〈忿怒尊自性壇城如雲化現品〉，為忿怒尊基續，說生起忿怒尊自性壇城。

寂靜尊之建立，主旨在於開示一切自顯現均為佛身語意壇城，但卻未對世間有情心識作調伏。忿怒尊之建立則在於調伏，是故建立為威猛相，威赫語。

其所謂調伏，亦非強行壓制甚至消滅，實在於轉化，如五毒轉化為五智，即以此為方便。

復次所謂轉化，實即力用之轉移。智與毒互為反體，而力用則相同。以貪為例，貪之自性在於執持一境界而起愛染，此中執境即其力用，只由於此力用向愛染邊發揮，始成為貪煩惱，若力用向清淨邊發揮，便成妙觀察智，以觀察實亦須執持境界，唯「妙」則不起污染。

以此為例，即知何為轉化。是故忿怒尊不捨五毒，唯將五毒之力用轉變，如是自然成五智。

如是忿怒尊九種舞姿，均為調伏貪瞋癡而建立。身三支者，以嫵媚調伏貪、以勇猛調伏瞋、以厭惡調伏癡；語三支者，以嬉笑調伏貪、以怖畏調伏瞋、以激憤調伏癡；意三支者，以悲憫調伏貪、以威武調伏瞋、以寂靜調伏癡。此實皆貪瞋癡三毒表現於身語意時之力用。

於《秘密藏續》中，將調伏表徵為樂空雙運，以五毒實為有情生機之顯現，此顯現之自性實為大樂，故亦可說五毒自性即是大樂。唯以有情不認知大樂，其力用始化為五毒。若現證樂空雙運，則不捨五毒，其力用自然轉化為五智。

如是即成立忿怒壇城 —— 由大樂如來所化大吉祥飲血金剛，與忿怒大自在母雙運而示現。

第十六至二十品為忿怒壇城道續。

第十六品〈大忿怒尊眾語壇城化現品〉相當於第四品（字鬘輪莊嚴品），由種字生起壇城，唯不同者則在於本品之重點為以佛語表徵佛意，且及誓句（三昧耶），並請其依誓句以作事業。

此中開首諸咒，即由種字生起壇城諸尊。

至 oṃ rulu rulu rulu hūṃ ehyehi ānaya jaḥ hūṃ vaṃ hoḥ 則為召請智慧尊。

oṃ vajra krodha samaya hūṃ 一咒，為智慧尊融入壇城，如是行者即作祈請（「綏靖眾惡忿怒尊」一頌）。

最後一咒，以金剛誓句請諸忿怒尊具力而作事業。再以金剛歌讚頌。

第十七品〈示現忿怒尊壇城品〉，此說忿怒尊火焰壇城，及忿怒尊眾相。詳釋見於《十方除暗》。

忿怒壇城之示現，非唯對行人於等持時作施設，實貫串「轉化」此一意趣。以轉化故，不只不捨五毒，且不捨色聲香味觸一切凡庸境界。讀本品時需留意及此。

第十八品〈示現淨妙供施品〉。

此說無上雙運供（交合供）與五妙欲供（飲食與衣等，色聲香味觸供）。

於中無上雙運供，實為「樂空雙運」之表義，亦可說為佛父壇城與佛母壇城雙運之佛子壇城。現證樂空雙運即大手印，故頌言：「是等有緣瑜伽士，圓滿成就大手印」。

此中意趣仍重於轉化。

第十九品〈三昧耶品〉，說五根本誓句、十支分誓句。

五根本誓句如頌云 ——

不捨無上且敬師
不斷密續與手印
慈愛而入於正道
密義不向外人說

此即：不捨無上、恭敬上師、不斷密續與手印、於已入道者行慈、不說密意於非器。不敗尊者《光明藏》對此有深廣說明。

十支分誓句即為：不捨五毒，不捨五甘露。

此中所說「無上」，即說修交合與誅殺（不同於供養）。《秘密藏續》有兩頌分別說此 ——

不緣有非有中道
生非有如幻與影
何以會有殺生事
生與生者唯誤認

彼於無貪實有貪
於彼貪中卻無貪
如是即為勝貪王
是為無上大貪欲

此二種修證皆有密義，不可以事相論，唯持無上決定者始知其義，誅殺為大悲，交合為行慈，由是而起轉化功能，此可參考龍青巴及不敗尊者的釋論。

至於不捨五毒，則如前已說，實由此轉化為五智；不捨五甘露，則由此轉化為清淨平等。

五根本與十支分誓句，為《秘密藏續》不共誓句，然其實已攝菩薩戒，及十四根本墮、八支粗罪等密乘律儀。

第二十品〈任運成就加持品〉，說守不共誓句者可得成就解脫事業。此即誅滅、懷愛、增益、息滅四種。

初說怖畏供養，以種字 e 表徵會供壇城者，即說誅滅事業法。

次說貪欲供養，以種字 vaṃ 表徵會供壇城者，即說懷愛事業法。

三說歡喜供養，以種字 ma 表徵會供壇城者，即說增益事業法。

四說光明供養，以種字 yā 表徵會供壇城者，即說息滅事業。

此四種字連讀，即為e vaṃ ma yā，亦即具「如是我聞」（evaṃ mayā śrutam）之意。故此中實有密義，即謂四事業法實出於佛之本智，調伏有情，令自解脫。此中e vaṃ又為「樂空雙運」的表義。

第二十一品〈忿怒尊讚品〉，為忿怒尊果續，相當於第十四品大樂讚。唯此品讚頌忿怒尊之善巧方便作調伏事業，意趣與第十四品之讚樂空無二不同。然此並非謂忿怒尊不住樂空雙運，此亦如非謂寂靜尊不作方便調伏，僅讚頌意趣重點不同。

復次，此讚忿怒尊，著重於忿怒尊之內自光明，以修忿怒壇城為圓滿次第故。生起內自光明即為轉化成熟之表徵，亦即修證忿怒尊壇城之證果。

第二十二品〈歡喜與護持品〉，為結品。此說「唯一真實秘密藏」即「十方四時之自性，即是如來之體性」。此即說一切法都為佛法身自顯現。由是可知「秘密藏」即是「大圓滿」。

續主殷勤鄭重囑託護持，授記護持者為諸佛心子，住持明地。此以「秘密藏」意趣甚難了知，且易生誹謗，護持為難故。

上來僅略說《秘密藏續》各品要義，以明其脈絡，若能稍令讀者得益，有助於閱讀，已喜出望外，以其甚深廣故。

無畏記

千禧開一歲次辛巳大雪後一日於圖麟都

《秘密藏續》與舊譯無上密法於西藏的傳播

沈衛榮

《秘密藏續》是藏傳舊譯密咒、或稱無上密法的根本大法，也是所有佛法之心要、諸乘之絕頂、密法中最為殊勝秘密之金剛乘究竟見地自生大圓滿法的根本所依。近年來於東西方日漸流傳開來的中有大法，即以供養與觀想一百寂忿本尊壇城為主要內容的寂忿尊密意自解脱甚深法，追本溯源也必以《秘密藏續》為其最直接的根源。自八世紀開始，《秘密藏續》就已經在雪域蕃地流傳，雖譭譽不一，但其傳承不絕如縷，日見廣泛。可這樣一部重要的密法，卻不見於中土流傳，迄今為止亦未見有漢譯本行世。筆者有緣，蒙北美漢藏佛學研究協會邀請漢譯《秘密藏續》。獲此重任之後，時常誠惶誠恐，怕有負厚望，因一己之疏淺，而不能傳達密法深意之萬一。故於讀、譯這部密法的同時，廣泛收集有關這部密法的背景資料，包括各種藏文史籍的記載及後人的研究成果，遂對《秘密藏續》本身的內容與傳譯經過，以及以它為根本內容的無上密法於西藏的傳播、發展的歷史過程有了一個基本的了解。為能對讀者讀懂、修習這部密法有所幫助，茲將筆者讀書所得整理成文，作為《秘密藏續》漢譯本導論之一。

一　《秘密藏續》之名稱

《秘密藏續》於藏文典籍中以各種繁略不同的名稱出現，最常見的名稱是：*dPal gsang ba'i snyid po de kho na nyid rnam par nges pa'i rgyud chen po*，漢譯作《吉祥秘密藏真實決定大續》，相應的梵文名稱是：*Śrīguhyagarbhatattvaviniśca ya-mahātantranāma*。其他的名稱則有：《秘密藏續》（*rGyud gsang ba snying po*）、《幻化根本續》（*sGyu 'phrul rtsa rgyud*）、《幻化秘密藏》（*sGyu 'phrul gsang ba snying po*）、《秘密藏》（*gSang ba snying po*）、《根本續秘密藏》（*rTsa rgyud gsang ba snying po*）及《秘密幻化》（*gSang ba sgyu 'phrul*）等等。甚至只須略稱為《藏》（*sNying po*）或《藏續》（*sNying po'i rgyud*）[1]，亦已代表此續，由是可見其重要性與代表性。

二　《秘密藏續》於藏傳佛教中的位置

簡言之，《秘密藏續》乃藏傳佛教甯瑪派（rNying ma pa）、或稱舊派密咒幻化部的一部根本經典，是該派修摩訶瑜伽（Mahāyoga，大瑜伽）及大圓滿阿底瑜伽（Atiyoga，無上瑜伽）之根本所依。它於自顯現中開示一切法，於自顯現中開示心性與本智。《秘密藏續》部續及釋論之絕大部份收錄於《甯瑪十萬續》（*rNying ma rgyud 'bum*）中之《甯瑪十七續》（*rNying ma'i rgyud bcu bdun*）部中，有些也見於藏文大藏經

1　Dudjom Rinpoche, *The Nyingma School of Tibetan Buddhism, Its Fundamentals and History,* translated and edited by Gyurme Dorje with the collaboration of Matthew Kapstein, Boston: Wisdom Publications, 1991, Vol. II, pp. 262 & 275.

之《丹珠爾》部。[2]

《秘密藏續》對於甯瑪派之重要，或可於該派著名大德龍青巴上師（Klong chen rab 'byams pa, 1308-1363）與文殊勝海不敗尊者（Mi pham 'Jam dbyangs rnam rgyal rgya mtsho 1846-1912）對它的評價中知其梗概。龍青巴上師於其名著《幻化網秘密藏續釋論·十方除暗》（*Phyogs bcu mun sel*）中說：

> 此殊勝吉祥秘密藏續真實決定，乃諸乘之絕頂，一切經教傳承之根源，三世諸佛法乘之捷徑，一切秘密之秘密。

而不敗尊者則於《秘密藏續》之另一部重要釋論《十方除暗總義·光明藏》（*sPyi don 'od gsal snying po*）中說：

> 此大續無隱藏顯示無上密咒見與修之末摩（marman），如理抉擇一切金剛乘密義，是故乃三界唯一如意寶、乃一切續之王、一切乘之絕頂、一切法之源頭、一切聖言之總釋、一切覺者之大捷道、一切佛密意之究竟。此具微妙稀有大功德。故若無此（《秘密藏續》）所說末摩，僅各各憑自心〔分別〕力，將密咒乘金剛語引入推理〔分別〕境，如是隨意所造諸論，乃如離命之屍身，當知其為無精要者也。

2 見於《丹珠爾》的釋論有：《大續王吉祥秘密藏疏》（*rGyud kyi rgyal po chen po dpal gsang ba'i snying po'i 'grel*）；《吉祥秘密藏唯一真實大疏》（*dPal gsang ba'i snying po de kho na nyid nges pa'i rgya cher bshad pa'i 'grel pa*）；《吉祥秘密藏略義疏》（*dPal gsang ba'i snying po'i don bsdus 'grel pindartha*）；《吉祥秘密藏二次第義》（*dPal gsang ba'i rim pa gnyis kyi don*）。

於金剛乘具增上信念之諸有緣眾，當為授受如是之續，不惜身命而精進。

藏傳佛教密乘部按譯經時間的先後分成新、舊兩派，一般說來以彌底尊者（Smrtiñānakīrti）入藏以前所譯續部經典為舊譯密咒，稱為甯瑪派，而以大譯師寶賢（Rin chen bzang po, 958–1055）以後所譯續部經典為新譯密咒（gSar ma pa）。[3]

甯瑪派教法傳統有「九乘次第」（theg pa rim dgu）之說。簡言之，聲聞、獨覺、菩薩為共通三乘，乃化身佛釋迦牟尼所說；事部、行部、瑜伽部為密咒外三乘，乃報身佛金剛薩埵所說；生起摩訶瑜伽、圓滿阿努瑜伽、大圓滿阿底瑜伽為無上內三乘，乃法身佛普賢王如來所說。共通三乘即通常所說的顯宗三乘，而後六乘則是所謂甚深密咒（gsang sngags zab mo），是密乘，也稱金剛乘。

密乘經典，或稱「續」（rgyud）、「坦特羅」（tantra），指分別表示本性、方便及身、智的基續（gzhi'i rgyud）、道續（lam gyi rgyud）及果續（'bras bu'i rgyud），以及說明這三

[3] 詳見童吉祥（gZhon nu dpal），《青史》（*Deb ther sngon po*）；土觀善慧法日（Thu'u bkvan Blo bzang chos kyi nyi ma），《土觀宗派源流》（*Thu'u bkvan grub mtha'*），蘭州：甘肅民族出版社，1985，頁55-56。對新、舊密法的區分有種種不同的說法，或以在金剛座譯出的為新密法，在鄔仗那譯出的為舊密法；或以空行母所譯為新密，持明所譯為舊密；還有人力主以四無量或七無量來區分，譯從因位金剛持至果位金剛持之間內容者為新密法，譯果位金剛持之圓滿修行法者為舊密法；金剛持所說為新密法，普賢所說乃舊密法。而十五世紀藏族傑出史家富賢（dPal 'byor bzang po）則以為上述種種說法均不可靠，劃分新、舊密法的標準只能是譯經時間的先後。他以天喇嘛智光（lHa bla ma ye shes 'od）之前所譯密典為前譯舊密法，以大譯師寶賢以後所譯密典為後譯新密法。詳富賢，《漢藏史集》（*rGya bod yig tshang*），成都：四川民族出版社，1985，頁447-449。

續的事部、行部、瑜伽部及無上瑜伽部等四部之密典。事部、行部和瑜伽部三部為外續，因其見地未離心識，不能分別一切法之自性，更不能說自然智；其修定也未離心識，不區分三昧耶尊和智，故不能入定；其灌頂也不能教示甚深三灌頂，所以被稱為外續。無上瑜伽部又分成摩訶瑜伽（Mahāyoga，大瑜伽）、阿努瑜伽（Anuyoga，無比瑜伽）和阿底瑜伽（Atiyoga，無上瑜伽）三部，因為見地、果位都勝於外續，故被稱為內續。說其見地殊勝，是因為外續不解聖諦無別，以為勝義諦即一邊純淨空性。世俗諦被分成三種、四種或五種；而內續以為勝義自明即離戲論，世俗諦為身與智之顯相，於心間無別，勝義諦與世俗諦實則為一。說其果位殊勝，是因為外續認為人當經過七世或五世修持，得三部、四部或五部的持金剛悉地。內續認為經灌頂、誦咒即可見第一悉地真諦，經修定生起次第，可得第八悉地，修習圓滿次第可獲第九悉地，修習光明可得第十悉地，修習雙運可獲第十三悉地，即持金剛悉地，最終生身、語、意二十五種功德事業，利益無數有情眾生。[4]

摩訶瑜伽、阿努瑜伽及阿底瑜伽合稱內續三瑜伽，也稱方便瑜伽。摩訶瑜伽如諸法之基，重金剛乘地或本性，屬生起次第以「三等持」漸次生起本尊，證知一切法乃心性「現空無二」之幻化；阿努瑜伽乃諸法之道，屬圓滿次第，證知一切法乃心性「界智無二」之力用。阿底瑜伽是諸法之果，是大圓滿，為無生，因已超越生起及圓滿二次第故，證知一切法乃心性自顯，即無始以來無生無滅之自生本智。龍青巴

---

4 《漢藏史集》，頁438-439。

尊者於其名著《大圓滿心性休息導引》中對此三方便內續作如是總結：

大瑜伽續修生起次第
修風為主是即方便道
無比瑜伽修圓滿次第
修樂為主且空樂雙運
無上瑜伽主修無二智
三者皆知諸法本一如
如是了知而修習行持[5]

藏文大藏經《甘珠爾》之古續部（rNying rgyud）及藏傳佛教甯瑪派之內續經典總集《甯瑪十萬續》收錄了摩訶瑜伽、阿努瑜伽及阿底瑜伽三內續的主要經典。雖然《秘密藏續》歸類於摩訶瑜伽部，但其內容涉及所有三部方便內續。

三　摩訶瑜伽續部與修之經典

摩訶瑜伽的經典被分成「續部」（rgyud sde）和「修部」（sgrub sde），前者是經典的外示主體，後者出之於前者，主密修。而所有摩訶瑜伽密續之根本續乃《幻化網秘密藏續》。此與五大觀想本尊相應，摩訶瑜伽「修部」經典分成五大部：

1）《妙吉祥閻羅王釋續部》（*'Jam dpal gshin rje bshad pa'i rgyud skor*，文殊閻魔身，毗盧部）

2）《吉祥馬頭明王蓮花語自在寶馬游戲續部（*dPal*

[5] 龍青巴造論、談錫永譯釋，《大圓滿心性休息導引》，收本叢書系列，下引同。

rta mgrin padma dbang chen rta mchog rol pa'i rgyud sde rnams，蓮花馬頭語，彌陀部）

3）《吉祥真實意續部》（*dPal yang dag thugs kyi rgyud sde rnams*，金剛忿怒真實意，吉祥兮嚕迦，不動部）

4）《無死甘露功德續部》（*'Chi med bdud rtsi yon tan gyi rgyud sde rnams*，殊勝甘露功德，寶生部）

5）《出有壞吉祥金剛橛續部》（*bCom ldan 'das dpal rdo rje phur pa'i rgyud sde rnams*，金剛橛事業，不空成就部）

這五部被稱為出世五部，此外還有世間三部：

1）《本母世間持母成就大續部和本母十萬根本續》（*Ma mo srid pa'i dzong lung chen mo yum bzung ma'i dngos grub chen mo'i rgyud rnams dang ma mo rtsa rgyud 'bum tig gi skor*，差遣非人）

2）《供讚世間神》（*mChod bstod*）

3）《威猛真言》（*Drags sngags*）

舊譯密法之法要有三種傳承，即遠傳之經典傳承（ring brgyud bka' ma），近傳之伏藏傳承（nye brgyud gter ma），以及甚深淨相傳承（zab mo dag snang gi brgyud pa）。遠傳經典復分為幻（sgyu 'phrul）、經（'dus pa mdo）、心（sems phyogs）三部。《秘密藏續》即是幻化部最重要的一部經典，故被稱該部的根本續（rtsa ba'i rgyud）。

摩訶瑜伽部「續部」經典有所謂十八部大坦特羅（tantra chen po bcu brgyad），傳統上被認為是從《十萬品幻化網續》（*sGyu 'phrul drwa ba le'u stong phrag brgya pa'i rgyud*）中劃分出來的。

其中屬身續者三：

1）《佛相應續》（*Sangs rgyas mnyam sbyor*）

2）《大象渡涉續》（*Glang po che rab 'bog*）

3）《大象昏迷》（*Glang po che chur zhugs*）

屬語續者三：

1）《月密明點續》（*Zla gsang thig le*）

2）《從一放射續》（*gCig las 'phros pa*）

3）《從多放射續》（*Du ma las 'phros pa*）

屬意續者三：

1）《秘密集續》（*gSang ba 'dus pa*）

2）《山王連綿續》（*Ri bo brtsegs pa*）

3）《聚於一頂續》（*rTse gcig 'dus pa*）

屬功德續者三：

1）《最勝吉祥續》（*dPal mchog dang po*）

2）《最勝甘露續》（*bDud rtsi'i mchog dang po*）

3）《如意寶續》（*Yid bzhin nor bu'i rgyud*）

屬事業續者三：

1）《偈磨磨勒續》（*sKar ma ma le*）

2）《燃燈續》（*sGron me 'bar ba*）

3）《金剛橛十二字續》（*Ki la ya yig 'bru bcu gnyis kyi rgyud*）

屬總續者三：

1）《幻化網續》（*sGyu 'phrul drwa ba'i rgyud*）

2）《三昧耶十萬部莊嚴續》（*Dam tshig sa ma ya 'bum sde bkod pa'i rgyud*）

3）《金剛方便絹索續》（*rDo rje thabs kyi zhags pa'i rgyud*）[6]

另按《漢藏史集》的說法，舊譯經典幻化部共有八部經典，稱為幻變八部（sgyu 'phrul sde brgyad），它們是：

1）《幻化根本續秘密藏續》（*sGyu 'phrul rtsa ba'i rgyud gsang ba'i snying po*），說心智自顯現。[7]

2）《天女幻化續》（*lHa mo sgyu 'phrul*），明說莊嚴。

3）《八幻化續》（*sGyu 'phrul brgyad pa*），示現圓滿壇城。

4）《四十幻化續》（*sGyu 'phrul bzhi bcu pa*），示現圓滿事業。

5）《上師幻化續》（*sGyu 'phrul bla ma*），主示灌頂。

6）《八十幻化續》（*sGyu 'phrul brgyad bcu pa*），說究竟功德。

7）《文殊大幻網續》（*'Jam dpal sgyu 'phrul drwa ba*

---

6 《漢藏史集》，頁443。關於十八坦特羅的劃分，眾說紛紜，莫衷一是。

7 於覺洲（Sangs rgyas gling pa, 1340-1396）之《遺教金鬘》（*bKa' thang gser phreng*）中，此續被稱為《幻化秘密金剛續》（*sGyu 'phrul rdo rje gsang ba*）。

chen mo），說遍佈一切根器。

8）《支分幻化續》（*sGyu 'phrul le lag*），說殊勝三昧耶。

復有解釋《幻化秘密藏續》之所謂《四部釋續》（*bShad rgyud sde bzhi*），它們是：

1）《智慧藏續》（*Ye shes snying po*）
2）《金剛鏡續》（*rDo rje me long*）
3）《幻化塵續》（*sGyu 'phrul thal ba*）
4）《幻化海續》（*sGyu 'phrul rgya mtsho*）

前兩部總說解脫道次第，後兩部總說方便道次第。[8]

四 《秘密藏續》之科判

《秘密藏續》共分二十二品。依甯瑪派的教傳（bka' ma）傳統，此二十二品各與基、道、果三續相應：

甲：寂靜壇城

基續

第一：緣起品
第二：發勝義及世俗菩提心本智品
第三：抉擇一切法品

道續

第四：字鬘輪莊嚴品

---

8 《漢藏史集》，頁449-450。關於甯瑪派之九乘次第參見S. G. Karmay, *The Great Perfection*（*Rdzogs chen*）*: A Philosophical and Meditative Teaching of Tibetan Buddhism*, Leiden: E. J. Brill, 1988.

第五：幻網成就三昧品

第六：壇城之幻化品

第七：壇城攝入及密咒品

第八：一切支分壇城加持幻化手印品

第九：金剛莊嚴秘密三昧耶品

第十：施灌頂品

第十一：會供壇城品

第十二：會供修持品

第十三：甚密訣竅藏品

果續

第十四：大樂讚品

乙：忿怒壇城

基續

第十五：忿怒尊自性壇城如雲化現品

道續

第十六：大忿怒尊眾語壇城化現品

第十七：示現忿怒尊壇城品

第十八：示現淨妙供施品

第十九：三昧耶品

第二十：任運成就加持品

果續

第二十一：忿怒尊讚品

結續

第二十二：歡喜與護持品

五　關於《秘密藏續》之真偽的評論

佛教密法於公元八世紀經蓮花生大師傳入雪域，其主要典藉即由蓮花生（Padmasambhava）、無垢友（Vimalamitra）等印度上師和遍照護（Vairocana）、孃・定賢（Nyang ban Ting 'dzin bzang po）等西藏譯師翻譯傳承下來。由於他們傳譯的密法典籍都是秘密傳授，禁止公開宣揚，再加上密法的傳承遭到了熱巴巾等吐蕃贊普的限制，密法的經典只有在得到王室的許可後才准許翻譯，故不像顯乘經論那樣流行廣泛，以致於後世對諸如《秘密藏續》這樣的密法經典是否真的源於聖地印度也產生懷疑。但當末代吐蕃贊普朗達瑪滅法、王權衰敗以後，顯乘損失慘重，一時難以為繼，而密法則反而大行於世，引起了殘存之吐蕃宗室子弟的反對。其中，最早對《秘密藏續》等密法經典提出質疑，並對當時流行的密宗修法提出尖銳批評的是被人尊稱為上師菩薩的天喇嘛智光（Lha blama Ye shes 'od）。智光是十世紀末，十一世紀初積極倡導佛教復興的吐蕃宗室子弟中的傑出代表，為振興佛法而不惜捨棄生命。他對佛法於雪域弘傳的貢獻主要在於派大譯師寶賢（Rin chen bzang po 958－1055）等人往迦濕彌羅（Kashmir）尋求正法之宗，開啟了新譯密咒的新時代。而其動機則在於他對舊譯密法之真偽的懷疑和對雙修、食供等密宗修法的反感。由於《秘密藏續》之十一品專門解釋雙修、救度及食供，故特別為智光垢病，被其視為偽經。在保存至今的一份詔誥中，天喇嘛智光用極端刻薄的語言對《秘密藏續》所描述的雙修、救度及食供等法嚴加譴責，說甯瑪派教徒是借修法之名，行殺生、淫欲之實，並斷言誰若將《秘密藏續》當作經典來奉行，則來世定將轉生為羅刹。[9]

天喇嘛智光對甯瑪派大圓滿法、特別是對雙修、藥修、屍修、食供、救度等修法的批評，在當時影響巨大，這一時期其他藏傳佛教教派之僧人很少有人相信《秘密藏續》的真實性。根據善慧法日尊者（Thu'u bkvan Blo bzang chos kyi nyi ma）所著《土觀宗派源流》的記載，在大譯師寶賢所造《辯法與非法》（*Chos dang chos min rnam 'byed*）一書和天喇嘛智光、靜光（Zhi ba 'od）、咱米譯師（Tsa mi Lotsawa）、恰譯師（Chag Lotsawa）等人的書簡中，以及俄譯師（rNgog Lotsawa）之《蒺藜論》（*gZe ma ra mgo*）、薩迦班智達之《三律儀差別論》（*sDom gsum rab dbye*）等著作中雖未明說甯瑪派之過失，但在對藏地所傳宗派凡有不純正者均加駁斥，隱約中也有一二語暗刺甯瑪派之處。此外，如噶當派的廓庫巴天護（'Gos Khug pa Lhas btsas）、止貢噶舉派的止貢白增（'Bri gung dpal 'dziu）也提出許多論點，證明甯瑪派之教法之不純正；附和其說的還有薩迦派的釋迦喬丹（Sakya chos ldan）、噶瑪噶舉派的不動金剛（Mi 'gyur rdo rje）等。然而支持甯瑪派的各派大德也還不少，例如五世達賴喇嘛、遁世者悲精進（Kun spungs thugs rje brtsun 'grus）、三世噶瑪巴活佛自生金剛（Rang byung rdo rje）、鄔金成道者（O rgyan grub mchog）、世尊明劍（bCom ldan rig pa'i rel gri）、塔譯師日幢（Thar lo Nyi

9 Samten G. Karmay, "The Ordinance of Lha Bla-ma Ye-shes-od", *Tibetan Studies in Honour of Hugh Richardson, Proceedings of the International Seminar on Tibetan Studies Oxford 1979,* edited by M. Aris, and San Suu Kyi Aung, Warminster 1979 pp. 150-162. 該文漢譯：卡爾邁，《天喇嘛意西沃〔智光〕的文告》，嚴審村譯，《國外藏學譯文集》，第三輯，拉薩：西藏人民出版社，1985年，頁106-118。

ma rgyal mtshan）、主巴噶舉派大師白蓮（Padma dkar po）及藏族大史學家巴臥祖剌成瓦（dPa' bo gTsug lag 'phreng ba）等，以及甯瑪派本派大師如昆敦富饒天成（'Khon ston dPal 'byor lhun grub）及絨宋・法賢譯師（Rong zom chos bzang）等，皆曰甯瑪派教法乃純正之法。[10]

事實上，到十三世紀噶當派上師世尊明劍在桑耶發現了《秘密藏續》的梵文原本，這場諍論已基本上告一段落。按照《青史》的說法，最早由迦濕彌羅班智達釋迦吉祥（Sākyaśrī, 1127-1225）來到桑耶時，發現了《秘密藏續》之梵本，後落入達敦思吉（rTa ston gzibrjid）之手，後者復將此原本獻給俠格上師（Sha ge Lotsāwa），俠格上師將其轉給世尊明劍上師，後者據此梵本造《秘密藏續疏・修法莊嚴華論》。最終，這個珍貴的梵本落到了《青史》的作者廓譯師童吉祥（'Gos Lotsāwa gZhon nu dpal, 1392–1481）手中，於是，這場爭論終於煙塵落定。廓譯師本人深信《秘密藏續》之真實作為例證，他還引述了布敦大師所編藏論目錄中收錄的許多引用《秘密藏續》之論著[11]。像《秘密藏續》這樣其真實性受到他派上師懷疑的甯瑪派典籍還有許多，例如甯瑪派人相傳由蓮花生大師教示之《金剛橛修法》也一直被疑為偽經，最後薩迦班智達普喜幢（Sa paṇ Kun dga rgyal mtshan, 1182–1251）於香曲河谷塞興地方古寺中發現了此續之梵文原本，別人才不得不信其真實。

---

10 善慧法日尊者，《土觀宗派源流》（*Thu'u bkwa grub mtha'*），藏文版，蘭州：甘肅民族出版社，1984年，頁73-74。

11 廓譯師童吉祥，《青史》（*The Blue Annals*），New Delhi: Motilal Banarsidass, 1979。

廓庫巴天護也是十一世紀時人，是噶當派祖師阿底峽的弟子，因向甯瑪派大師大宿氏（Zur chen po）求法不果而心生怨恨，當其自參拜聖地歸回雪域後即宣稱甯瑪派所傳經典不見於印度，故是偽經。對甯瑪派之根本大續《秘密藏續》則更提出有所謂四大缺點（邪誤）（skyon bzhi），並缺乏導師、眷屬、處、法及時等五種圓滿。他指責《秘密藏續》與其他續不同，沒有出現菩薩為眷屬，故犯界之錯誤；它不像其他經續通常所言三時，而獨說有四時，故犯時之錯誤；《秘密藏續》之壇城不以毗盧遮那，卻以金剛薩埵為中央本尊，故犯壇城之錯誤；在表明修行之良辰吉日時，《秘密藏續》援引其他續部經文，故犯續文之錯誤。

對於這些對甯瑪派、特別是對《秘密藏續》的批評，甯瑪巴給予了有力的回擊。龍青巴尊者在其《秘密藏續疏・十方除暗》及《龍青教法源流》[12] 中都為此花了不少筆墨。此外，像前面提到的世尊明劍，以及西藏著名史家、《賢者喜筵》的作者巴臥祖剌成瓦（dPa' bo gtsug lag 'phreng ba）以及索鐸巴智幢（Sog bzlog pa Blo gro rgyal mtshan, 1552–1664）等，也都對此作出過激烈的反應。索鐸巴在其《問答・教言與明之雷》（*Dris lan lung dang rig pa'i 'grug sgra*）中對天喇嘛智光的說法逐條予以批駁，特別是對受到批評的一些特殊的密宗修法作出了說明和辨正。例如，他申辯說，甯瑪派之雙修與世俗的男女交媾不是一回事，藥修、屍修並不是甯瑪

---

12 此書原名為《教法源流大寶藏論・闡明聖教之日光》（*Chos 'byung rin po che'i gter mdzod bstan pa gsal bar byed'i nyi ma 'od ces bya ba*），習稱《龍青教法源流》。此書之藏文原版由西藏古籍出版社於1991年重新刊印。此書中有一章專論舊譯密咒是否存在於印度（gSang sngags rnyi ma rgya gar yul du bzhugs min sogs kyi skor），參見該書頁430-451。

派的獨有之法、新密咒中也有救度法、救度和供修之法有差別，因救度和屍供而殺生，不是直接的殺生等等[13]。從今天的眼光來看，索鐸巴的辯解實在不夠有力，相反在很大程度上，他實際上接受了天喇嘛智光的非難，承認在天喇嘛時代確有人借修法之名，行種種惡行。

與此相比，世尊明劍對廓庫巴天護關於《秘密藏續》有四大缺點的反駁則有力得多。他對《秘密藏續》的註疏題為《秘密藏修法華嚴論》（*gSang snying sgrub pa rgyan gyi me tog*），全書已不再單獨存世，但從佛子勝意勇（rGyal sras Thugs mchog rtsal）之《教法源流大寶藏論》（*Chos 'byung rin po che'i gter mdzod*）、五世達賴喇嘛之《恒河之水流》（*Gang ga'i chu rgyun*）、《索鐸巴全集》、龍青吉祥全勝（Klong chen bKra shis rnam rgyal）之《善説無垢恒河之水流》（*Legs bshad dri med gang ga'i chu rgyun*）以及巴臥祖剌之《賢者喜筵》（*mKhas pa'i dga' ston*）對其的大段引述中，尚可基本見其全貌。

世尊明劍尊者先以無垢友上師所著《吉祥密集大疏》（*dPal gsang ba 'dus pa 'grel chen*）等名著中曾引述《秘密藏續》為由，證明其非偽經。因為像吉祥密集部的這些著名的印度續部經典是不可能直接在西藏寫成的，因而若在這些續部文獻中援引了《秘密藏續》中的段落，則無疑再沒有理由將《秘密藏續》歸結到直接在西藏寫成的偽經的行列中去了。

世尊明劍尊者寫道：

---

13 對於屍修，新密咒有《空行修屍法》（*Ro langs mkha' spyod sgrub pa*）和《修屍金法》（*Bam sgrub ro langs gser sgrub*）等。關於供修（mchod sgrub）有伯希和敦煌藏文寫卷840號專述其修法。

解說此續（《秘密藏續》）為真經之理由如下：

無垢友上師（Viśvamitra）在其《吉祥密集大疏》（*dPal gsang ba 'dus pa 'grel chen*）中疏解《吉祥密集》（*Guhyasamāja*）云：「具本智之有情可登何地」句時，引證《秘密藏續》所云：「於離邊離中之色究竟天密嚴剎土，無量根本智周遍光明法輪，有智寶熾燃之越量宮，十方虛空遍滿無間缺。」以及「於一切不可思議之〔有情世界〕，無處不在，示現種種不同身、語、意相。」

又，當他在疏解《吉祥密集續》所云：「當知此塔乃一切佛陀之天宮」句時，引證《秘密藏續》所云：

「無上本智居一切之中央，其間所有一切十方四時正覺壇城各各不可分別，都成一味。」

在他疏解「本質之存在即基於非本質」句時，同樣又引證《秘密藏續》所云如下：

如是稀有奇妙法
一切圓覺之秘密
由無生而生一切
生者本來是無生

隨後，當無垢友上師解釋「秘密」之涵義時，他又提到《秘密藏續》說及五種灌頂。另在援引：

「所有行相顏色各異，或深藍、或白、或黃、或赤、或綠，皆光輝燦爛。有最上王后，或為幻界、

> 或為堅硬界、或為柔軟界、或為溫界，或為動界，如是王后聚悉皆無二，無邊無際，周遍法界。如是，若芝麻剖莢盈滿。」
>
> 他又說：「據《秘密藏續》有三種真實。」在所有這些和其他同類的例子中，無垢友上師都提到了《秘密藏續》，這足以證明此續確淵源於印度，而非藏族甯瑪派密宗法師自撰。

緊接著，世尊明劍又對廓庫巴天護所提出的《秘密藏續》之所謂四大缺點一一駁回。第一，若經文以「如是我聞」為開場白，通常則表明這些經、續乃由諸佛編纂而成，因為即使是已登十地之菩薩也不可能編集所有佛陀之教法。就如薩如儒訶（Saroruha）上師在其所著《密集續》（*Guhyasamāja*）之疏解《吉祥秘密悉地》（*Śrīguhyasiddhi*）中所說：「許多上師以為最具光明之大續《吉祥密集續》乃由名稱自在之勇識編集而成。因至尊上師之慈悲，吾知此《吉祥密集續》之編集者乃金剛心識，首倡宣說此續者同時即是此續之作者，而不可能是其他什麼別的人。」按照這種解釋，宣說者本人即是編集者乃屬傳統。

第二，至於越量地者，阿毗達磨亦曰色究竟天廣大無量。

第三，至於所謂四時，無垢友在《吉祥密集續大疏》中云：「如是，當知四時是同一。」另外，「一切十方四時之主」這樣的說法也見於新譯密咒中。佛密上師解釋說，這四時乃指四劫。

第四，至於何以金剛薩埵居於壇城之中，據新譯密咒之解釋，壇城中的主要本尊可以改變位置。

至於「尾點（tig）說名之妙慧」句，在《秘密藏續》之印度梵文原本中讀作：sūtrī prajñātiṣyati。窣都利（sūtrī），梵文原意為線條，與藏文字 thig 正好相對等。日光獅子上師在《幻網秘密藏續真實疏》（*Guhyagarbhatattvanirṇayavyākhyānatīkā*）中解釋說：tig 實際上等同於 thig（明點），tig 是一種古代的寫法。

至於說在《秘密藏續》中提到了其他一些秘密續，則是因為所有後來傳播的續部經典，都會提到比其先問世的其他續典；如《喜金剛續》中就提到過比它先傳播的《真實總聚續》（*Tattvasaṃgraha*）。

通過以上這些論據，世尊明劍為甯瑪派之根本大續《秘密藏續》重新建立起了真經的權威。如前所述，這場關於《秘密藏續》是真是偽的討論，以十四世紀廓譯師親自得到該續之梵文原本而告終。接著，索鐸巴在其所著《第二佛阿闍梨蓮花生傳・除心之暗》（*Slob dpon sangs rgyas gnyis pa padma 'byung gnas kyi rnam par thar pa yid kyi mun sel*）中宣佈，八部幻網之梵文原本由蓮花生大師親自從印度那爛陀（Nālandā）寺帶到桑耶寺，並在桑耶南邊一個叫做伽噶札舉嶺（rGya dkar sgra bsgyar gling）的地方，以其神變將其譯成藏文。所以，這些梵文原本即收藏於桑耶寺之葛藏（Ke tshang），而不存於印度。

經過這一關於《秘密藏續》等甯瑪派所傳教法之真偽的討論，甯瑪派作為藏傳佛教之一派的合法地位得到了肯定。

以後，甯瑪派當不再須要為證明其所持經續之真實性而大費筆墨。後來的甯瑪派上師如無畏州（'Jigs med gling pa, 1729-1798）等即拒絕再對像廓庫巴等人的批評逐一予以批駁，認為世尊明劍和索鐸八等上師所作的回應已無法再予置喙。對此，就連新密咒派的譯師如薩迦派大班智達釋迦具法（Śākya chos ldan, 1428–1507）也出來主持公道，支持甯瑪派，他提出沒有必要勞神費力地去證明甯瑪派的教法確是譯自印度之梵文原本。若能證明他們是聖師蓮花生的教法，則便足已證明其真經的地位了。儘管他們或與後來譯自印度原本的密咒和祥符不完全一致，但他們之卓越和共通的成就就無可置喙地證明了其真實性。他們或可與那些並沒有在印度被單卷單卷地譯解，而由一些高僧大德自不同的地區獲取的教法相比較。據云，經金剛薩埵同意，那些編集流傳教法者本身也獲准在不同的地方、用不同的語言來傳播這些教法。甯瑪派的教法傳統傳譯自印度，這當然不須要作任何證明。若深文周納，處心積慮地構想證據，人們或可證明一種不確定的經書是真經，而從前來到西藏的大師們發現這是一條人為假設的道路，為避免在這條道路上行走，他們便自己開始說法。

敦珠法王也說：

> 一般說來，一種教法並不是僅僅因為它源自印度就異常重要。以其出自哪個地區來作為分辨經書好壞之標準，此為學界所不齒。若一個作者乃得地之大德，那麼，他所著作的經書就應當是真實可靠的。所以事實證明它們是來自印度或者西藏並不說明任何區別。西藏本土的經書有時甚至好過印度的經

書。人們應當相信那些由藏地顯現本智的成道者所編集的經書較之印度那些由只懂語法、因明的平庸學者所寫的經書要可靠得多。[14]

六 《秘密藏續》在印度的歷史傳承

關於大乘無上密法摩訶瑜伽在人間瞻部洲傳播的歷史，佛經曾作過種種授記。《佛說教誡傳授王經》有云：釋迦牟尼佛行年八十，心知己身行將涅槃，遂於三月上旬告眾弟子曰：「吾將入於涅槃，汝等當召三界眾天人至此，聽吾為其析疑解惑，轉最後一次法輪。」目犍連子遂召集眾弟子來會。釋迦牟尼佛曰：「吾之利他事業至此已告圓滿，旋將入於涅盤。汝等凡有疑惑，吾今當為汝等解之。」眾弟子當即請求世尊不要入寂，有弟子持明王貢羅閣者，自座位起立，趨赴釋迦牟尼佛身前曰：「世尊！汝功德雖或圓滿，惜尚未開示正法精要、甚深道大乘無上密法。」釋迦牟尼佛答曰：「吾離人世一百一十二年後，有教法心要之聖人，自色究竟天及須彌山頂四方城樓等天界三處降世，於瞻部洲之東方向人間之有福者、名字中有札（Tsa）字之國王開示此法。」《幻化授記》亦云：「釋迦牟尼佛入滅後百十二載，內傳之乘以咒語出現，傳佈於鄔金等地，有名札者，及文殊、閻羅等無數持明師出現。此後，在印度傳播，有無數獲成就者出現。」根據這些授記，大乘無上密法，即所謂摩訶瑜伽在瞻部洲的傳播，首先當從名字中有札字的那位國王算起。

這位帶有傳奇色彩的國王到底是誰？則眾說紛紜，莫衷

14 Dudjom Rinpoche, 1991, Vol. I, p. 917.

一是。或云即大帝釋天，亦云乃帝釋天之子，抑或另一位與古古羅闍（Kukkurāja，犬王）同時代之帝釋天，亦有可能是指欽婆羅沙陀（Kambalapāda）[15]、薩如儒訶（Saroruha）與闍爛達羅巴（Jālandharipā）等。關於他的事跡，在藏文史籍中記載甚詳，其云：

> 釋迦牟尼入滅後百十二載，馬來耶山東南有止香阿輸羅岩洞，乃諸種珍寶所成。有有福國王名札者，在洞中修外續密法，七次夢見秘密部主降臨馬來耶山頂，轉動內續密法之法輪，並為他加持賜福。於最後一次夢中，空中有無身形之本尊發聲曰：「汝乃具善緣與大福德之人，即是化身佛所作授記之人。佛陀授記所言集正法精要之聖者，所說即汝這有福之人。」國王自夢中醒來，即刻爬上山頂，見一尊珍寶所成之黑色秘密部主金剛手菩薩身像，高約一肘。他即向此像頂禮、繞行，並作讚頌曰：
>
> 汝為佛像真稀有
> 即是我之依怙尊
> 賜我吉祥作引導
> 前世修習獲成就
> 遂得結成此業緣
> 百劫之中供奉汝
>
> 爾後，他即以此佛像為觀想本尊，修行達七月之久，乃有種種經典於其夢中顯現，落到馬來耶山

15 Samten G. Karmay 有專文討論有關國王札的傳說：《國王札和金剛乘》（King Tsa / Dza and Vajrayana）。

頂。藉此佛像之怙佑，所有境象皆於經書中顯現。國王札自己不昧此類經典之真義，為讀懂它們以正確教化眾生，遂四處打聽，當今世間，誰最博學？人云於薩訶爾（Sahor）國有國王鄔巴羅闍最為博學。國王札遂將所獲經典悉數送予國王鄔巴羅闍，請其解讀。不料博學如鄔巴羅闍國王者，竟也無法解讀經中的任何一個詞，只好將經典歸還，順便捎話說：「依往昔之授記，是等經典該當由大王自己解讀。」國王札復遣佛寶等菩薩化身，往有大學識之比丘古古羅闍（Kukkurāja）處求教，請其解讀這些經典。古古羅闍曰：「此乃《十萬品幻化網續》之金剛勇識心成就品，當以金剛心讀之方可解其密義。若照此修習七月，爾即可入金剛勇識禪定。善男子，汝即好自為之。」國王札再請賜予領會正法及各乘之悉地，比丘古古羅闍答曰：「此等悉地均在金剛手菩薩授記中。」說畢即消失無影。國王札照此修習七月，果有金剛手菩薩來現，三次點燃金剛，賜給斷取戒行之灌頂，使之趨善去惡，拋棄進取之法相乘，體驗自行成就之密乘，並曰：「吾已授汝一切教法與各乘之心義灌頂，作名詞灌頂，可請清淨大德吠舍厘傳授。」國王札謹依其吩咐而行之，遂得完整地理解了這些經典中所傳授的摩訶瑜伽密法。

或曰《十萬品幻化網續》乃由比丘古古羅闍向國王札講述。古古羅闍乃著名的「犬王」，因其時常於白天扮作犬相向成千菩薩與瑜伽士傳法，而於晚間則帶他們去墓地行食供及其他一些聖禮。他曾往鄔金，於此詳細講述摩訶瑜伽之五內續經書，包括《佛陀三昧瑜伽》（*Buddhasamayoga*）。他曾造《六密度莊嚴》（*Saḍguhyārthadharavyūha*）、《一切壇城隨轉五明》（*Sarvamaṇḍalanuvartipañcavidhi*）等論，解釋《秘密主瑜伽續》。他將摩訶瑜伽十八部怛特羅傳給了沙克羅普特羅、或國王札之子小因陀羅普提，後者傳給僧哥羅闍，僧哥羅闍傳給沙克刺普提，克刺普提傳給鄔帕羅闍，最後傳給公主果瑪德妃。亦或有云：「在瞻部洲之東，依靠金剛座，有一神聖的珍寶宮，宮內有一吉祥、聖潔之室，古古羅闍、因陀羅普提與僧哥羅闍、鄔帕羅闍及公主果瑪德妃等人一起，接受幻化網之灌頂。」實際上，他們作為一個團體集體接受了幻化網之壇城，並榮登持金剛地。

按照藏文史書《漢藏史集》的記載，印度共有五百名班智達得到摩訶瑜伽密法之真傳，遍識密咒之內、外二續，並獲成就。《法藏日光疏》云：釋迦能仁入寂後百十二年，有具福國王札出，五百年時，有妙吉祥友（Mañjuśrīmitra）出，一千年時，有後妙吉祥友出，千五百年時，有蓮花生大師出，兩千年時，有吉祥獅子出（Śrīsiṃha）；在這段時間內，密咒內外續寺院中有學者五百名，最善巧之學者二十一名，得成就者十八名。[16] 其中有不同的傳承系統，自具緣國王札與古古羅闍而下最著名的一支傳承由遊戲金剛（Līlāvajra）及佛密（Buddhaguhya）二位大師繼承。

遊戲金剛乃桑薩剌國人，幼時於鄔金剃度出家，並於此學習三藏及大小五明，學有所成，尤擅無著上師（Asaṅga）

---

16 《漢藏史集》，頁443-444。

所造大乘要論及幻化網等續部典籍。後於鄔金一名為瑪底瑪之島上，修習《佛說妙吉祥名稱續》（*Mañjuśrīnāmasaṃgiti*），獲得正果。復住那爛陀寺十年，造論無數，其中關於幻化網續者有：據摩訶瑜伽續之解釋所作《佛說妙吉祥名稱續大疏》（*'Jam dpal mtshan brjod kyi grel pa*）、《吉祥秘密藏續八卦疏》（*Sriguhyagarbhatika*）、《甚深明點》（*Cittabindu*）、《六種次第》（*Kramaṣaṭka*）、《三昧耶質多羅波羅伽釋》（*Samayācitraprakāśa*）和《三昧耶》（*Samayānuśayanirdeśa*）等。於其眾多弟子中，以佛密及佛智波陀（Buddhajñānapāda）習《幻化網續》最精、最著名。

佛密上師乃中天竺人，於那爛陀寺出家，與佛寂（Buddhasanti）上師一起同為佛智波陀上師之弟子。因修妙吉祥文殊菩薩而得道，後往鄔仗那，遇遊戲金剛上師，隨其學瑜伽續與五部無上內續，特別是幻化網續。著作甚豐，其中著名者有：《秘密藏續註疏・判位疏》（*gSang ba'i snying po la 'grel ba rnam bshad rnam bye kyi 'grel*）、《幻化金剛業次第》（*Māyājālavajrakarmakrama*）、《法壇城經》（*Dharmamaṇḍalasūtra*）、《聖莊嚴經》（*Tattvālokaparamālaṃkāra*）、《幻化網續簡疏》（*Sūkṣmajāla*）、《幻化網續詳疏》（*Drva chen*）、《幻化網道大疏》（*Māyājālapathakrama*）和《幻化網道小疏》（*sGyu 'phrul lam gyi rnam bshad chung ba*）。

摩訶瑜伽的另一脈傳承也傳自國王札和古古羅闍，他們的傳人先是俱生喜金剛（dGa' rab rdo rje），俱生喜金剛先傳大笑金剛（Vajrahāsya），再傳薩訶爾之光象尊者（Prabhāhasti），後者復逕從佛密上師獲幻化網續部之口傳。光象尊者即是蓮花生大師之主要師尊。蓮花生大師著有《秘密藏續唯一真實大疏》，於西藏時曾給吐蕃贊普及其有福弟子講述其名作《口訣見鬘》（*Man ngag lta phreng*），專門解釋《秘密藏續》之第十三品。

《秘密藏續》於印度傳承中的另一位重要祖師無垢友（Vimalamitra），乃西天竺之哈思提瓦那（Hastivana）人，幼隨佛密等大師學法，通大小五明與顯密二乘之經典，尤擅幻化網續。他於解釋、弘揚摩訶瑜伽密法、特別是幻化網續有特殊貢獻，曾將以《秘密藏續》為根本、與金剛薩埵幻化網部有關的經典歸結為幻網八部，總而說之。無垢友上師造論甚多，其中有關幻化網續者有：《幻化口訣明燈》（*sGyu 'phrul man ngag gsal ba'i sgron me*）、《無上幻化網續註疏・除暗》（*sGyu 'phrul bla ma'i 'grel ba mun sel*）、《金剛薩埵幻化網吉祥秘密藏續開眼疏》（*Vajrasattvamāyājālatantra-śrīguhyagarbhanāma-cakṣuṣṭīkā*）、《幻化網秘密藏續第十八品簡疏》（*brGyad bcu pa'i bsdus 'grel*）、《摩訶瑜伽般若開眼》（*Mahāyogaprajñāpraveśa-cakṣurupadeśanāma*）、《幻化三地》（*Māyājālopadeśakramatraya*）、《幻化火供儀軌》（*Māyājālahomasaṃkṣiptakrama*）、《幻化手印禪定》（*Māyājālamudrādhyāna*）、《幻化火燒儀軌》（*Māyājālaghudṛṣṭāntasvāśrayakrama*）、《明點次第》（*Thig rim*）和《秘密藏續簡註》（*Guhyagarbhapiṇḍārtha*）等。

現存印度法師所造關於幻化網續部經典之註疏，包括以上所列諸論在內，均收集於北京版藏文大藏經丹珠爾部卷八十二至卷八十三中。據法吉祥之《秘密主言教》（*gSang bdag zhal lung*），這些註疏大致可分為總義釋（spyi'i don bshad pa）與普通釋論（'grel pa）兩類。前者以遊戲金剛的《心之明點》（Thugs thig）和無垢友之《內典明燈》（*Khog gzhung gsal sgron*）為代表。後者包括本註（rtsa 'grel）與釋註（bshad 'grel）兩類，本註包括印度大師所造解釋《秘密藏續》本身之大論，如遊戲金剛上師所造《八卦疏》、日光獅子所造《廣註》（*rGyal chen 'grel pa*）、佛密所造之《判位疏》、蓮花生大師所造《秘密藏續大註》（*rNam bshad chen mo*）、無垢友所造《秘密藏續簡疏》等；釋註則是對幻化網續部其他經典的註疏，如無垢友所造《無上幻化網續註疏・除暗》、《支分眼疏》（Le lag gi spyan 'grel）和《幻化網秘密藏續第十八品簡疏》等。

此外，組成續部經典主題之所謂密咒十部（mantradaśatattva）的每一部，各有其自己的註釋傳統。

1）見部（lta ba）
俱生喜金剛（dGa' rab rdo rje）之《分別見之燈》（*La shan lta ba'i sgron ma*）、蓮花生（Padmasambhava）之《口訣見鬘》（*Man ngag lta phreng*）、龍樹（Nāgārjuna）之《碧玉散布九平原》（*gYu thang ma kras dgu*）、噶瓦譯師吉祥積（sKa ba dPal brtsegs）之《見次第十七明相》（*lTa rim snang ba bcu bdun pa*）。[17]

2）行部（spyod pa）

17 吐蕃王朝赤松德贊時著名的噶、焦、祥三大譯師之一。參見許明銀，《吉祥積的〈見次第說示〉藏文本試譯》，《圓光佛學學報》創刊號，1983年，頁165-180。

《行部燈註》（*sPyod bsdus sgron ma*）與《金剛文殊怙主》（*rDo rje 'jam mgon*）。

3） 壇城部（dkyil 'khor）
佛密上師（Buddhaguhya）造《二金剛業次第上部》（*rDo rje las rim gnyis kyi stod*）及無垢友上師（Vimalamitra）造《三明點勝》（*Thig sum par rgyal*）。

4） 灌頂部（dbang）
佛密上師造《二金剛業次第下部》（*rDo rje las rim kyi smad*）、《要論》（*Gal po*）、《大小抉擇》（*Nges 'byed che chung*）、《三滴》（*Thig pa gsum*）。

5） 三昧耶部（dam tshig）
遊戲金剛上師（Līlāvajra）造《光明三昧耶》（*Dam tshig gsal bkra*）、《三昧耶細增》（*Dam tshig phra rgyas*）。

6） 事業部（phrin las）
無垢友上師造《護摩》（*sByin sreg*）、《起屍燒》（*Ro reg*）、《舍利業鬘》（*sKu gdung las phreng*）、《極樂寒林之原處小喻》（*Dur khrod bde ba'i dpe chung rang gnas*）。

7） 成就部（sgrub pa）
因陀羅部底（Indrabhūti）造《道莊嚴》（*Lam rnam bkod*）、《二次第》（*Rim pa gnyis pa*）、佛密上師造《大小道次第》（*lam rim che chung*）、遊戲金剛上師造《六次第》（*Rim drug*）、無垢友造《三次第》

（*Rim gsum*）、《光次第》（*'Od rim*）、《大疏》（*Drva chen*）及佛密上師造《小疏》（*Drva chung*）、《妙莊嚴》（*Dam pa rgyan*）等。

8）三摩地部（ting nge 'dzin）
無垢友上師造《手印禪定》（*Phyag rgya bsam gtan*）、《一忿怒手印》（*Khro bo phyag rgya gcig pa*）、《集中一境四手印禪定》（*rTse gcig bsdus pa phyag rgya bzhi pa'i bsam gtan*）。

9）供養部（mchod pa）
蓮花生大師造《食會供》（*Za tshogs*）、《寒林》（*Dur khrod*）、《小極樂朵馬》（*bDe ba gto chung*）、《大和》（*Ho chen*）、《小和》（*Ho chung*）、《大小食譜》（*gYas yig che chung*），以及無垢友上師造《無量妙法》（*Thabs mchog dpag gi mi lang ba*）、《寶燈》（*dByig gu sgron ma*）。

10）密咒與手印部（sngags dang phyag rgya）
《八掌事業》（*Phrin las sbar ba brgyad*）。

七　以幻化網續部為中心之摩訶瑜伽法於西藏的傳譯

對摩訶瑜伽無上密法於何時、怎樣傳入西藏，藏文史書中有種種不同的說法。最普通的一種說法是，無上密法主要分三次傳入西藏，第一次是蓮花生大師之弘傳，第二次是遍照護大師之弘傳，第三次是努・佛智（gNubs Sangs rgyas ye shes rin po che）之弘傳。若細述之，則更分八次傳入。

早在吐蕃贊普赤松德贊在位時，為修建吉祥桑耶天成神殿而首先要降伏地魔，故特從西方鄔金國請來蓮花生大師，大師在桑耶寺説圓滿八法（bKa' brgyad yongs rdzogs），是為密咒在雪域傳播之始。隨後，於桑耶寺開光時，有名辛噶巴者出，説事續部經典，是為密法第二次傳入；此後，有譯師藏提爛陀（gTsang thig len ta）、波爛伽目底（Brankamukti）、妙吉祥渣（'Jam dpal go cha）三人赴崗底斯山，從師阿闍梨佛密學法，得《大日如來菩提續》，弘傳講論，是為密法在西藏的第三次傳入。此後，則有俄譯師及所謂六試人出，他們去印度隨阿闍梨護目則札巴學純正之續，並大作弘揚，是為密法在西藏的第四次傳入。此後，有學者遍照護出，翻譯無數妙吉祥續部經典，是為密法之第五次傳入；於贊普赤松德贊在位時，迎親迦濕彌羅譯師咱那迷得剌、答剌摩伽剌、室爛答剌等，由噶、焦、祥三譯師任釐訂，鄧瑪澤氓等為傳譯，翻譯了密咒身、語、意續之大部分經典，是為密法之第六次傳入；於法王赤祖德贊在位時，迎親無垢友上師，由稱為六學者譯師的宇札寧波古達、貞巴虛空勝寶、貞巴智勝覺等，將以前所譯的所有經典按梵文原本重譯，以前所譯不完整者則予補足，並釐訂新譯語，凡屬心性、法界、幻化、口訣、經教諸部大小眾多續典均被譯出，是為密法第七次傳入西藏；最後，繼末代贊普朗達瑪滅法，正法後弘時，有瑪、聶二位譯師之再傳弟子努・佛智上師出，值年五十又四，因不滿雪域先前所有密咒，遂往尼婆羅，見國王答蘇達羅，又赴印度，遇阿羅牙瑟堅、戎博咱牙晳特羅等，譯出內、外、秘密三部密咒法護，是為密咒在西藏的第八次傳入。據説，努・佛智上師還自印度往勃律，與當地譯師班智達答剌那乞悉答、昧昝葛、喀巴達喀等一起，將密集續譯成勃律語，再從梵語譯成藏文。他前後七次往尼婆羅、印度等地求法，獲內外密咒之一切續典，並作弘揚，故其於密咒在西藏傳播之功德尤其巨大。

八　《秘密藏續》的藏文翻譯

以上是無上密咒在西藏傳播的一般情況，具體到摩訶瑜伽部之根本大續《秘密藏續》何時何地由何人譯成藏文，也有種種不同的說法。無畏洲上師在其《甯瑪派續部典籍目錄》中謂《秘密藏續》無疑是由無垢友上師及聶・闍那古瑪羅（gNyags Jñānakumāra）、瑪譯師勝寶（rMa Rin chen mchog）等一起翻譯成藏文的。不過在此以前，佛密與遍照護二位大師也已曾將此續譯成藏文，而且蓮花生大師及聶・闍那古瑪羅譯師於這兩個譯本之間的某個時期也曾翻譯過這部續部大典。故通常以為，佛密大師曾在崗底斯山（Kailash）向貝・妙吉祥（sBas 'Jam dpal）及波爛伽目底（Bran ka mu kti）講述屬於《秘密藏續》部之續典，包括《口訣妙莊嚴》（*Man ngag rnam pa rbkod pa*），他在遍照護大師的協作下翻譯了《秘密藏續》，是為《秘密藏續》的第一個藏文譯本。其後，蓮花生大師將《秘密藏續》及他自己所造的《口訣見鬘》傳授給聶・闍那古瑪羅譯師，他們二人合作翻譯了《秘密藏續》，是為《秘密藏續》的第二個藏文譯本。聶・闍那古瑪羅將此傳授給粟特人吉祥智上師（Sogdian dPal gyi ge shes）；吉祥智與尚勝功德（Zhang rGyal ba'i yon tan）一起將此教法傳予努・佛智（gNabs chen Sangs rgyas ye shes）。

隨後，無垢友上師在桑耶寺說《金剛薩埵幻化八部》（*sGyu 'phrul sde brgyad*），其中即包括為十八部續部經典之根本的《秘密藏續》。無垢友上師乃由吐蕃贊普赤熱巴巾派堪布龍王、屬盧龍幢、孃索龍自在等人專程從印度迎親至桑耶寺，於此住一年之久，在瑪寶勝譯師及聶・闍那古瑪羅協助下，也將《秘密藏續》等幻化部續典翻譯成藏文，此為《秘密藏續》的第三個藏文譯本。聶譯師翻譯了經部和心部，瑪譯師翻譯了性相部和幻化部。以上這三種譯本被稱為本譯。

此後，塔譯師日幢（Thar lo Nyi ma rgyal mtshan）及廓譯師童吉祥（'Gos lotsāwa gZho nu dpal）合作根據新發現的梵文原本又重新翻譯，由於他們沒有大班智達為其翻譯作監督，故其譯本被人稱為技譯（rtsal 'gyur）。此外，於該譯本中，塔譯師根據其新發現的梵文原本，增譯了該續之二十三及二十四品。

龍青巴上師曾對現存《秘密藏續》之各種藏文譯本作了詳細的比較、研究，此後得出結論，認為《秘密藏續》於印度本身就存在不同的版本，故這三種不同的藏譯本不只是簡單重複勞動，而是根據三種不同的原本所作的三種不同的翻譯。對此他在其名著《十方除暗》中特別就《秘密藏續》各種譯本中或有附加偈語或無附加偈語一事作出如下評論，他說：

或以為此類附加偈語於根本續中本不存在，乃瑪譯師寶勝自幻網部其他續典中抽出，分別添加於根本續各品之中。以後，又有祖茹寶童（gTaug rum rin chen gzhon nu）將這些不同的譯本分成有附加偈語本及無附加偈語本兩種。

> 復次，或以為沒有附加偈語之譯本乃聶・闍那古瑪羅譯師所譯，有附加偈語之譯本乃瑪寶勝譯師所譯。甚至，或以為瑪譯師出於對剌宋勝菩提（La gsum rGyal ba byang chub）[18]的嫉妒而故意將這些譯本隱藏了起來。事實是，這些附加的偈語既不見於佛密及遍照護合譯的第一個譯本，也不見於蓮花生大師與聶・闍那古瑪羅完成的第二個譯本，它們只見於由無垢友上師與聶・闍那古瑪羅、瑪譯師寶勝等合作完成的第三個譯本中。因而，顯然梵文原本即有許多不同的版本。此或可於其他續典中見到同樣的例子，如《八千頌般若波羅蜜多》本身有許多梵文原本，其中就有般利伐羅句迦（pariyrājika gZo sbyangs）、具鬘（'Phreng can）和具眾（sDe can）三種不同的版本存世。同樣，像《白傘蓋佛頂輪王經》（*Sitātāpatra*）這樣的經典，也已發現有許多不同的版本。因此，我們無法肯定這些不一致的段落是否為藏人所添加。當知此續各種譯本之間的不一致之處即已出現於其各種梵文原本之中。因於這些譯本中有達意及不達意之別，故出現有各種不同的梵文原本版本。

以上所述《秘密藏續》之三種不同的譯本，及其幻網部其他續典的藏譯本，即組成所謂舊譯密咒的主要內容。

---

18 剌宋勝菩提乃著名的吐蕃最早受剃度的「七試人」之一，與瑪譯師同時為當時著名的八大譯師之一，曾在昌珠受蓮花生大師灌頂，故能在空中打坐修禪。

九　教傳經典傳承

舊譯密咒於西藏的傳承系統極為複雜，説法不一。或説有諸佛密意傳承、持明表示傳承、補特伽羅口耳傳承三種，又有親承語旨的授記傳、具福的掘藏傳、發願的付印傳三種，共分六種傳承。或曰舊派之法要，總分三類，教傳的為經典傳承、近傳的為伏藏傳承以及甚深之淨相傳承。教傳經典由《幻化續》、《遍集明經》和《心本續》三種，分為幻、經、心三部。其中《幻化秘密藏續》由無垢友上師傳瑪譯師寶勝，瑪譯師復傳於祖茹寶童及吉熱勝護，此二師再傳予達吉吉祥稱及尚勝德二師，其中達吉吉祥稱學識過人，提出即便吾師亦乃有漏眾生，故對其所傳教法也當自作考量。但其所傳以普傳教典傳承著稱，對眾生利益不大。達吉在康、衛、藏各地弘傳，其傳人後分為衛派和康派二支。尚勝德上師則僅按上師所傳授徒，所傳以青普教典派傳承，或要門派著稱，對眾生利益甚大。

也有人説，舊譯密咒依止三大傳承，第一傳承由聶・闍那古瑪羅所傳教誡、生起、圓滿三部遠傳經典四河；第二傳承由努・佛智傳出；第三傳承由大宿・釋迦源所傳遠傳經典四河。所謂遠傳經典四大河指的是蓮花生、無垢友、遍照護和宇札寧波四位大師之教法，分別是：一、共通之經續之河，包括各類經續之註疏；二、口耳相傳之要門之河，包括根本經典及直傳要門；三、加持、灌頂之河，包括傳授之方便；四、實修、菩薩行、成就儀軌之河，包括諸本尊護法之忿怒真言。

在西藏被稱為「遠傳經典」（ring brgyud bka’ ma）的

傳承系統包括所有自印度傳入西藏，並漸次以口耳或文字相傳下來的屬於摩訶瑜伽、阿努瑜伽及阿底瑜伽之續典和經教，它與所謂「近傳伏藏」（nye brgyud bka' ma）形成鮮明對比，後者指後世漸次新發現的屬於密咒部之續典。遠傳系統通常以其綜合摩訶、阿努及阿底三瑜伽著稱，它以幻、經、心三部為名，即取舊派密咒生、圓、大圓滿部之三部主要續典《續部・幻化網》（即《吉祥秘密藏續》）、《經部・遍集明經》、和《心部・菩提心遍作王本續》之首字。這一西藏甯瑪派傳統的共同遺產先落到聶・闍那古瑪羅手中，再傳至努・佛智，三傳至宿氏家族。

聶・闍那古瑪羅由寂護（Śāntarakṣita）剃度出家，並為伐吉羅母陀（Vajrāmṛta）及伐金剛橛（Vajrakīla）二位上師的名弟子。他追隨印度諸位最博學、最有成就的大師學法，得通大小五明，尤擅內外密續，匯聚遠傳四大教河。闍那古瑪羅專精經、幻、心三部，通過他的闡幽發微，將《幻化網續》傳予許多弟子，特別是著名的「八大吉祥金剛」。這「八大金剛」指的是他的前期弟子粟特人吉祥智（dPal gyi ye shes）、俄瞻吉祥童（'O bran dPal gyi gzhon nu）、念慶吉祥音（gNyan chen dPal dbyangs）及塔桑吉祥金剛（Thag bzang dPal gyi rdo rje）四人，和其後期弟子妙道吉祥金剛（Lam mchog dPal gyi rdo rje）、達吉吉祥金剛（Dar rje dPal gyi grags pa）、札吉祥金剛（Gra dPal gyi snying po）及剌隆吉祥金剛（Lha lung dpal gyi rdo rje）等四人。

努・佛智因修妙吉祥文殊壇城而得灌頂、獲成就。他曾隨蓮花生、無垢友、吉祥獅子、伐蘇答剌（Vasudhara）及蓮花戒（Kamalaśīla）等印度大師，以及聶・闍那古瑪羅、粟特人吉祥智及尚勝德（Zhang rGyal ba'i yontan）等西藏本地大師學包括《秘密藏續》在內的內外密咒及其要門。他留下了很多著作，主要有：

1）《密意集合經廣註・除暗之箭》（*mDo'i 'grel chen mun pa'i go cha*）

2）《現觀十八品幻化網續註》（*sGyu 'phtul brgyad bcu pa'i mngon rtogs 'grel*）

3）《大圓滿之要門・禪定目炬》（*rDzogs chen gyi man ngag bsam gtan mig sgron*）

4）《斷難論說之劍》（*dKa' bcod smra ba'i mtshon cha*）

努上師最嫡傳的弟子是庫隆功德海（Khu lung yon tan rgya mtsho），他將所有灌頂、續典及要門悉數傳予這位高足，後者復將其所得傳授給了智慧海（Ye shes rgya mtsho）、蓮花勝王（Padma dBang rgyal）、天王小泓（Lha rje Hūm chung）、嬢・妙慧（Nyang Shes rab mchog）、嬢・智慧源（Nyang Ye shes 'byung gnas）、天王大宿波且（Lhas rje Zur po che）等弟子。這一傳承系統根據其傳承者之部族名通常被稱為絨派（Rong）傳承，或者嬢派（Nyang）傳承。

絨宋班智達・法賢（Rong zom Paṇḍita, chos kyi bzang po）是十一世紀甯瑪派著名的大班智達，後藏茹拉（Ru lag）那隆戎地（sNar lung rong）人。因獲得了蓮花生大師的要門傳承而名聞一時。這系傳承自蓮花生大師經那囊金剛摧魔（sNa nam rDo rje bdud 'zoms）、喀慶吉祥自在（mKhar chen dPal gyi dbang phyug）、咱金剛童（sGra rDo rje gzhon nu）、尚尚功德稱（Zhang zhang Yon tan grags）、絨班智達功德（Rong ban Yon tau）、絨班智達戒律寶（Rong ban Tshul khrims Rin po che）等上師一脈相傳。而名列此系傳承之末的絨班智達戒律寶即是絨宋班智達・法賢之父。據説，法賢從十三歲起，即以通達經典、學識優異著名。他通因明、吠陀及非宗教典籍；會梵文，善譯經，除譯有密教典籍以外，還著有若干關於密教典藉的註疏及論著。他亦曾為念稱智所著《語言門論》作過註釋，自己也寫過幾部藏文文法書，因此得享班智達之雅號。法賢年輕時曾隨一法師朵敦獅子學習舊譯密咒，一天他夢見自己正在吃他自己用《秘密藏續》熬成的稀粥，喝用《秘密主瑜伽》燒成的菜湯。驚異之餘，他將此夢中之情景告訴了師父，不料師父當即連呼：「善哉！善哉！此乃汝已圓滿領會這些教法之徵兆。爾當為《秘密藏續》與《秘密主瑜伽》各撰一註。」於是，絨宋班智達留下了西藏歷史上第一部重要的《秘密藏續》的藏文註疏。因三寶之自性乃菩提心故，他特將此書命名為《寶疏》（dKon cog 'grel）。

絨宋班智達的這部註疏與後來龍青巴尊者所造《十方除暗》被認為是從阿底瑜伽的觀點出發解釋《秘密藏續》的兩部最重要的藏文註疏，與教傳派所強調的《秘密藏續》屬摩訶瑜伽的觀點大相逕庭[19]。對此敦珠法王曾説：

> 遍智龍青巴大師之註疏《十方除暗》乃據「眾乘之王」（即阿底瑜伽之傳統）闡發《秘密藏續》之密

[19] 編者按，甯瑪派教法分外、內、密三層意趣來解釋一切經、續、論，是故可以視為《寶疏》及《十方除暗》所説者為《秘密藏續》之密義。

> 義；而遍智絨宋巴之註疏則顯得像是一個密封的大箱子，它廣泛地對真如界作了評註。當知這兩部註疏乃是《秘密藏續》之最重要兩部藏文注本，它們提供了具大潛力之智慧。[20]

絨宋班智達作為第一位評註《秘密藏續》的西藏學者，遭到了眾多其他教派的大師們，包括甯瑪派密法傳統的著名批判者廓庫巴等人的尖銳批評。絨宋班智達所傳甯瑪派密法以「心品」為主，於甚至不承認甯瑪派為佛教之一派的他派上師們看來，尤其不像是來自印度的傳統佛教，故不惜用相當激烈的語言對其作猛烈的批判。事實上，絨宋班智達的貢獻在於他復興了在西藏佛教後弘期以前由噶瓦・祥增（sKa ba dPal brtsegs）、孃・祥音（gNyan dPal dbyangs）及努・佛智等人創立的註疏傳統。儘管在十一世紀時，西藏本地大師造論者尚屬鳳毛麟角，故易遭非議，但即使是他的批評者也都承認，絨宋班智達所作忠實於原續經文之權威，經得起量學理斷，既不違普通與一般之考量，又不背離上師之教法，實不失為一部值得推崇的好論。

絨宋班智達一系所傳內容以心品為主，與其同時的宿氏家族傳承則以集經及幻化網為主。自絨宋班智達至十四世紀甯瑪派大師龍青巴之間的傳承系統史載不詳。此派傳承後分成心部（sems sde）、界部（klong sde）和口訣（man ngag sde，或稱要門）部三個系統。這三個系統各有師承，又彼此相互影響。心部說隨見何境，唯是自心、自性現自然智慧，除此自然智慧之外，再無餘法。界部說一切法性，

[20] Dudjom Rinpoche上揭書，頁707。

不出普賢境界，遮破了除法性境界以外，還有他者出現。此部重光明，運用永離所緣的甚深關要，安住無功用中，由甚深及明了的妙智雙運，成就虹體金剛身，這是修法中的最深法門。口訣部者說運用離去取捨、雙融無分別智，把生死涅槃一切諸法，都歸於不空不執的法性境中，由此要點，所以用生死涅槃無二分別的靈明智性現證法性境界，並在自性金剛鏈身中成熟解脫。這三部，特別是其中的口訣部被稱為大圓滿法，乃甯瑪派特有的教法。大圓滿法的字面意思是，說現有世界，生死涅槃，所包含的一切諸法，悉在此靈明空寂之內圓滿無缺，故曰圓滿，再無較此更勝的解脫生死方便，故名為「大」。繼絨宋班智達之後真正承前啟後、建立起大圓滿法之見地、實修傳統的是十四世紀西藏佛學大師、被人稱為甯瑪派掌教中學者之巔峰（mkhas pa'i rtse mo）的龍青巴尊者。[21]

龍青巴尊者通常被人稱為遍智龍青饒絳巴無垢光（Kun mkhyen klong chen rab 'byams pa Dri med 'od zer），乃甯瑪派之大阿闍梨，大圓滿法在雪域的開宗祖師。尊者於藏曆第五勝生之土猴年（1308）生於烏思藏四茹之一夭茹西部名札恰堆仲（Grva'i cha stod grong）的地方。父名阿美天護（A mes lha srung，又稱阿闍梨佛護 bsTan pa srung），乃蓮花生大

---

21 1996年四川人民出版社出版了藏文版《遍智龍青饒絳傳》（Kun mkhyen klong chen rab 'byams kyi rnam thar bzhugs）一書，將福勝法成（bSod nams chos 'grub mchog）著《遍智龍青饒絳傳．三種信之津梁》（Dad pa gsum gyi 'jug ngogs）與法稱賢父之子勝妙（Chos grags bzang po pha yi bu mchog dam pa）著《遍智無垢光傳．見即具利》（Kun mkhyen dri med 'od zer gyi rnam thar mthong ba don ldan）兩種傳記合成一書出版。這是目前所能見到的最詳細的龍青巴尊者傳。另可參見敦珠法王書，The Nyingma School of Tibetan Buddhism: Its Fundamentals and History, Book II, Pt. 4, pp. 238-277。

師親炙弟子具吉祥寶馬莊嚴證果者勝音（dPal rta mchog rol pa'i grub thob mchog dbyangs）之第二十五代孫，其母種氏女福莊嚴（'Brom bza' bSod nams rgyan）乃噶當派祖師種敦巴勝源（'Brom ston pa rgyal ba'i 'byung gnas）之後裔。

尊者自幼聰穎，五歲即能讀、寫無礙，七歲失怙，九歲能背誦《般若二萬頌》及《般若八千頌》。以聞、思、修博通經律論三藏、融會內外五明，除障增益。年十二，於桑耶寺隨親教師如意寶（bSam grub rin chen）、屏教師慶喜光（Kun dga' 'od zer）出家，取法名戒智（Tshul khrims blos gros）。因擅習正法毗奈耶，年甫十四即能說法。年十六，隨阿闍梨吉祥寶（bKrashisrinchen）學《道果》、《那若六法》、《金剛亥母六法》、《勝樂大輪鈴尊》、《金剛手大輪》等許多灌頂、引導和教誡。復隨阿闍梨自在智（dBangyeshes）與上師楚普哇（sTon Khro phu ba）等學《金剛橛》、《時輪》等密法，隨薩龍巴活佛（Za lung pa）等聽聞察巴噶舉派始祖尚貢唐上師精進稱（Zhang Gung thang bla ma brTson 'grus grags pa, 1122-1193）之教授、主巴噶舉派上師賈昌巴怙主金剛（rGod tshang pa mGon po rdo rje, 1189–1528）之導引前、後、中三部希解教法等。年十九，居前藏噶當派名剎桑普乃烏托寺（gSang phu ne'u thog gi chos grwa），先後隨該寺上院第十五代住持阿闍梨贊貢巴（bTson dGon pa）和第十六代住持法吉祥幢（Chos dpal rgyal mtshan），以及著名的邦大譯師慧定（dPang lo Blo gros brtan pa）學法。

此外，龍青巴尊者曾遍禮雪域名剎大寺，一時名賢若噶瑪噶舉派黑帽系第三輩活佛自生金剛（Rang byung rdo rje,

1284-1339）、薩迦派座主聖上師福幢（Bla ma dam pa bSpd nams rgyal mtshan, 1312-1375）、薩迦派顯宗大德雅德班智達（g.Yag sde pan chen）等都曾與他結下師生之緣，故尊者對量學、般若和中觀等法相乘經教，與《慈氏五論》、《心經》等內典，以及聲明、修辭、聲律、戲劇等所有大小明處皆有聽聞，並達究竟，獲無礙辯才。尊者通雪域各大教派之殊勝教法，對各路密法不存門戶之見。對智者三事喜生無礙之心。於是，尊者於雪域巡回辯經，無往而不勝。人稱其為「桑耶龍芒哇」（bSam yas lung mang ba，意為桑耶通眾經教者），或稱「龍青饒絳巴」，意為廣通經義者。[22]

作為甯瑪派喇嘛，龍青巴尊者對舊派密法自然用心最多，成就最大。他曾隨膽八巴（Dan bag pa）、阿闍梨童義成（gZhon nu don grub）、醉者亭瑪哇（Myos pa'i mthing ma ba）及覺稱（Sangs rgyas grags pa）等上師聽聞經、幻、心三部要典等《甯瑪十萬續》要訣，其用心之專一若幼蜂沉醉於蜂蜜醍醐之中。年二十九，得遇甯瑪派大圓滿法祖師持明童王（rNying ma rigs 'dzin Kumaraja, 1266–1343），於其座前學法兩年，受賜《大圓滿秘密心髓》（*rDzogs chen po gsang ba snying thig*）之灌頂、導引及教授，以及《大圓勝會三部續》（*rDzogs chen sde gsum gyi rgyud*）之經教、口訣等，成為其當之無愧的衣缽傳人。年三十一，龍青巴尊者往涅普休瑟（sNye phu'i shug gseb）廣轉法輪，說秘密心髓法。年三

22 按照土觀上師的說法，饒絳巴作為一個稱號是薩迦派上師大慈饒絳巴佛增（Byams chen rab 'byams pa sangs rgyas 'phel）在世時創立並立為制度的。《土觀宗派源流》，頁187。饒絳巴後為格魯派寺院所贈格西學位之第一等者的稱號。

十二，復往白頂雪山烏仗那宗之雲光林（Gang ri thod dkar O rgyan rdzong 'od zer sprin gyi skyed mos tshal）建阿蘭若。隨後，又往門蚌塘（Mon bum tang）建立僧伽，造寺院解脱洲（Thar pa gling）。一時為高僧大德、王公貴族所重，故佛事隆盛、供養無算。是為甯瑪派教法在今不丹境內弘傳之始。

龍青巴尊者在達到聞、思之極頂後，常遁跡山林、幽禁獨修，最後得證光明身，達到大圓滿心髓見地之究竟。據稱尊者三十二歲時，修大圓滿入甚深止觀，定中面見蓮花生大師及智慧海，獲授灌頂及口訣傳承，即空行心髓之教授，遂盡得甯瑪派大圓滿兩部心髓之傳承。尊者修行處遍佈雪域，無遠弗屆，著名的有：桑耶青普、烏仗那宗、神山岩（lHa ri brag）、爪普（Gra phu）、休瑟、白頂雪山、雪堆提珠（gZhu stod ti sgro）、耶爾巴（Yer pa）、雅剌香波、蚌塘、絳布班吉格定（sKyam bu dpal gyi dge sdings）、貢布山之拉瓦隴（Gong po ri'i gla ba lung）、工布札貢噶普（Kong po rtsa gong gi phu）等等。此外，像南方主巴（lHo 'brog）、烏夭（dBu g.yor）、門域等邊荒之地也成了他修行、佈道的煉洞及道場。儘管尊者淡泊功名，但其令譽若「聖識一切法主」、「語自在」、「無垢光」等仍不逕而走，傳遍雪域。

龍青巴尊者一生著述宏富，造大小乘及金剛乘等共通與不共通之論達九十八部之多，另有專門的內論百二十八部，秘密了義論二百六十三部。其中最著名的有《龍青七藏》(*Klong chen mdzod bdun*)、《四部心要》(*sNying thig ya bzhi*)、《三休息》(*Ngal gso skor gsum*)、《三自解脱》(*Rang grol skor gsum*)等。其中《龍青七藏》指的是：《宗輪藏》(*Grub mtha' mdzod*)、

《妙乘藏》(*Theg mchog mdzod*)、《如意藏》(*Yid bzhin mdzod*)、《口訣藏》(*Man ngag mdzod*)、《法界藏》(*Chos dbyings mdzod*)、《本性藏》(*gNas lugs mdzod*)及《句義藏》(*Tshig don mdzod*)等七論；《四部心要》指的是《空行心要》(*mKha' 'gro snying thig*)、《無垢心要》(*Bi ma snying thig*)、《上師心髓》(*Bla ma yang thig*)、《空行心髓》(*mKha' 'gro yang tig*)及《甚深心髓》(*Zab mo yang tig*)等；《三休息》是《心性休息》(*Sems nyi ngal gso*)、《禪定休息》(*bSam gtan ngal gso*)、《虛幻休息》(*sGyu ma ngal gso*)及自釋論[23]；《三自解脫》指《心性自解脫》(*Sems nyid rang grol*)、《法性自解脫》(*Chos nyid rang grol*)、《平等性自解脫》(*mNyam nyid rang grol*)。

龍青巴上師是從阿底瑜伽之觀點出發來解釋《秘密藏續》的。他一共留下了三部專門解釋《秘密藏續》的註疏，命名為《除暗三部》(*mun sel skor gsum*)，分別是：

1）《略義無明除暗》(*bsDus don ma rig mun sel ba*)，長14頁，分析《秘密藏續》之科判；

2）《總義意語除暗》(*sPyi don yid bka' mun pa sel ba*)，長89頁，分析佛教與非佛教教義的範圍及結構；

3）《文義十方除暗》(*gZhung don phyogs bcu mun pa sel ba*)，長313頁，先介紹《秘密藏續》各品內容，然後對其金剛偈作詳細的行間註。通常所言龍青巴造《秘密藏續》釋論即是指他的這部《文義十方除暗》。

---

[23] 詳見龍青巴造論、談錫永譯釋，《大圓滿心性休息導引》。

此外，龍青巴尊者尚有《教法源流寶藏・作明正法之光》（*Chos 'byung rin po che'i gter mdzod bstan pa gsal bar byed pa'i nyi 'od*）、《法行道次第論》（*Chos spyod lam gyi rim pa*）、《起死回生之回向寶鬘》（*Shi gson gyi bsngo ba rin chen phreng ba*）等名著傳世。《教法源流寶藏》是繼夏魯派大師布敦寶成（Bu ston Rin chen grub, 1290－1364）之名著《善逝教法源流大寶藏論》之後又一部著名的教法源六類史著，通常被譯名為《龍青教法源流》。書中的主要內容是印度佛教史及佛教於西藏傳播、特別是前弘期佛教各種顯、密教法於西藏傳播的歷史。對吐蕃王國時期，西藏佛經翻譯的歷史記載尤詳。書中有一章專門討論舊派密咒是否存在於印度，對有人提出《秘密藏續》有四條邪誤，所以是偽經的説法逐條予以駁斥。[24]

十　宿氏派傳承與甯瑪派僧伽的建立

甯瑪派舊派密咒最初的傳播乃父子相承、口耳相傳，雖有若干法門分散的傳承，但不僅沒有寺院僧伽組織，也沒有形成為一套成系統的密教教義。直到十一世紀有所謂三宿氏出，甯瑪派才建立寺廟，並有較大規模的活動。這三宿氏乃指三位來自宿氏（Zur）家族的甯瑪派上師。第一位宿氏被人稱為宿波且（Zur po che，意為大宿氏），本名釋迦源（Śākya 'byung gnas, 1002－1062），又稱鄔巴龍巴（'U pa lung pa），

24　《龍青教法源流》近有兩種版本傳世，一種是敦珠桑耶（Dodrup Sangyey lama，義成佛）上師版，1976年於德里出版；一種是拉薩版，1991年作為雪域文庫叢書第十七號由西藏藏文古籍出版社出版。近世有學者懷疑此書作者並非龍青巴上師本人，而是他的弟子或轉世，關於這方面的討論見 Dan Martin, *Tibetan Histories: A Bibliography of Tibetan-Language Historical Works,* London: Serindia Publications, 1997, pp. 58-59。

來自康區之亞宗或賽摩。幼時從朗達瑪滅佛後於西藏東南部維繫戒律傳承的大上師極明意（Bla chen dGong pa rab gsal）上師出家。後隨其祖父寶海（Rin chen rgya mtsho）學習顯密經續，包括幻網部諸續。隨後，復從曲龍（Chos lung）之孃・智源（Nyang Ye shes 'byung gnas）上師處獲幻網及心部之要門，從虛空部上師處獲《遍集明覺經》（*mDo dgongs pa 'dus pa*）、《八卦疏》（*'Grel pa par khab*）之要門及大圓滿法之傳承；由從孃・貞卓炯（'Bre Khro chung）上師處得幻化網次第之要門。宿波且以其善將根本續與釋論結合在一起而著稱，他開始整理當時所流行的甯瑪派典籍，首先確定一些根本密續，然後把其註疏，及其修法、儀軌等理出頭緒，組成系統，以用於實修。從他開始，甯瑪派始有教派規模。他曾多年住於香地之鄔巴龍（'Ug pa lung）地方，於此親見四十二寂相本尊與五十八飲血忿怒本尊，並於此建廟。他曾說：「鄔巴龍之土、石、山、岩於我皆是寂忿本尊之居處；而於本瑟摩之南峰，我常見五部佛。是故，我欲於此為寂相本尊建廟。」並許以按密宗傳統造五部佛像，像之右畫以幻網之寂相本尊像，像之左畫以幻網之忿怒本尊像。

宿波且建鄔巴龍寺時已有很多弟子追隨左右，相傳其中經常修定的弟子有一百零八位大瑜伽行者，其中以所謂「四頂峰」為最勝，他們是：見與義之頂峰小宿智稱（Zur chung Shes rab grags）、解釋《秘密藏續》之頂峰梅裊瓊札（Me nyags Khyungs grags）、博學之頂峰尚・廓瓊（Zhang 'Gos chung）及修行之頂峰桑禪師智王（bZang sgom Shes rab rgyal po）。此四頂峰中又以宿波且的養子宿瓊（小宿氏，1014－1074）最有名。

宿瓊巴又稱嘉沃巴（rGyal bo pa），本是行乞僧宿恭之子，父子二人行乞至宿波且處，遂為後者收養。宿瓊巴隨其養父學法多年，得益甚厚，但終因貧困而不能得到密法傳授。宿波且遂令其與一富家寡母之女婚配，用他們的錢來學密法。學成之後，復將此母女遺棄。宿波且又令其講經，曾有弟子三百人聽其講《遍集明覺經》。此後，他繼其養父之後住持鄔龍巴寺，廣傳包括《秘密藏續》在內的甯瑪派遠傳經典傳承諸法。以後，他將鄔龍巴寺托付於他人管理，自己往嘉沃地方靜修，於此間九個巉巖地修法十三年，故人稱其為嘉沃巴。他於此地證得一切法皆金剛薩埵性，達大圓滿境界。他亦曾謁見廓庫巴天護上師，聽他講喜金剛法。後復於年若地方與四名顯教上師辯論，四人同時向他問難，依然辯他不倒，結果四人都成了他的弟子。宿瓊巴之名聲隨之響亮起來，隨其學密法者日眾，他也因此而變得十分富有，據稱為當時一般佛教徒中最富有之人。

宿瓊巴之弟子有四柱、八樑、十六椽、三十二桷等，其中最著名的是四柱，他們是：心部之柱貢布之鳩敦釋迦（Gung bu sKyo ston Shakye）、《遍集明覺經》之柱坤隆之陽鏗上師（sKyong lung Yang kheng bla ma）、幻化網之柱曲巴之朗・釋迦賢（Chu bar glang shakya bzang po）上師以及儀軌、修行方便之柱納摩若之丹底覺沙（Nag mo re mDa' tig jo shak）。

宿瓊巴有子三人，女數人，均修甯瑪派密法，且有成就。其中最著名、且繼承其衣缽者為宿卓浦巴（Zur sGro phug pa, 1074–1134）。卓浦巴，名釋迦獅子，是宿瓊巴尊者之幼子。

出生之年，其父示寂，故由母舅撫養成人。年十五開始師從朗·釋迦賢（gLan Śākya bzang po）上師學《秘密藏續》；年十九，因須管理眾多的家財而無暇外出求學，遂將其父之號稱四柱的四大弟子請回家中，請授甯瑪派之經、幻、心三部密法之教授、儀軌、灌頂等，獲宿氏家族傳承的《秘密藏續》之完整的註疏傳統。此後，卓浦巴又師從其他上師，獲大圓滿教法，遂成為名重一時之甯瑪派大師。他於《秘密藏續》之成就從以下例子可見一斑：一次，當他於卓浦說法時，坐於一四周無靠背之法座上，眾弟子從四方將其團團圍住，而他恰似面向所有方向之聽眾。人們遂信其為金剛薩埵幻化網壇城主尊之化身。從此他便成了一位著名的化身佛。

儘管卓浦巴住世時，甯瑪派的教法正受到天喇嘛智光、廓庫巴天護等人激烈的批評，但卓浦巴尊者依然能傳法收徒，招攬弟子達千餘人之多。他在卓浦地方建新寺，據傳冬、夏隨其學法的弟子有五百餘眾，春、秋隨其學法者也有三百餘眾。因卓浦巴精熟《秘密藏續》，從他又衍傳出兩支主流，一支在衛藏流傳，另一支則在康區流傳。

十一　宿氏派於衛藏的傳承

在衛藏地區，卓浦巴的主要弟子有所謂四黑、四師及四祖等十二人。四黑中最勝者是節敦伽那（lCe ston rGya nag），他精中觀、量學等顯宗經典，曾來卓浦與卓浦巴辯經獲勝，卓浦巴遂將其所有教授悉數傳予，成為上部宿氏傳承系統之主要掌門。伽那自三十歲起隨卓浦巴學法十一年，因其根器不凡，卓浦巴即賜其以摩訶瑜伽、阿努瑜伽及阿底瑜伽之根本續與修行要門。伽那的弟子中著名的有來自前藏的敦夏（sTon shak）及錫波（Zhig po），以及伽那的侄兒功德總持（Yon tan gzungs）等。

這支傳承之次第為：

節敦伽那（lCe ston rGya nag）

功德總持（Yon tan gzungs）以及前藏人錫波（dBus pa Zhig po）

錫波甘露（Zhi po bdud rtsi）

達敦覺耶（rTa ston Joye）

達敦威光（rTa ston gzi brjid）

達敦威光曾造《秘密藏續廣注》，並編撰了此派傳承之上師的傳記。

此外，雲敦巴金剛吉祥（gYung ston pa rDo rje dpal）於其所造《雲註秘密藏續》（gYung 'grel）中，根據《秘密藏續八卦疏》所載，提出了一條不同的傳承系統，其傳承之上師先後為：

卓浦巴（sGro phug pa）

藏人金敦（Bying ston）及貢真人涅敦法獅子（sGong drings Nye ston Chos kyi seng ge）

藏那光熾（gTsang nag 'od 'bar）

梅敦怙主（Mes ston mGon po）

宋喇嘛（Bla ma Srong）

釋迦光法師（Śākya 'od）

達那伏魔（rTa nag bdul 'dul）

達釋迦增（mDa' Śākya 'phel）

宿慈氏獅子（Zur Byams pa seng ge）

雲敦巴金剛吉祥（gYung ston pa rDo rje dpal）[25]

雲敦巴乃學、修皆優之大德，其行傳為新、舊兩派所共許。其師尊宿・慈氏獅子（Zur Byams pa seng ge）乃宿・太陽獅子（Zur Nyi ma Seng ge）之子、宿・釋迦光（Pak shi śākya 'da）法師之曾孫。宿・慈氏獅子十五歲時，在鄔巴龍寺隨達釋迦增（mDa' Śākya 'Phel）學《秘密藏續》，兩年後即自造《秘密藏續注》（*rGyud kyi rnam bzhag*）。他先後從節敦十萬成就（grub pa 'bum）領受大圓滿法及幻化網續部密法，復從拉打（La stod）之達敦威光（rta ston gzi brid）獲宿氏派傳承之幻化網利益、能力及甚深三種灌頂及其他教法。慈氏獅子自己也有眾多弟子，其中有十六人精《幻化網道大疏》（*Māyājālapathakrama*）、《秘密藏續》及《秘密藏續八卦注》；他最著名的弟子是雲敦金剛吉祥及達那卓瑪瓦心成金剛（rTa na sGrol ma ba bSam grub rdo rje）。

雲敦金剛吉祥（1284–365）乃朗聚（glan）家族人，通顯、密經教，為第三世噶瑪派活佛自生金剛（Rang byung rdo rje）之親傳弟子。但他亦習甯瑪派教法，自宿・慈氏獅子處獲其遠傳系之經、幻、心三部教法，造釋論《吉祥秘密藏續義作明鏡》（*dPal gsang ba snying po'i rgyud don gsal byed me long*）。此論於西藏甚受歡迎，其流行程度蓋過早於

---

25 這支傳承系統也記載於《土觀宗派源流》，頁63-64。

它問世的其他各種《秘密藏續》註釋本。他於其所造釋論中重新排列了《秘密藏續》第五品之次序，這成為後出大師如宿・法界自解（Zur Chos dbying rang grol）等人之研究的興趣點。以後造《秘密藏續》釋論的大師如虛空寶（Nam mkha' rin chen）、噶陀・善悲班智達（Kah thog dGe brtse Pandita）及不變利樂光明（'Gyur med Phan bde 'od zer）等皆深受其影響。

值得一提的是，這支宿氏傳承的掌門中有多人曾往中原傳法，並與元朝王室發生了關係。例如，釋迦光曾托元朝的使者將他掘藏所得之關於長壽水儀軌的經書獻給元世祖忽必烈。作為回報，忽必烈賜給他一個「八哈失」（Bagsi，意為法師）的稱號。這個稱號雖比不上薩迦派大師八思巴所獲的帝師稱號，但在當時也只有少數幾位來自西藏的的高僧得享此殊榮。另一位著名的八哈失是噶瑪派第二世活佛噶瑪八哈失。[26] 以後，雲敦金剛吉祥上師又因其善咒術、精《時輪金剛》而受元成宗之邀進京，在元廷獻金剛舞，受賜豐厚。隨後，又奉成宗命赴內地求雨。另外，還有一位名覺稱（Sangs rgyas grags）的甯瑪派上師也曾進京謁見元帝，獲賜大量土地。[27]

達那卓瑪瓦心成金剛（rTa nag sGrol ma ba bSam grub rDo rje, 1295–1376），來自達那新寺（rTa nag gnas gsar），

---

[26] 參見 Leonard W. J. van der Kuijp, "Bagsi and Bagsi-s in Tibetan Historical, Biographical and Lexicographical Texts"（在藏文歷史、傳記、字書類文獻中的八哈失），*CAJ* 39/2, 1995, pp. 275-299.

[27] 參見格西蓮花壽（Pema Tsering），"rNying ma pa Lamas am Yuan Kaiserhof"（〈在元廷的甯瑪派上師〉），*Proceedings of the Csoma de koros Memerial Symposium,* Budapest 1978。

師從宿・慈氏獅子學法，專擅幻化網。亦曾於朗聶蔡巴福怙（Glang Nya tshal pa bSod nams mgon po）處獲灌頂。在其弟子中以宿・宏釋迦源及覺寶（Sangs rgyas rin chen）父子為最勝，所謂「宿氏傳規」（Zur brgyud）和「子傳規」（sras brgyud）即分別出自此父子二人。

宿宏釋迦源乃前面提到過的宿賢吉祥之子。五歲時，即不可思議地寫出了一部解釋《秘密藏續》的論典。他師從著名的梵文專家地賢慧（Sa bzang mati）、雲敦巴、妙音心成金剛（'Jam dbyangs bsam grub rdo rje）等學顯、密教法，特別是《幻化網》、《吉祥秘密藏續》、《秘密藏續八卦疏》等。他有得其所傳甯瑪派經、幻、心三部教法之徒眾甚多，其中有名者有覺寶（Rin chen rgyal mtshan）及湼巴祥瑞（gNyel pa bDe legs pa）。

覺寶，全名覺寶勝幢祥賢（Sangs rgyas Rin chen rgyal mtshan dPal bzang po, 1350–1431），乃卓瑪瓦成金剛之子，師從乃父及宿・宏釋迦源學法，專精包括《秘密藏續》在內的幻化網部續典。年僅十四即能為他人灌頂，年四十，造《秘密藏續大疏》（*gSang snying 'grel chen*）及《幻化網道善莊嚴注》（*Lam bkod la rnam bzhag*）。此外，他還著有《現觀忿怒本尊廣註》（*Khro bo la mngon par rtogspargyaspa*）、《處地儀軌廣釋》（*gNas lung la 'ang cho ga rgyas pa*）。年七十，收西藏著名史家、《青史》作者廓譯師童吉祥為徒，授其以《幻化網寂忿本尊灌頂》（*sGyu 'phrul zhi-khoo 'i dbang*）、《幻化網長壽灌頂》（*sGyu 'phrul gyi tshe dbang*），並為其講解《秘密藏續》及其各種釋論，根據其自造釋論而對《幻網要門道莊嚴》（*Man ngag rnam par bkod pa*）作詳細疏解。他還賜童吉祥以《內典明燈》（*Khog gzhung gsal sgron*）、《四十品幻化網》、《八十品幻化網》和《無上幻化網》之傳規。

廓譯師童吉祥（'Gos Lotsāwa gZhon nu dPal, 1392–1481）是五世噶瑪巴活佛、明封大寶法王如來（De bzhin gshegs pa）、俄・菩提吉祥（rNgog Byang chub dpal）及大班智達伐那若答那（Vanaratna）的弟子，他訂正、重譯了《妙吉祥根本續》（*Mañjuśrīnāmasaṃgīti*）及《秘密藏續》等其他續典。他於覺寶大師處獲得遠傳經典之傳規，成為甯瑪派遠傳系之傳人。他自稱對舊譯密咒甯瑪派的傳統有特殊的熱忱，尚未為拒受正法之毒沾染。他的主要弟子是噶瑪派黑帽系的第七世活佛法稱海及噶瑪派紅帽系第四世活佛法稱，後者是此派傳承之掌門。

法稱（Chos kyi grags pa, 1453–1525），乃哲雪康瑪（Tre shod khang dmar）人，隨廓譯師童吉祥學新、舊密咒，然後將學得之教法悉數傳予止貢派的宿・寶圓滿（Rin chen phun tshogs）。寶圓滿不僅精通以經、幻、心三部續典為主的遠傳佛說經典，而且也博聞與《八教》（*bKa' brgyad*）[28]、《四部心要》（*sNying thig ya bzhi*）[29]、《上下伏藏》（*gTer kha gong 'og*）[30] 等相關的伏藏。與阿里班禪蓮花勝王（Padma dbang

[28] 在伏藏中有按統一的八位觀想本尊劃分的不同的伏藏集，被稱為八教。

[29] 《四部心要》共十三卷，收錄大圓滿法之要門（man ngag gi sde），由龍青巴上師編纂而成。它包括他所領受之印度和西藏之口傳文本，即無垢心要和空行心要，和他自己的伏藏，即上師心髓（yang tig）、空行心髓和甚深心髓。

[30] 上下伏藏指分別由著名掘藏師孃若日光（Nyang ral Nyi ma 'od zer, 1136-1204）和古魯法自在（Gu ru Chos dbang, 1212-1270）所發現的伏藏。

rgyal, 1487–1543）[31]的傳統一致，他的習慣也是以傳承之經教打開中心之明點，然後用伏藏中的要門來莊嚴它們。自止貢寶圓滿以下之傳承為：

自解日月覺（Rang grol Nyi zla sangs rgyas）

壽自在寶覺（Tshe dbang nor rgyas，薩迦款氏家族之上師）

款敦富饒天成（'Khon ston dpal 'byor lhun grub，前者之子）

款敦富饒天成（'Khon ston dPal 'byor grub, 1561–1637）早年隨其父學習《秘密藏續》、幻化網部其他各種續典及其釋論，特別是雲敦巴的著作及龍青巴尊者的《十方除暗》等。因其專擅幻化網續故，被人視為卓浦巴之化身。在其弟子中以札那（Brag na）掌教鄔金持法（O rgyan bstan 'dzin）及宿・法界自解（Chos dbyings rang grol）為主。前者曾根據雲敦所著《秘密藏續》釋論為該續前五品作註。款敦晚年，曾給在帕邦喀閉關的第五世達賴喇嘛授法。

宿慶・法界自解（Zur chen chos dbyings Rang grol, 1604–1669）乃宿慶・童義成（Zur chen gZhon nu don grub）之子，宿氏家族的直系傳人。於青敦富饒天成上師處，獲得了結合《秘密藏續》、《秘密藏續八卦註》及雲敦所作藏文釋論之

31 阿里班禪是遠傳教典系的重要傳人，也是一位著名的掘藏師，相傳伏藏《後經集持明遍集之啟請法部七品修法》（*bKa' 'dus phyi ma rig 'dzin yongs 'dus kyi chos skor gsol 'debs le'u bdun ma'i sgrub thabs*）即為其所發現。他自造之大論《三律儀定量論》（*sDom gsum rnam par nges pa'i bstan bcos*），在甯瑪派傳統中影響甚巨。

要門。他曾將富饒天成所講《秘密藏續》前五品教法記錄成文。1622年，他專學龍青巴上師之《十方除暗》。1624年，他在澤當寺（rTses thang）為金剛岩持明三世語自在（rDor brag Rig 'dzin III Ngag gi dBang po）及其他弟子講述《秘密藏續》，建立起他自己的解釋體系。其後，他又在噶陀寺給達剌蓮花慧（sTag bla Padmamati）講述龍青巴上師的《十方除暗》。蓮花慧復將此口傳經教傳給了羅札松竺（lHo brag gsungs sprul），以保證此系傳承宏傳不絕。法界自解尊者晚年住貢頌（Gung thang），授秘密主事業天成（gSang bdag phrin las lhun grub）以《秘密藏續》之口傳經教。達賴五世也曾授事業天成以與《秘密藏續》之《八卦疏》及與雲敦巴之釋論一致之口傳。因此，遠傳經典系這支傳承之次第如下：

宿・法界自解及五世達賴喇嘛

秘密主事業天成

大譯師法王持法（Lo chen Chos rgyal bstan 'dzin）

從這個時期開始，此遠傳經典系註釋傳統得以毫無減缺地在中藏流傳下來，此當首先歸功由秘密主事業天成的兩位兒子持明伏藏主洲（Rig 'dzin gter bdag gling pa 即不變金剛 'Gyur med rdo rje, 1646–1714）和大譯師法吉祥（Lo chen Dharmaśrī, 1654–1717）。自法吉祥譯師又傳出幾大支，強調經、幻、心三部。

十二　噶陀康區傳承

宿氏遠傳經典傳承於康區的傳播或可推遍照護大師於奧爾朵（'O rdu）之大慈寺（Byams chen）翻譯、宣講日光獅子大師造《吉祥秘密藏續廣注》（*Śrīguhyagarbha-tattvaviniścayavyākhyānatīkā*）為其開端。但真正使舊譯密咒之教法在康區得到廣泛傳播的是噶陀巴善友如來（Kaḥ thog pa Dam pa bde gshegs, 1122–1192）。

噶陀巴本名慧獅子（Shes rab seng ge），又名辯才無邊（sPobs pa mtha' yas），乃噶舉派帕木竹巴（Phang mo gru pa）大師的姨表兄弟，來自朵甘思六崗之一的博波崗（Bu 'bur sgang）。早年隨宿・卓浦巴之弟子贊敦眾生怙主（'Dzam ston 'gro ba'i mgon po）學《秘密藏續》及心部諸續等，故當為卓浦巴之再傳弟子。但五世達賴喇嘛在其《所聞書記》（*gSang yig*）中說，噶陀巴曾親遇卓浦巴大師，是其親灸弟子。噶陀巴也曾隨吉祥自在（dPal gyi dbang phyug）學《內典明燈》（*Khog gzhung gsal sgron*）之釋義。1159 年，噶陀巴在其家鄉位於金沙江畔的博波崗，今甘孜州德格南部地區和雲南西部一帶，一地形酷似梵文「噶」字的地方，建噶陀寺。此後便於此說法授受，向來自朵甘思、朵思麻各個地區的弟子按宿氏派傳統講授大圓滿法、《秘密藏續》及其大小各種註疏，以及《妙吉祥文殊幻化網》（*'Jam dpal sgyu 'phrul drva ba*）等，為密咒教法在康區的傳播打下了堅實的基礎。此寺受歷代德格土司支持，寺主以轉世相承。

宿氏派遠傳經典傳承在康區的授受次第為：

噶陀巴善友如來

藏敦巴（gTsang ston pa）

十萬慈氏（Byams pa 'bum）

金厄芒普瓦十萬福蔭（sPyan snga Mang phu ba bSod nams 'bum pa）

鄔沃十萬智（dBu 'od Ye shes 'bum）

菩提吉祥（Byang chub dpal ba）

福賢（bSod nams bzang po）

十萬慶喜（Kun dga' 'bum pa）

自在吉祥（dBang phyug dpal ba）

十萬智慧（Blo gros 'bum pa）

智慧獅子（Blo gros seng ge）

菩提智慧（Byang chub blo gros）

菩提獅子（Byang chub seng ge）

菩提勝幢（Byang chub rgyal mtshan）

賢哲智慧勝幢 （mKhas grub Ye shes rgyal mtshan）

經、幻、心三部之遠傳系統在噶陀的傳播發生於十四至十六世紀之間，即介乎鄔巴龍寺昌盛與衛藏地區寺院中心興起之間。在上述傳人中特別值得一提的是德證兼具的智慧勝幢（Ye shes rgyal mtshan）大師。他是博波崗之土著，為菩提勝幢（Byang chub rgyal mtshan）與札沃十萬法（Bra'o cos 'bum）之弟子。他對無上密法於康區傳播之主要貢獻在於他重新整理《秘密藏續》根本續及其諸種註疏。他有多種著述存世，著名的有：

《寂忿本尊註》（*Zhi khro'i 'grel pa*）

《秘密藏續之註疏、科判及略義》（*gSang ba'i snying pa la 'grel pa, sa bcad/bsdus don*）

《幻化網道莊嚴之釋論及夾註》（*Lam rnam bkod la ti ka dang mchan bu*）

《八卦疏與甚深意明點夾註》（*sPar khab dang thugs thig la mchan bu*）

《三昧耶詳論・明鏡》（*Dam tshig gsal bkra la 'grel pa gsal ba'i me long*）

《持寂忿本尊手印之方便書》（*Zhi khro'i phyag rgya bcings thabs kyi yi ge*）

《善友寶諸稱總義註》（*Dam pa rin po che'i theg pa spyi bcing gi 'grel pa*）

《會供輪詳註》（*Tshogs kyi 'khor lo'i rnam bshad*）

在賢哲智慧勝幢的弟子中有名喀瓦噶波瓦虛空海（Kha ba dkar po ba Nam mkha' rgya mtsho）者，也曾造《秘密藏續》與《幻化網道莊嚴》之釋論。

十三　宿氏派遠傳經典傳承於衛藏的復興

十七、十八世紀，正當甯瑪派遠傳經典傳承於康區得到迅速發展時，它於衛藏地區的傳播卻漸趨式微。此時，有伏藏主洲及其兄弟大譯師法吉祥出，挑起了在烏思藏教法之區重振遠傳經典派傳承之重任。

持明伏藏主洲（Rig 'dzin gTar bdag gling pa, 1646-1713），本名蓮花舞主不變金剛（Padma gar dbang 'gyur med rdo rje），乃秘密主事業天成之子，生於今西藏札囊縣（Gra nang）達結曲林（Dar rgyas Chos gling）。他所習教法涵蓋包括幻化網續

在內的所有現存的舊派密咒所傳經典。據傳，他十三歲時，即能背誦《秘密藏續》，並從其父親那兒獲得口傳經教。其後，他不僅精通宿氏派傳規，而且也通努、絨宋等派傳規，對世尊明劍所著《續部定規》（*bCom ldan ral gri'i spyi rnam*）也有獨到的研究。尤因對龍青巴尊者所造諸論有獨到的研究，故獲得了無礙辨智。

伏藏主洲於1676年於札囊建敏珠林寺（sMin grol gling），在此弘傳三宿氏以來所傳承之經典，重建起以經、幻、心三部為主的遠傳經典派傳承。敏珠林寺與金剛岩寺齊名，是甯瑪派在衛藏的兩所主寺；金剛岩寺以弘傳北藏為主，兼弘三宿氏以來所傳經典，寺主以轉世相承；敏珠林寺則以弘傳南藏為主，也兼傳三宿氏以來所傳經典，寺主以父子或翁婿相承。[32]

遠傳經典派得以作為一個活的傳統繼續存在下去，與伏藏主洲及其傳人的努力密不可分。他曾傳甯瑪十萬續之經教予五世達賴、其攝政覺海（Sangs rgyas rgya mtsho）及金剛岩寺第四世持明活佛蓮花業（Padma phrin las）、大圓滿蓮花持明不變妙乘持法（rDzogs chen Padma rig 'dzin 'gyur med theg mchog btan 'dzin）、噶陀佛子福德贊（Kah thog rGyal sras bSod nams lde'u btsan）及其他眾多來自康區與衛藏的弟子。他最親近的弟子是他的弟弟大譯師法吉祥及他的兒子蓮花不變海（Padma

[32] 關於敏珠林寺的歷史晚近有藏族學者教燈（bsTan pa'i sgron me）著《敏珠林寺志》（*O rgyan smin grol gling gi dkar chag*）可供參考，北京：中國藏學出版社，1992，頁1-387。十五、六世紀時，有掘藏師寶洲（Ratna gling pa）把前述「上部伏藏」和「下部伏藏」，加上他自己所掘伏藏匯刻在一起，是即所謂「南藏」；十六世紀初，另有一位掘藏師名持明具雕妙翅（Rig 'dzin rgod kyi ldem 'phrul can），乃後藏北部拉堆絳王室子弟，他曾將其所掘伏藏匯刻在一起，被稱為「北藏」。

'gyur med rgya mtsho）、沙布隆如意善成（Zhabs drung Yid bzhin legs grub）、大恩寶勝（Drin chen Rin chen rnam rgyal），以及他的女兒不變祥燈夫人（rJe btsun Mi 'gyur dpal sgron）。

大譯師法吉祥（Dharmaśrī, 1654–1718）由五世達賴剃度出家，隨其兄長伏藏主洲學習龍青巴尊者、絨宋班智達及其他宿氏派傳承之大師的著作，獲經、幻、心三部及其根續《甯瑪十萬續》之完整經教。隨後，他於敏珠林寺為該寺僧伽之六十名學僧說《秘密藏續》，先後八次授《幻化網續寂忿本尊》之灌頂。為了使遠傳經典久為流傳，法吉祥譯師勤於造論，其全集達十八卷之多，其中有對《集經》及《幻化網》的註疏多部。特別是當他聽其兄長結合《八卦疏》及雲敦大師所作釋論，口述其自己對《秘密藏續》之解釋時，對《秘密藏續》之甚深精義有了透徹的理解，遂造論多卷，通稱《幻化部文書》（*sGyu 'phrul skor gyi yig cha*）。其中有兩部即是根據遠傳經典派傳承所造的對《秘密藏續》之權威註疏，它們是：《具吉祥秘密藏唯一真實續之王由幻化網總義理斷之善說・秘密主言教》（*dPal gsang ba'i snying po de kho na nyid nges pa'i rgyud kyi rgyal po sgyu 'phrul dra ba spyi don gyi sgo nas gtan la 'babs par 'byed pa'i legs bshad gsang bdag zhal lung*）與《具吉祥秘密藏續唯一真實續注・秘密主密意莊嚴》（*dPal gsang ba'i snying po de kho na nyid nges pa'i rgyud kyi 'grel pa gsang bdag dgongs rgyan*）。前者稱頌《秘密藏續》於整個甯瑪派傳統中的地位，後者則提供了對該續原偈文之解讀。對其後一部著作現有其弟子鄔金法增（O rgyan Chos 'phel）所作造兩部註疏存世，它們是：《吉祥秘密主密意莊嚴總義筆錄・無上要門寶鬘》（*dPal gsang bdag dgongs rgyan gyi spyi don yang gyi bshad pa'i zin bris bla ma'i man ngag rin chen phreng ba*）和《具吉祥秘密藏唯一真實續之王秘密主密意莊嚴之略義及科判・珠鬘》（*dPal gsang ba'i snying po de kho na nyid nges pa'i rgyud kyi rgyal po gsang bdag dgongs rgyan gyi bsdus don sa bcad nor bu'i phreng ba*）。

敏珠林寺遠傳經典派傳承之次第如下：

大譯師法吉祥

佛子寶勝（rGyal sras Rin chen rnam rgyal）

大堪布鄔金持法金剛（mKhan chen O rgyan bstan 'dzin rdo rje）

赤欽業勝（Khri chen Phrin las rnam rgyal）

赤欽蓮花勝王（Khri chen Padma dbang rgyal）

赤欽覺慶喜（Khri chen Sangs rgyas kun dga'）

經咒持法珠寶（mDo sngags bstan 'dzin nor bu）

不變利樂光明（'Gyur med phan bde'i 'od zer）

摧魔無畏智金剛（bDud 'joms 'jigs bral ye shes rdo rje）

其中，不變利樂光明曾造《秘密藏續》釋論，題為《甚深意開百門之鑰匙》(*Zab don sgo brgya 'byed pa'i lde'u mig*)。不變利樂光明上師是當代著名甯瑪派大師敦珠法王無畏智金剛尊者之上師，也是該傳承系列中晚近之重要人物。

十四　遠傳經典傳承於康區的廣泛傳播

自五世達賴時代起，遠傳經典派傳承之教法於整個康區得到了廣泛的傳播。於平定準噶爾（Dzun gar pa）入侵之後，及於無畏洲（'Jigs med gling pa）時代，甯瑪派之主要活動中心事實上已東移至康區，源出於佛子寶勝及大德鄔金持法的敏珠林系傳承不僅於康區的噶陀寺（Kah thog）、白玉寺（dPal yul）、協慶寺（Zhe chen）、竹慶寺（rDzogs chen）等地，而且也於康區東部之甲絨（rGyal mo rong）及安多（A-mdo）的果洛（mGo log）等地得到廣泛傳播。於上述地區，經、幻、心三部之遠傳一直持續不衰，及至晚近。

噶陀金剛座寺自十二世紀開始就是甯瑪派教法於康區的大本營，至十六世紀又為持明伏魔金剛及龍賽藏（Klong gsal snying po）兩位大師開展。龍賽藏的弟子索南德烏贊（bSod nams lde'u btsan）於敏珠林寺的伏藏主洲尊者處得衛藏之傳承，遂於噶陀寺重振釋經傳統。經由無垢護土怙主（Dri med zhing skyong mgon po）等索南德烏贊之歷輩轉世，以及持明壽命自在寶（Rig 'dzin tshe dbaṇg nor bu, 1698–1755）及善悲班智達不變壽命自在妙成（dGe brtse pandita 'Gyur med tshe dbang mchog grub）等上師的努力，這一傳承系統一直流傳到晚近之二世噶陀司徒活佛普見法海（Kun gzigs Chos kyi rgya mtsho, 1880–1925）、大堪布持明語自在賢吉祥（Rig 'dzin Ngag dbang dpal bzang, 1879–1941）、堪布具能（mKhan po Nus ldan）、堪布具財（mkhan po 'Byor ldan）及出世覺金剛（Bya bral sangs rgyas rdo rje）等上師。於這些傳人中，善悲班智達（Kah thog dGe brtse paṇḍita, 'Gyar med tshe dbang mchog grub）曾為甯瑪派續部經典編目，並於1764年為《秘密藏續》作疏，題為《內密咒之道次第廣疏·第二佛陀之密意莊嚴》（*gSang sngags nang gi lam rim rgya cher 'grel pa sangs rgyas gnyis pa'i dgongs rgyan*）。

竹慶寺，全稱竹慶鄔仗禪林（Khams 'dzogs chen dgon pa O rgyan bsam gtan gling），是甯瑪派在四川甘孜藏族自治州德格縣境內的著名寺廟之一。1685年，高僧蓮花持明（Padma Rig 'dzin, 1625-1697）經五世達賴授意來到康區一個名為茹丹昌（Ru dam skyid khram）的地方，在德格土司語自在吉祥（Ngag dbang bkra shis）支持下，建造了一個禪修中心，後世稱竹慶寺。蓮花持明大師在該寺首創依據梵本釋論教學十三部經論之例，講修顯宗密乘以及其他學問之風，極一時之盛。各地甯瑪派僧人紛紛來此求學，許多通人證士如著名的不敗尊者等均由此出身，其聲望甚至超過了前藏的金剛岩及敏珠林寺。該寺之住持位先由蓮花持明上師之弟子大掘藏師日稱（Nyi ma grags pa）、長老虛空光明（Nam mkha' 'od gsal）及協慶廣大教幢（Zhe chen rab 'byams bsTan pa'i rgyal mtshan）繼承，此後則由日稱之歷輩轉世，即二世竹慶活佛不變妙乘持教（'Gyur med theg mchog bstan 'dzin）、三世竹慶活佛、四世竹慶活佛不變虛空金剛（'Gyur med nam mkha' rdo rje）、五世竹慶活佛教法金剛（Thub bstan chos kyi rdo rje）及六世竹慶活佛無畏菩提金剛（'Jigs bral byang chub rdo rje）繼承。該寺遷往印度後則由七世竹慶活佛住持。

於四世竹慶活佛在世時，有高僧名佛子利他無邊（rGyal sras gZhan phan mtha' yas），或稱眾善先生（sKu zhabs dge mang）者於竹慶寺建室利星哈（Śrīsiṃha）札倉，並因敏珠林寺住持慶喜佛（Sangs rgyas kun dga'）及巴珠活佛蓮花自在勝（dPal sprul padma dbang rgyal）的請求，造總論包括幻網部在內的遠傳經典傳承之綱要，長達十卷。其轉世甲空堪布利他法相（rGya kong mkhan po gZhan phan chos kyi snang ba），即堪布他喜（mKhan po gZhan dga',1871-1927），曾為包括《秘密藏續》在內的十三部經論作疏。他為《秘密藏續》所造釋論題為《幻化網續之夾註・日月藏》（*sGyu 'phrul drva ba'i rgyud kyi mchan 'grel nyi zla snying po*），雖通常被認為是龍青巴上師所造《十方除暗》之夾註部分的重述，但於竹慶寺仍深受重視。

協慶寺，全稱協慶二教興隆洲（Zhe chen bsTan gnyis dar rgyas gling），為竹慶寺僧、二世協慶饒絳活佛不變普賢尊勝（'Gyur med Kun bzang rnam rgyal）於1735年所建，位於竹慶寺東不遠處。此寺規模遠比不上竹慶寺，至本世紀五十年代有寺僧約百人，而竹慶寺有五、六百人。寺主以轉世相承，有三世協慶饒絳活佛持明富海（Rig 'dzin dpal 'byor rgya mtsho, 1771–1809）、四世協慶饒絳活佛不變威德尊勝（'Gyur med mthu stobs rnam rgyal）、五世協慶饒絳活佛密咒持教（gSang sngags bstan 'dzin）及攝政不變蓮花尊勝（rGyal tshab 'gyur med padma rnam rgyal, 1871–1927）等。[33]

白玉寺，全稱白玉尊勝菩提洲（dPal yul rNam rgyal byang chub gling），位於今四川白玉縣，創始人是持明普賢慧（Rig 'dzin kun bzang shes rab），建於公元1665年。該寺所傳教法由甯瑪派及帕竹噶舉派之瑪倉支派合流而成，在顯密教法傳習方面與甯瑪派其他寺院不同，以寶洲尊者（Ratna gling pa）之伏藏部為重。寺主也以轉世相承，稱噶瑪再世（Karma yang srid），歷代噶瑪再世活佛均去德格噶瑪噶舉派司徒活佛之根

33 參見蒲文成主編，《甘青藏傳佛教寺院》，西寧：青海人民出版社，1990頁294-295。

本道場八邦寺受戒。值得一提的是，著名的妙吉祥智悲自在（'Jam dbyangs mkhyen brtse'i dbang po）及妙變洲（mChog 'gyur gling pa）曾在白玉寺鼓勵甲珠活佛蓮花顯密持教（rGya sprul Padma mdo sngags bstan 'dzin）舉辦與遠傳經典派傳承之現存二十七壇城有關的年度大修法會，後者於1857年在今青海省久治縣白玉鄉建白玉寺子寺達塘顯密講修院（Dar thang mdo sngags bshad sgrub gling）。該寺在當地也以白玉寺著稱，百年來發展迅速，乃川甘青邊界地區一座規模宏大、影響很廣的甯瑪派寺院。

白玉寺的傳承系統現於印度南部由白玉蓮花寶文殊成就慧（dPal yul Padma nor bu 'jam dpal grub pa'i blo gros）之轉世維持。現存遠傳經典派所傳承之經論先由鄔金顯密法日尊者結集，由白玉寺以影印方式重印，約二十卷；後又由敦珠法王無畏智金剛在印度重印。敦珠法王刊本共有四十卷，題為《甯瑪全經》（*rNying ma bka' ma rgyas pa*），其中前二十卷乃保持白玉寺影印版之內容和結構，自第二十至四十卷則為新編排進原典的註疏類文獻。

妙吉祥智悲自在（1820-1892），本名蓮花光明顯密洲（Padma 'od gsal mdo sngags gling pa），因出生於德格之德隆定閣，故又以宗薩智悲或定閣智悲知稱。平生修學不斷，所有新舊密乘、地伏藏、伏伏藏、意伏藏、隨念、淨相、耳傳等七種應機，皆得具備；著有闡述甯瑪、噶當、道果、噶瑪噶舉、香巴噶舉、希解、金剛瑜伽、近修等八派修道教理，以及聲明、詩韻、醫方之書甚多。與文殊怙主工珠活佛（'Jam mgon Kong sprul）及妙變洲（mChog 'gyur gling pa）

一道，妙吉祥智悲自在上師是遠傳經典派傳承於康區再次興盛的主要推動者。他於二十一歲時，受敏珠林寺上師持明妙賢（Rig 'dzin bzang po）上師剃度，正式出家為僧，並在薩迦派上師金剛寶（rDo rje rin chen）處受菩薩戒。其後三十餘年間修學包括《秘密藏續》在內的一切顯密經論及其註疏，得《甘珠爾》、《丹珠爾》及《十萬甯瑪續》之傳承。特別是，他從協慶寺不變威德尊勝上師處獲得有關《幻化網寂忿本尊》之教法及灌頂。

妙吉祥智悲上師最主要的弟子是局・不敗尊勝（'Ju Mi pham rnam rgyal）上師、二世噶陀司徒活佛法海（1880-1925）、阿宗主巴（A 'dzom 'brug pa, 1865-1926）、三世多竹千活佛無畏教日（rDo grub 'Jigs med bstan pa'i nyi ma, 1865-1926）、掘藏師福勝（bSod rgyal, 1856-1926）、堪布普賢具祥（Kun bzang dpal ldan）、白玉寺僧蓮花寶文殊成就金剛（Padma nor bu 'jam dpal grub pa'i rdo rje）、五世竹慶活佛教法金剛（Thub bstan chos kyi rdo rje）等。其中三世多竹千活佛曾為《秘密藏續》作疏，題為《吉祥秘密藏續總義略釋・寶藏之鑰匙》（*dPal gsang ba'i snying po'i rgyud kyi spyi don nyung ngu'i ngag gi rnam par 'byed pa rin chen mdzod kyi lde mig*）。此書乃由多竹千活佛口授、掘藏師福勝筆錄而成，側重討論密修《秘密藏續》之方便。於多竹千寺之秘密藏殿中，每逢冬季法會即有上師按遠傳經典系傳承之釋經傳統開講《秘密藏續》。

不敗尊者（1846-1912）是繼龍青巴尊者之後，甯瑪派遠傳經典派中的另一位有名的大師。不敗尊者全名文殊尊勝海（'Jam dbyang rnam rgyal rgya mtsho），他出生於德格附近的阿曲丁瓊，幼時隨其父學習書寫誦讀，十二歲入甯瑪派寺院密咒法林（gSang sngags chos gling）為僧，後赴拉薩入甘丹寺遊學，一年後回德格，皈依妙吉祥智悲上師為根本上師，隨其及大自在極喜金剛（dBang chen dgyes rab rdo rje）、巴珠活佛無畏法自在（'Jigs med chos dbang）等大師學法，遂通大小五明及顯密教法，特別是對工巧、醫方與曆算尤有慧解。隨後，即以講經、辯論和著述三途利益正法、有情。其常修處有噶摩達倉寺（dKar mo stag tshang dgon）、局茅蓬（'Ju Ri khrod）、鄧柯丁果茅蓬（lDan khog ding mgo ri khrod）等。年六十七,於局茅蓬圓寂,故後世習稱其為局・密彭大師。他留下著述共三十二卷，由其弟子噶陀司徒法海及巴珠活佛等整理、編排，於德格印經院木刻印行。其著作中有一部《十方除暗總義・光明藏》（*sPyi don 'od gsal snying po*），是對龍青巴上師之名著《十方除暗》的註疏，它依絨宋與龍青巴二位尊者之無上密意，從見地、等持、行為、壇城、灌頂、三昧耶、修行、供養、事業及手印等密咒之十個方面來解釋《秘密藏續》之真義。據傳，當不敗尊者造此論圓滿時，密主護法阿仲瑪於光明夢境中示現，以身供養，發誓怙佑。次日，不敗尊者造內外祈供密主護法儀軌時，復有格薩爾王親現，發誓與不敗尊者如影隨身，不相分離。藏地有名的護法拉登亦於此時親手供奉大小如瓶之黃金，尊者用此一半為大召寺釋迦佛尊容貼金，另一半於拉薩大祈願法會時，供養十方常住現前僧眾。

十五　《秘密藏續》之近傳伏藏傳承

除了遠傳的經典傳承外，舊密法要之傳承還有近傳伏藏傳承。按甯瑪派的傳統，蓮花生大師及其他少數具德相之大師，為了教化未來眾生，將很多修習共與不共兩種悉地的教授作為伏藏埋藏，大力加持，令不失壞，付於守藏護法掌管，並發淨願，願此法得遇有宿緣之化機。若到取藏之時，則先示現取藏之預兆，由誰得此藏，則應將掘藏者的名號氏族、容貌等記在取藏的簡扎上。若時、地與掘藏師一切緣會具備，則可將此藏取出，以之普傳有緣，稱為伏藏法（gter ma）。伏藏之法，天竺自古有之，藏地其他宗派中也屢見不鮮。伏藏法存在之理論根據可見諸許多正法經典中，其主要理由在於遠傳經典傳承之活力必然會隨時間的流逝而衰退，因此，舊譯經典之純潔性只有在近傳（nye brgyud）之伏藏中重新獲取。每一代人只有在其重新發現的伏藏中得到更直接的影響。因為伏藏是在近傳中獲得，其發現者比任何舊密大師更接近教法之源頭，所以由他們傳播的伏藏法比師徒相承的遠傳教法更為殊勝。[34]

伏藏法按其被發現的不同方式分成地藏（sa gter）、密意藏（dgongs gter）、淨相藏（dag snang）及隨念藏（rje dran gyi gter），或稱極密藏（yang gter）。地藏通常指的是由後世掘藏師在地底下、佛像內或院牆中發現的文獻，而密意藏則指被隱埋在某人意識中被發現之伏藏。由於宿住之隨念，菩薩或可在野獸之聲音中，或在五支中聽到法音。佛與菩薩也常常在得道者之夢境及淨相中示現，並授之以特殊的教法。所謂淨相藏與隨念藏，亦被稱為甚深淨相傳承，即是指已

34 關於伏藏類文獻的歷史、內容、種類及其宗教意義參見 Janat B. Gyatso, “Drawn from the Tibetan Treasury: The *gTer ma* Literature”, *Tibetan Literature, Studies in Genre,* Edited by Jose Ignacio Cabezon and Roger R. Jackson, Ithaca: Snow Lion, 1996, pp. 147-169.

得道者在入定時面見本尊，由本尊親口所說教授，祖祖相承之伏藏法。這類傳承雖也見於他派，但以舊密傳承中為最普遍。它甚至被藏族宗教史家單列為區別於遠傳之經典傳承、近傳之伏藏傳承之外的第三種傳承。[35]

西藏之伏藏法的根源通常主要歸結於蓮花生大師。雖然除了蓮花生大師外，還有赤松德贊贊普、無垢友、遍照護、努・佛智、虛空藏、聶・闍那古瑪羅、納南・金剛伏魔、尼洋班・等持妙賢等大師也都被認為是伏藏的掩埋者，後世的掘藏師也分別是他們的轉世，但直至著名的掘藏師尼洋若・日明（Nyang ral Nyi ma 'od zer, 1124−1192）時，蓮花生大師與他的西藏明妃智慧海（Ye shes mtsho rgyal）佛母則已被認為是西藏伏藏法之主要來源。據傳蓮花生大師將眾多摩訶瑜伽、阿努瑜伽及阿底瑜伽的教法傳給了智慧海佛母，後者將它們重新組合成象徵五部佛的五種黃卷，隱藏在不同的伏藏庫中，留待被後世發現。當然嚴格說來，蓮花生大師在此扮演的也不過是一個中間人角色，因為伏藏本身最初是諸佛密意傳承（rGyal ba'i dgongs brgyud），是由本初佛於本初淨土中傳承的；其次是所謂持明表示傳承（Rig 'dzin brda brgyud），是密咒持明、即甯瑪派之印度上師們以標幟相傳的。舊密所有不共之特殊口訣的傳承只以上師以記號、標幟指點介紹。再其次才是由蓮花生大師於八世紀的吐蕃宮廷用語言傳授，此被稱為補特迦羅口耳傳承（Gang zag snyan khung du brgyud）。具體說來，諸佛密意傳承又經三傳，即由法身佛普賢王如來父母於色究竟天之法界宮中將所有密意傳於第六大金剛持，加被佛法大

[35] 參見《土觀宗派源流》，頁62，69。

淨瓶；第六大金剛持又親將密意授予金剛薩埵，並賜加持；金剛薩埵將密意加被後傳授給大持明俱生喜金剛（dGa' rab rdo rje）。大持明俱生喜金剛乃印度金剛座西一邦國國王鄔波羅札與王妃明光之女蘇達瑪公主之子，傳說公主於一茅蓬修法時夜夢一白人將五佛種子字所飾寶瓶安其頂，於是受孕從左肋間生下一子。此小兒七歲時，即能難倒鄔波羅札國王及國內著名的五百學者，故受眾敬仰，得名俱生喜金剛。後去日光遍照山修禪三十二年，顯種種神通，挫敗外道無算。其後，復赴金剛座東北大寒林中修行，向諸空行母說法，並於此將佛說所有法藏、要訣傳予弟子吉祥獅子（Śrīsiṃha）。吉祥獅子於此大寒林修持六百四十部大圓滿續，歷二十五載，修成正果。吉祥獅子復將密乘所有修持，及清淨解脫之灌頂，尤其是所有自性大圓滿法要阿底無上瑜伽等之修持作為具相寶瓶，賜予弟子無垢友、佛智光及蓮花生三位大師，是為持明表示傳承。所謂補特伽羅口耳傳承者，乃指吐蕃贊普赤松德贊父子與大譯師焦若・龍幢等於蓮花生大師座前聽得普賢王如來之真意六百四十部大圓滿續。因如是之法，小乘種姓無福享受，非但不悟，反遭毀謗，是故蓮花生大師只能將其藏之名山，以利益未來濁世之眾[36]。為準備隱埋伏藏又在一祈願灌頂儀軌中傳授伏藏法，在此其間特別委任某位弟子由其將來的轉世在某個特定的時間重新發現這些伏藏。為此他特作所謂奉旨授記（bka' 'babs lung bstan），以確保這些伏藏由合適的人在合適的時間被重新發現。然後，他任命護法去隱藏這些伏藏文書，保證在合適的時間、人物出現以前不為人發現。

---

36 詳見《甚深法寂忿密意自解題解》（*Zab chos zhi khro dgongs pa rang grol gyi them byang*），頁27-40。

甯瑪派發現之伏藏不僅數量驚人，而且內容廣泛、形式多樣，包羅萬象。十九世紀時，工珠活佛無邊慧尊者（Kong sprul Blo gros mtha' yas）曾將其所見之佛教伏藏法匯編成集，名之為《伏藏寶庫》（*Rin chen gter mdzod*），共一百十一卷。其中尚不包括像《瑪尼全集》、《五部遺教》等伏藏法中屬於歷史類的著作，以及那些已經收錄進《甯瑪全續》中的伏藏及被歸入要門部之阿底瑜伽類續典，可見伏藏數量之多。[37]

若對伏藏作粗略的分類的話，則主要可分兩大類：一是歷史類，主要內容是雅隴王朝時佛教傳入西藏的歷史；二是宗教類，包括教法和實修。第一類作品出現於十二至十四世紀，以前面提到的《瑪尼全集》和《五部遺教》為典型代表。雖然書中保留有許多今已失傳的古代文獻中的一些段落，但更為神話、幻想的成分充斥，以致無法將它們當作第一手的歷史資料使用。這些伏藏的主要內容就是粉飾、神化雅隴王朝的歷史，特別是對松贊干布等吐蕃贊普如何將佛法引入，並加以大力扶植的歷史浪漫化、教條化。《瑪尼全集》實際上就是記載松贊干布之種種弘化的傳記，它用大量筆墨來證明松贊干布是觀音菩薩的轉世。[38]

---

37 德國波昂大學中亞語言文化研究所Peter Schwieger博士多年來從事對德國柏林國家圖書館所藏楚卜寺版《伏藏寶庫》之編目、整理工作，至今已出版目錄三冊：*Tibetische Handschriften und Blockdrucke, Teil 10, 11, 12, Die mTshur-phu-Ausgabe der Sammlung Rin-chen gter-mdzod chen-mo, nach dem Exemplar der Orientabteilung, Staatsbibliothek zu Berlin-Preussischer Kulturbesitz.* Beschrieben von Peter Schwieger, Franz Steiner Verlag Stuttgart, 1990, 1995, 1999。

38 參見Matthew Kapstein, “Remarks on the Mani Bka' bum and the Cult of Avalokitesvara in Tibet”, in Tibetan Buddhism: Reason and Revelation. Ed. by Ronald M. Davidson and Steven D. Goodman. Albany: State University of New York Press, 1991, pp. 79-94.

第二類宗教類作品之主題包括教義、修法和儀軌。這類作品佔所有伏藏之大部。除了蓮花生大師及一些掘藏師的傳記以外，卷軼浩繁的《伏藏寶庫》匯集的主要就是修法儀軌（grub thabs, sadhana）。一般說來，伏藏法主要是關於蓮花生上師、大圓滿及大悲心等三類文獻，其中主要部分是《修部八教》、《遍集明覺經》及《金剛橛》部之經典。《伏藏寶庫》之主要組織原則是舊譯藏之內續三部，即摩訶瑜伽、阿努瑜伽及阿底瑜伽。其中摩訶瑜伽在三部中佔絕對主導地位，包括《伏藏寶庫》之第三至第八十五卷；阿努瑜伽僅佔八十五卷和八十六卷中的部分，阿底瑜伽則佔第八十六至第九十一卷。摩訶瑜伽部諸尊被劃分為上師、本尊和空行母三組，合稱為三根本（rtsa gsum）。上師修法在《伏藏寶庫》中佔去十四卷，本尊修法佔三十二卷，主要即是摩訶瑜伽之修部八教，空行母修法佔五卷，其中包括一些佛母之修法。阿底瑜伽在實修時也用一些同樣的本尊，但更重那些重心性之修行方法類伏藏。

在眾多的掘藏師中，有事業洲尊者等掘藏大師發現了與百尊寂忿本尊（即四十二寂靜相本尊及五十八忿怒相本尊）之壇城有關的伏藏法。而百尊寂忿本尊壇城即《秘密藏續》及幻化網部續典之壇城，所以《秘密藏續》實乃《寂忿尊密意自解脫甚深法》之主要源頭。於是，修供寂忿本尊壇城法的傳承也就與《秘密藏續》之傳承息息相關。[39]

---

[39] 參見 Henk Blezer, Kar gling Zhi khro, A Tantric Buddhist Concept, Leiden: Research School CNWS, School of Asian, African, and Amerindian Studies, 1997, pp. 39-93.

十六　伏藏師略傳

為說明伏藏傳承的歷史，茲據工珠活佛《伏藏寶庫》中所收《百名掘藏師傳・大寶琉璃鬘飾》(*gTer ston brgya rtsa'i rnam thar rin chen baidurya 'phreng mdzes*)一書的記載，對與《秘密藏續》有關的最著名的幾位掘藏師之生平及其所掘伏藏作簡單介紹。

1・雅爾結鄔金洲（Yar rje O rgyal gling, 1329-1367）：

鄔金洲傳說為天子勝成王（lHa sras mchog grub rgyal po）之第七輩轉世，藏曆第五勝生之陰水豬年（1323）生於今西藏自治區札囊縣名雅爾結的地方。家中素有密續淵源，故尤擅咒術、醫方、曆算等。年二十三，於桑耶寺之紅塔發現伏藏法之標牌授記（kha byang），並於雅隴協札背後一個由蓮花岩堆砌而成的稀有水晶岩洞中發現了大量伏藏。此岩洞本為蓮花生大師作甘露藥修儀軌之處，洞中有眾寂忿本尊之天然石像，一尊佛陀之子羅怙羅像為其守衛。[40]鄔金洲從這尊羅怙羅像的頭部及身體的其他部位中，抽出了許多伏藏經典。其中自其頭頂獲屬上師、大圓滿、大悲三部的《寂忿

40 據智悲上師《衛藏聖跡誌》記載：「〔於雅隴〕北部山嶺上有最馳名的雅隴協吉札浦（水晶岩洞）大修道處。修道處中心有蓮花生的真身替代像，是開口顯過聖的神像。其他天然生成的神像還很多。協札山的下面不遠的地方有村吉拉康（mTshan brgyad lha khang 八相神殿）、乃提拉章宮（gNas mthil bla brang 中央宮）等，內中有蓮師的替身像，日光法衣，還有禪仗等內供佛寶甚多。在巧策拉喀（Phyag 'tshal la kha 禮拜山口）山口有特別殊勝的棄尸場和大寶塔，離屍場不遠處有佛母意希措結（智慧勝海）的修道秘密窟。山左邊的背後有鄔堅林巴（鄔仗洲）取伏藏的地方，名白瑪協浦（padma shel phug 蓮花水晶洞），但距離比較遠點。」見智悲自在著，劉立千、謝建君譯，劉立千校，《衛藏道場聖跡誌》，中國社會科學院民族研究所歷史室、西藏自治區歷史檔案館，《藏文史料譯文集》，1985，頁16。另參Alfonsa Ferrari, mK'yen Brtse's Guide to the Holy Places of Central Tibet. Roma, IsMEO, 1958，p. n. 271-277.

本尊生起次第二教三輪》（*bsKyed rim bla ma bstan gnyis skor gsum zhi drag*）、《大悲蓮花心髓》（*Thugs rje chen po padma snying thig*）、《大圓滿長壽儀軌》（*rDzogs chen tshe grub*）、《阿底、其底、仰底》等。復於此像之根部三頂中，獲《本尊語集大法海》（*Yi dam bka' 'dus chos kyi rgya mtsho chen po*），百三十二節；自其咽喉部，獲《寂忿佛語總集》（*Zhi khro bka' 'dus*）、《黑忿怒空行佛母》（*mKha' 'gro khros nag*）、《黃門怙主之輪》（*mGon pa ma ning gi skor*）；自其心間獲《大蓮花遺教》（*Padma bka' yig thang yig chen mo*）；自其下部蛇尾中，獲智慧怙主與其他許多本尊之續、修法及業集、醫術、甚深護教教誡；自手部與蛇尾餘部，獲《損益業法》（*Phan gnod kyi las thabs*）及《工巧花飾》（*bzo rig pa tra*）[41]。

此外，鄔金洲還在札玉工札（Gra'i g.yu gong brag）獲《密咒道次第廣論》（*gSang sngags lam rim chen mo*）、《蓮花生略傳》（*Padma'i rnam thar chung ba*）、《息解遺教明義》（*Zhi byed bka' chem don gsal*）、《緣起精義集》（*rTen 'brel yang snying 'dus pa*）等伏藏法；又在桑耶寺之另一伏藏庫獲《五部遺教》，於宿喀多塔[42]中獲《大悲智慧勝光》（*Thugs rje chen po ye shes 'od mchog*）、《吉祥騎馬怙主》，於溫普達倉獲《忿怒上師與護法之輪》（*Guru drag po dang bstan srung skor*），於札奇之札波奇獲《閻王壽主之輪》（*gShin rje tshe bdag gi skor*）等伏藏法逾百卷，其中，僅佛語集部就約有三十卷。但因鄔金洲無法將它

41 此經已佚，但在妙吉祥智悲自在之《佛語總集總略藏》（bKa' 'dus snying po mdor bsdud skor）中仍可見其全貌。見《伏藏寶庫》，卷23，頁209-429。

42 宿喀多位於桑耶寺附近，自桑耶逆雅魯藏布江往上游走便到宿喀。此地最稀有的聖跡是象徵五部如來的大佛塔。見劉立千譯《衛藏道場聖跡誌》，頁11；Ferrari上揭書，p. n. 161。

們定於黃卷之上，故不得不將其再次作為伏藏隱埋起來。在他發現的伏藏中與《秘密藏續》有最直接關聯的是《寂忿佛語總集》。

2·事業洲（Karma gling pa, 1376/7–1394/5）[43]：

事業洲乃吐蕃王國時三大著名譯師之一屬廬氏龍幢（lCog ro Klu'i rgyal mtshan）之化身。約於藏曆第六勝生年間（1327–1387）降生於達波[44]上部名克珠（Dwags po gyi stod khyer grub）的地方，父名日月佛（Nyi zla sangs rgyas），享百二十五之高壽。事業洲善咒術，具無量功德，乃事業、神通無礙之大聖。年十五，因授記與緣起圓合，遂於達波之形若舞神的崗波達[45]山中獲《寂忿尊密意自解脱》（*Zhi khro dgongs pa rang grol*）與《大悲蓮花寂忿本尊》（*Thugs rje chen po padma zhi khro*）及其他巖藏法寶。他將《大悲蓮花寂忿本尊》傳給了他的所有十四位弟子，使其成為此法之傳承上師。但僅將《寂忿尊密意自解脱》單傳給他唯一的兒子日月法主（Nyi zla chos rje），並要求在三代以內必須是秘密單傳。三代之後，才準由其第三代傳人廣為傳播。由於與授記之妙印母緣起不合，事業洲即於發掘伏藏後不久圓寂。

---

43 迄今為止，未有事業洲之傳記面世，僅在《甚深寂忿密意自解之題記》（*Zab chos zhi khros dgongs pa rang grol gyi them byang*）中有關於事業洲之出處、授記、所掘伏藏及其傳承的簡單記載。事業洲之簡傳另見敦珠法王書，頁800-801。關於事業洲的生平，特別是生卒年代的考證見談錫永為《六中有自解脱導引》所撰導論；沈衞榮《伏藏師事業洲及〈寂忿密意自解脱深法〉研究》。

44 關於達布之地望見《衛藏道場聖跡誌》，頁13；據譯註者言，達布指今西藏自治區桑日縣以東的雅魯藏布江流經的沿岸一帶地區，包括今加查、古如朗加、朗、金東等縣。

45 此 sGam po gdar gyi ri 疑即為位於沃卡達孜與達布之間的聖山達拉崗波山（Dwags la sgam po）。達拉山在今加查縣境內，崗波又為寺廟名，乃噶舉派達布系的最大道場，由達布拉結建成於1121年。

事業洲的第三代傳人虛空法海（Nam mkha' chos kyi rgya mtsho）即按其授記所言，將《寂忿密意自解脫》之法在衛、藏、康三區，特別是在南北康區，廣為傳播，其灌頂傳承及教敕之系統一直延續至今。《寂忿尊密意自解脫》中的一部分，即《中有大聞解脫》（*Bar do thos grol chen po*）被譯成英文，以所謂《西藏死亡書》（*The Tibetan Book of the Dead*）聞名西方。[46]

3．慧光明（Shes rab 'od zer, 1518–1584）

慧光明習稱為掘藏大師陳布（'Breng po gter ston），乃大譯師遍照護之轉世。他發現了《蓮花生遺教》及《寂忿本尊解點》（*Grol tig zhi khro*）。後一伏藏與《秘密藏續》相關，其修法在光明慧之本寺瓊結白日寺（'Phyong rgyas dpal ri, 吉祥山寺）尤為流行。該寺位於瓊結藏王墓後方，日窩德慶（Ri bo bde chen 大樂山）寺之河東，全名吉祥山大乘洲，古名金剛成熟吉祥山（rDor smin dpal ri），原是甯瑪派大寺，乃當地土司福力勝（bSod nams stobs rgyal）所建。但至智悲上師於十九世紀中後期造訪此廟時，它已成為一座小廟。廟內尚有蓮花生大師的替身像和其他佛寶。[47]

4．持明彩虹藏（'Ja' tshon snying po, 1585–1656）：

持明彩虹藏又名掘藏師餘業洲（Las 'phrog gling pa），或

46 關於西藏死書及其在西方的流布和影響見 Donald S. Lopez, Jr.,《香格里拉的囚徒》（*Prisoners of Shangri-La*）, Chicago: The University of Chicago Press, 1998, pp. 46-87; David Germano,《死亡過程、死亡及其他時機》"Dying, Death, and Other Opportunities", In *Religions of Tibet in Practice,* Ed. by Donald S. Lopez, Jr. Princeton: Princeton University Press, 1997, pp. 458-493.

47 《衛藏道場聖跡誌》，頁18。

持咒尊者火燃黑吽（Hum nag me 'ber），一身以三個不同的名號著稱，是一位有名的金剛持者。傳說他是得蓮花生大師嫡傳、並得證無漏光身的一百零八位弟子中之勝妙者孃班定賢（Nyang ban Ting 'dzin bzang po）的化身。他出生於藏曆第十勝生之陰木雞年（1585），出生地是工布的瓦茹南澤（lBa ru gnam tshal），父名護法怙主，母名天明招弟（Nam langs bu khrid）。自幼為教法熏習，三歲即能識字念咒，自十二至二十歲，習普通法，尤擅醫方明，達賢者之頂。是時常在日常、淨相與夢境中遇蓮花生大師，遂決意脱離火宅，潛心佛法，在不敗吉祥智上師座前出家，法名語自在自在法王。隨上師聽聞一切密咒經教、灌頂、引導和教授等，且時時潛修。後又隨沙布隆寶莊嚴、主巴一切智和無比天境（mNyam med lha rtse）等上師學法，通顯密新舊一切教法。並隨無比天境上師受近圓戒。

彩虹藏尊者曾在淤泥的洞中修行十又七年，雖獲許多有關伏藏之授記，但他不曾理會。當他念誦金剛手儀軌達一億次時，再次出現令其掘藏之授記，遂在吉祥智上師鼓勵下，於陽鐵猴年（1620）一月十日開始掘藏，最初於一座鐵合金妙翅鳥像內掘出佛母智慧海親手寫下的伏藏標牌授記。按此授記所示，他在札隴虹帳（Brag lung hom 'phrang）之鐵門內，掘出《極深至寶總集》（*Yang zab dkon mchog spyi 'dus*）等秘密伏藏，他的伏藏修行及秘密手印與之完全相合。隨後，他漸次在工布布楚（Kong po bu chu）、稱作絳真澤的大林地的入口、聶木神山、工帳根敦乃和烏茹夏拉康等地，掘出《大悲心》、《馬頭明王、亥明王如意寶》（*rTa phag yid bzhin nor bu*）、《寂忿了義藏》（*Zhi khro nges don snying po*）、《長壽儀軌霹靂金剛》（*Tshe sgrub gnam lcags rdo rje*）、《金剛具力》（*rDo rje gro lod*）、《吉祥怙主黃門輪》（*dPal mgon ma ning skor*）、《蓮花淨土路引》（*Padma dkod kyi gnas kyi lam yig*）許多甚深伏藏法。其中有些如《至寶總集》等為秘密伏藏法，而大部分則是當眾發掘的伏藏。

彩虹藏尊者享世壽七十又二，後人將其所掘伏藏匯編成集，名《六卷彩虹》（*'Ja' tshon po drug*）。其中《寂忿了義藏》與《秘密藏續》之傳統最有關聯。[48]

5．伏魔金剛（bDud 'dul rdo rje, 1615－1672）

持明伏魔金剛尊者據傳乃大譯師卓僧童（'Brog ban Khye'u chung）之化身，於藏曆第十勝生之陰木兔年（1615）出生於康區德格名額普囊谷之山陰，父親屬嶺氏家族（gLing gi rigs），名龍樹（kLu sgrub），行醫為業；母親名柏綠瑪（Bo lu ma）。自幼隨父從學，識文斷字，兼習醫道。六歲時，即顯現許多淨相，居吉祥天成頂法苑，頂禮持明具雕翎之化身、德格成道者慶喜海上師，得法號慶喜福法聖。先聞思修薩迦派教法，後隨導師寶幢習大圓滿法，得開證悟之門。復赴前藏學法，於嬢布遇大德吉祥長壽，聽聞許多解脫之誡。後於札噶拉曲棄食，僅以辟谷術為生，煉通甚深道氣脈明點之瑜伽。其後，往後藏薩迦鄂爾派寺院學道果法，回程過邦日（Bang ri）頂禮彩虹藏尊者，圓滿與聞以尊者自家甚深伏藏法為主之灌頂、引導及要訣。後往波密，於玉海宮（Pho brang g.yu mtsho）精進於修習寶洲之極密無上金剛橛時，夢中被諸空行

48 詳見敦珠法王上揭書，頁809-812。

母引往蓮花生大師的淨土銅色吉祥山，居此二十八日。蓮師賜其圓滿成熟灌頂及有關伏藏之授記。後往晉見吉祥鄔金持教上師，請其釋夢。後者大喜，獻其以豐盛之供養，並封其為金剛上師。

伏魔金剛尊者發掘甚深伏藏之始，與落入其手之伏藏標牌授記相合。年二十九，他以具種蓮花喜為其業印，在玉海寶岩取出標牌授記，於波密東河大樂秘密洞中，取出《妙法密意遍集輪》(*Dam chos dgongs pa yongs 'dus kyi skor*)。按尊者自己的說法，此藏是他所有掘藏中最為根本的一部，以後所掘伏藏不過是它的補充而已。隨後，他漸次在擦瓦卓札掘出《妙法化身心要》(*Dam chos sprul sku'i snying thig*)及其護法剎土神之儀軌，於波日達宗掘出《甚深義秘密心要》(*Zab don gsang ba snying thig*)、《吉祥勝樂四臂護法輪》(*dPal bde mchog dka' srung phyang bzhi pa'i skor*)等，於波日協結洋鐘掘出《無量壽、黑茹迦及金剛橛三身精義及其護法翳迦雜諦與自生佛母輪》(*sNying thig tshe yang phur gsum dang srung ma ekajati rang byung rgyal mo'i skor*)，復於波密東河北岸巖石中掘出《密處蓮花剎土聖跡誌》(*sBas yul pad mo bkod pa'i gnas yig*)，復於康區德格境內掘得《紅、黑、畏三本尊輪》(*Yi dam dmar nag jigs gsum gyi skor*)；但除了《寂靜妙吉祥文殊修法輪》(*'Jam dpal zhi sgrub kyi skor*)外，他都未予抉擇。

此外，經伏魔金剛尊者之手在西藏各地掘出的伏藏還有《吉祥四面怙主及大天修輪》(*dPal mgon gdong bzhi pa dang lha chen sgrub skor*)、《持明上師聚》(*Bla ma rig 'dzin 'dus pa*)、《長壽儀軌火熱紅霞》(*Tshe sgrub tsha ba dmar thag*)、

《護法尚論與蚌若之輪》（*bKa' srung zhang blon dang spom ra'i skor*）、《耳傳頂飾如意寶輪》（*sNyan brgyud gtsug rgyan yid bzhin nor bu'i skor*），對這些伏藏法他同樣未作抉擇。

特別值得一提的是，有行者名具念珠者在波密之南佳巴瓦（gNam lcags 'bar ba 火燃霹靂）山中取出《幻化網寂忿本尊》、《修部八教》及其護法輪，於若扎的石塔中取出《吉祥騎馬怙主輪》（*dPal mgon stag zhon skor*）等伏藏，並將它們交到了摧魔尊者的手中。這部名為《幻化網寂忿本尊》的伏藏於藏地《秘密藏續》之傳承意義重大。

伏魔尊者晚年以位於波密西部之德慶堂（bDe chen thang）及玉日崗果（g.Yu ri sgang 'go）二寺為根本道場，並在康區各甯瑪派叢林巡游示教，廣宏密法。藏曆陽水鼠年（1672）往生蓮花光明大宮，享世壽五十八。[49]

6・天法不動金剛（gNam chos Mi 'gyur rdo rje, 十七世紀時人）

他發現的伏藏達二十三卷之多，多為淨相傳承。據説自十二歲至其二十四歲時圓寂為止，他於淨相中得到十五卷伏藏法，被稱為《天法》（*gNam chos*），其中著名的有《寂忿天法》（*gNam chos zhi khro*）。

7・殊勝洲（mChog gyur gling pa, 1829－1870）

殊勝洲尊者全名殊勝大樂斷滅洲（mChog gyur bde chen zhig po gling pa），傳說為吉祥天子木迪贊普、亦名智慧遊戲

49 詳見敦珠法王上揭書，頁813-817。

者之化身。藏曆第十四勝生陰土牛年（1829）出生於西康南部與葉爾堆相連的一個名宮德札囊地方。其父名蓮花自在，其母名長壽福海。自幼靈異，顯現稀有正行，識文作頌，了無礙難，人稱持教寶。後隨八世巴俄祖拉法王、止貢妙變上師、八邦寺堪布司徒蓮花作晝自在等著名大師學習各派教法。自文殊怙主工珠活佛處獲得了甯瑪派之大部分教法傳統，包括幻化網之寂忿本尊修法。他與妙吉祥智悲自在二人都兼具關於經、幻、心三部之遠傳和伏藏、淨相傳承之七種傳承（bKa' babs bdun）。這七種傳承分別是：佛語傳、地藏傳、極密藏傳、密意藏傳、隨念藏傳、淨相傳及耳聞傳。他所發現的眾多伏藏如《妙洲伏藏法》（*mChog gling gter chos*）等，共達三十卷之多。其中，有在十萬空行宗發現的《大悲蓮花幻化網》（*Thugs rje chen po padma sgyu 'phrul drwa ba*），此伏藏法說遠傳經典傳承之義理結構及名相。

8．妙吉祥智悲自在（'Jam dbyangs mkhyen brtse'i dbang po）

妙吉祥智悲自在，又名蓮花光明顯密洲，為大班智達無垢友與法王赤松德贊之雙運幻變、佛子天主純淨掘藏師（rGyal sras lha rje gter ston rkyang pa）的第十三輩轉世。藏曆十四勝生之鐵龍年（1820）出生於西康德格，父為內氏仲欽大寶勝王，母是蒙古女福海。自幼以自己為大乘之種，時以出家為念。年二十一，由鄔金敏珠林寺堪布持明現上師授近圓戒，隨後十三年間，他師從薩迦派上師金剛大寶等一百五十位上師修習大、小乘及顯、密教法，遂通大小五明，精各派教法要義。對《幻化秘密藏》和《時輪》、《勝樂》、《密集》等續典及其釋論，如《佛寶甘珠爾》、《甯瑪十萬續》、

《丹珠爾》等都毫無偏見地通習無餘。

妙吉祥智悲自在具經、幻、心三部之遠傳及伏藏、淨相傳承之七種傳承，曾掘出眾多伏藏法，其中與《秘密藏續》直接相關的有在司峨韻措湖發現的《三根幻化網輪》（*rTsa gsum sgyu 'phrul drwa ba'i skor*）。此外，當他在宗雪德協度巴時，曾在淨相中遊商羯羅矩砣塔，受到蓮花生大師之八位化身的灌頂及關於《修部八教》、《幻化寂忿本尊》之教授。

十七　對《秘密藏續》之摩訶瑜伽和阿底瑜伽的詮釋

粗略言之，與《秘密藏續》相關的藏文釋論可分成兩類：一類將在遠傳經典系傳承中的《秘密藏續》解釋為摩訶瑜伽的典型代表；而另一類則將它當作果乘、阿底瑜伽、大圓滿法來解釋。如不敗尊者在《光明藏》中所言，用於疏解此本續大義之法有兩大傳規，即共通廣大說法與不共甚深說法。共通廣大說法即是持明咒者之王、具吉祥宿氏家族之稀有傳承，此派將《秘密藏續》按照摩訶瑜伽自宗之傳統來解釋；而不共甚深說法即指絨宋班智達與龍青巴二位尊者之無上意趣，他們將《秘密藏續》解釋為「摩訶瑜伽中的阿底部」，即最高部；從其根本言之，它與大圓滿法三個分支中「阿底瑜伽的摩訶部」的密意相同。秘密大圓滿中有三類教法：一說生圓無二心智自現之壇城，二說智於本性自顯現為佛性，三說不依生圓心性本為無始佛性之自然表現。不敗尊者認為《秘密藏續》所取為其中第一種說法。雖然這兩種傳規之究竟密意並無二致，但不敗尊者在其自己的著作中取第二種傳規，因為它具有甚深口訣之精要。

雖然這兩種傳規相互間並不對立、矛盾，但依然明確表明二者各自之側重有細微的差別。用大譯師法吉祥在《秘密主事業善說教授》中的話說，摩訶瑜伽認定萬法不過是現空無二之心性的殊勝顯現，阿努瑜伽得證萬法乃界智無二之心性的表現力，而阿底瑜伽了知一切法乃心性自顯現，乃無始以來無生無滅之自然智。《秘密藏續》平等地顯示生起、圓滿次第，以及為阿底瑜伽之特徵的自現心性與智的整合。事實上，《秘密藏續》包羅生起、圓滿次第，及大圓滿之種子，這表明在這些不同的傳規之間並不存在根本性的矛盾。

屬共通廣大傳規之釋論以出自遠傳經典系之論典為代表，它們是：

1）遊戲金剛（Līlāvajra）造，《大王續吉祥秘密藏疏》（*Māhārājatantraśrīguhyagarbhanāmatīkā*），簡稱《八卦疏》

2）佛密上師（Buddhaguhya）造，《差別註》（*rNam dbye 'grel*）

3）雲敦吉祥金剛（gYung ston rdo rje dpal）造，《吉祥秘密藏續義作明鏡》（*dPal gsang ba'i snying po'i rgyud don gsal byed me long*）

4）達那度母心成金剛（rTa nag sgrol ma ba bsam grub rdo rje）造，《綱要》（*Khog dbub*）

5）虛空寶（Nam mkha'i rin chen）造，《秘密藏唯一真實續疏・續義作明之燈如意寶》（*gSang ba'i snying po de kho na nyid nges pa'i rgyud kyi 'grel bshad rgyud don gsal bar byed pa'i sgron ma yid bzhin gyi nor bu*）

6）曼隴巴不動金剛（sMan lung pa Mi bskyod rdo rje）造，《秘密藏疏及總義》（*gSang snying 'grel pa dang spyi don*）

7）大譯師法吉祥（Lo chen Dharmaśrī）造，《秘密藏唯一真實續王幻化網總義判定善說秘密主教授》（*dPal gsang ba'i snying po de kho na nyid nges pa'i rgyud kyi rgyal po sgyu 'phrul dra ba syi don gyi sgo nas gtan la 'babs par 'byed pa'i legs bshad gsang bdag zhal lung*）

8）大譯師法吉祥造，《秘密主密意飾》（*gSang bdag dongs rgyan*）

9）蓮花不變海（Padma 'Gyur med rgya mtsho）造，《聞總義證義》（*sPyi don mthong bas don rtogs*）

10）噶陀不變壽命自在妙成（Kaḥ thog 'Gyur med tshe dbang mchog grub）造，《內密咒次第廣釋第二佛密意莊嚴》（*gSangs sngags nang gi lam rim rgya cher 'grel pa sangs rgyas gnyis pa'i dgongs rgyan*）

11）三世多竹千活佛無畏教日（rDo grub III 'Jigs med bstan pa'i nyi ma）造，《吉祥秘密藏續總義簡注・寶藏鑰匙》（*dPal gsang ba'i snying po'i rgyud kyi spyi don nyung ngu'i ngag gis raam par 'byed pa rin chen mdzod kyi lde mig*）

12）不變利樂光明（'Gyur med Phan bde'i 'od zer）造，《甚深義百門鑰匙》（*Zab don sgon brgya 'byed pa'i lde'u mig*）

屬第二類不共甚深傳規之有釋論有：

1）日光獅子（Sūryaprabhasiṃha）造，《吉祥秘密藏廣釋》（*dPal gsang ba'i snying po rgya cher 'grel pa*）

2）蓮花生（Padmasambhava）造，《口訣見鬘》（*Man ngag lta phreng*）

3）蓮花生造，《廣疏》（*rNam bshad chen po*）

4）絨宋班智達（Rong zom pa, c.1100）造，《勝續秘密藏疏・寶疏論》（*rGyud rgyal gsang ba'i snying po'i 'grel pa dkon mchog 'grel*）

5）龍青巴（Klong chen pa）造，《除暗三論》（*Mun sel skor gsum*）

6）不敗尊勝（'Ju Mi pham rnam rgyal）造，《光明藏》（*sPyi don 'od gsal snying po*）

7）利他法相（gZhan phan chos kyi snang ba）造，《幻化網續註・日月藏論》（*sGyu 'phrul drwa ba'i rgyud kyi mchan 'grel nyi zla'i snying po*）

不管是將《秘密藏續》解釋為主流摩訶瑜伽，還是阿底瑜伽之根源，於甯瑪派傳統中，《秘密藏續》均被視為其根本大續。

按其跋所示，筆者本漢譯所據藏文原版為西藏譯師聶•闍那古瑪羅（gNyags Jñānakumara）、瑪阿闍梨寶勝及印度親教師無垢友三人合作完成的譯本，故當為前述《秘密藏續》的第三種譯本。翻譯時，筆者得益於G. Dorje未曾正式發表的博士論文*The Guhyagarbhatantra and its XIVth Century Tibetan Commentary phyogs-bcu mun sel, Thesis presented for the degree of Doctor of Philosophy at the School of Oriental and African Studies*, University of London, 1987。該文中不僅有《秘密藏續》之英譯文，而且還有Dorje博士利用見於《甘珠爾》、《甯瑪十萬續》、Karma'i chos sgar木刻版、以及龍青巴尊者與大譯師法吉祥所著釋論中收錄的現存各種《秘密藏續》版本，對該續各種文本之歧異處所作的校勘。此二者都為筆者正確理解藏文之原意提供了基本的保證。此外，該文篇首的長篇導論中的部分內容有不少也為本導論所採用。在翻譯過程中，談錫永上師不僅給筆者予以熱情的鼓勵和及時指導，而且還對部分譯稿作了修正和潤色。邵頌雄先生則自始至終對這項翻譯工作的開展予以各種熱情的鼓勵和幫助，特別是在資料的收集上為筆者提供了極大的便利。在此謹向他們表示衷心的感謝。

正文

漢譯說明

「幻化網」系列古續，為印度傳入西藏的古舊典籍，所以「幻化網」法門亦為甯瑪派重要修習法門。由此法門，開展出一些巖傳派的系統，即使著名的事業洲巖傳「六中有」，其「假立蘊自解脱」部份，亦與「幻化網」壇城有莫大關係。

《秘密藏續真實決定》（*gSang ba'i snying po de kho na nyid nges pa*；*Guhyagarbhatattvaviniścaya*）之梵本早已不存，今僅以藏文譯本存世。據稱它曾先後三次被翻譯成藏文，且有廣、中、略三個不同的版本，略本二十二品，中本四十六品，廣本八十二品。最早的譯本為印度譯師佛密（Buddhaguhya）與西藏譯師遍照護（Vairocana）合譯，第二次則由蓮花生大士與西藏譯師聶・闍那古瑪羅（gNyags Jñānakumāra）於八世紀時所譯，而第三個譯本則出自印度譯師無垢友（Vimalamitra）與聶・闍那古瑪羅與瑪・寶勝（rMa Rin chen mchog）三人之手。這三種長短不同的譯本或當不是簡單的重譯，而是不同原本的翻譯。

今於不同版本之西藏文大藏經中，亦可見到《秘密藏續》之三種不同的譯本，然與通常以為的廣、中、略三種譯本不盡一致。以台北版《西藏大藏經》（*The Tibetan Tripitaka, Taipei Edition,* 台北：南天書局 SMC Publishing Inc. 1991）為例，其第十二卷《甘珠爾》部「舊續」（rNying rgyud）類中，第827、829、832號即分別是《秘密藏續》的三個不同的譯本，第827號藏文標題為《吉祥秘密藏真實決定》（*dPal gsang ba'i snying po de kho na nyid rnam par nges pa*），梵文標題*Śrīguhyagarbhatattvaviniścaya*，長43頁（32/220.1–38/263.7），二十二品，未有說明譯者之跋文，此當為通常所說的略本。第829號藏文標題簡作《秘密藏真實決定》（*gSang ba'i snying po de kho nyid nges pa*），沒有梵文標題，長達200頁（57/396.1 – 86/596.7），八十品，比通常所說的廣本少了兩品，亦未有說明譯者之跋文。第832號藏文標題作《秘密藏唯一真實大無上（幻化）》（*gSang ba'i snying po de kho na nyid nges pa'i [sgyu 'phrul] bla ma chen po*），長度雖居前述二譯本之中，共51頁，十三品，但顯然與通常所說的中本不同，亦未見跋文說明譯者身份。

此三個譯本即分別相當於日本東北帝國大學版《西藏大藏經》之第832、834、837號。根據日本東北帝國大學法文學部所編 *A Complete Catalogue of the Tibetan Buddhist Canons*（*Bkaḥ-ḥgyur and Bstan-ḥgyur*）（《西藏大藏經全目》，1934版）。「幻化網」系列典籍除上述三種外，尚有第833號（題為《金剛薩埵幻化網一切秘密鏡名續》，*Rje rje sems dpa'i sgyu 'phrul dra ba sang ba thams cad gyi me long shes bya ba'i rgyud*）。餘二部亦與「幻化網」有關，但不屬同一體系，或僅能視為支分者，則為第835號《聖方便索蓮花鬘》（*Phags pa thabs kyi shags pa padmo'i phreng shes bya ba*），及第836號《天女大幻化網續》（*Lha mo sgyn 'phrul dra ba chen po shes bya ba'i rgyud*）。

本漢譯乃《秘密藏續》之略本，所據底本見於敦珠法王所編《甯瑪教傳廣集》（*rNying ma bka' ma rgyas pa: a collection of teachings and initiations of the rnying ma pa tradition passed through continuous and unbroken oral lineages from the ancient masters*），或全稱《雪域正法之本・舊譯法藏遠傳不壞經典》（*Gangs can bstan pa'i pyi mo snga' gyur pa'i chos mdzod ring brgyud ma nyams bka' ma'i gzhung*），簡稱《教傳廣集》（*bKa' ma rgyas pa*），Completely edited and restructured by H.H. bDud 'joms rinpoche on the basis of the successive smin grol gling and rdzogs chen rgyal sras redaction, Kalimpong, w.b.: Dudjung lama, 1982-1987，卷11，頁1-67。

此略本亦見於《甯瑪十萬續》（*rNying ma'i rgyud 'bum: A Collection of Treasured Tantras translated during the Period of the First Propagation of Buddhism in Tibet, Thimbu: Dingo Khyentse Rimpoche, 1975*），pha函，摩訶瑜伽部，頁1-67。此本總標題為《一切密續之根本幻化網秘密藏真實決定根本續》（*Tantra thams cad kyi rtsa bar gyur pa sgyu 'phrul drva ba gsang ba snying po de kho na nyid nges pa rtsa ba'i rgyud sogs bzhugs so*），疑為編者所加。本續正文開首所列標題為《秘密藏真實決定》（*gSang ba'i snying po de kho na nyid nges pa*），無梵文標題，二十二品，跋章節附註明為印度親教師無垢友與西藏譯師聶・闍那古瑪羅及瑪譯師寶勝所譯。與上述《西藏大藏經》所收《秘密藏續》之三種譯本略作對照，即不難發現此本與台北版《西藏大藏經》第827號本《吉祥秘密藏真實決定》基本相同。只是開首處少了梵文標題，結尾處又多了跋文，中間斷句，個別用字亦多有不同，顯然是經《甯瑪十萬續》編者之手作了整理。一向以來，甯瑪派學者作釋論、後釋論者，皆依於此略本，而卻較少留意中本及廣本。

據筆者所知，迄今為止，只有 G. Dorje 於其未正式發表的博士論文 *The Guhyagarbhatantra and its XIVth Century Tibetan Commentary phyogs-bcu mun-sel, Thesis presented for the Degree of Doctor of Philosophy at the School of Oriental and African Studies*（University of London, 1987），曾把龍青巴尊者釋論中引用的《秘密藏續》本續譯為英文，然此論文卻未對《秘密藏續》的法義以及其於修習上的重要，作出深入研討。日前亦見有西方當代著名佛教學者 Herbert Guenther 先生於1984年出版的*Matrix of Mystery：Scientific and Humanistic Aspects of rDzogs-chen Thought*（Boulder & London: Shambhala）一書，作者借助《秘密藏續》所提供之原料，用現代西方語言與哲學方法對甯瑪派大圓滿法作了全面的闡述。書中節譯《秘密藏續》之處甚多，然譯文艱澀，大量挪用現代物理、西方哲學以至作者本人新造的英文詞彙，即使早日寓目，恐亦難作參照。

筆者有緣，1998年夏於國際西藏研究協會第八次會議（8th Seminar of the International Association for Tibetan Studies. Bloomington, Indiana）上，結識就讀於加國多倫多大學的佛教學者邵頌雄先生。歡談之餘，頌雄兄以幾冊新近由香港密乘佛學會出版、談錫永上師主編《甯瑪派叢書》見示。隨手翻閱數頁，即既為書中譯文之流暢、釋義之精到折服，亦為編者無私無畏、重拾河山的用心打動，不禁感歎天下學問之大實在不是幾所名牌大學之課堂所能包羅的。不久，蒙香港密乘佛學會相邀參與《甯瑪派叢書》之翻譯工作，並以翻譯甯瑪派之根本大續《秘密藏續》與龍青巴尊者之釋論《十方除暗》、不敗尊者之釋論《光明藏》相囑。筆者學藏文、治藏史已歷十四、五載，對甯瑪派之歷史略知一二，對甯瑪派之教法精義則只知皮毛，斗膽接此重任只因珍惜這一可從師深造、從友問學的機會，且不願為稻糧謀而盡棄前功。近三年來，放棄駕輕就熟的西藏歷史研究，攀登深不見頂的佛學殿堂，雖舉步維艱，深以自己根器淺薄，難得佛法要領為憾，然自信仍在無涯學海中努力朝前行進，故問心無愧。更何況因參與譯事而時得師尊教誨、關懷，得良友幫助、勉勵，體會人間師、友之情的溫暖，此拜問學之賜，故心中常存感激之情。

筆者首次試譯藏經，雖費力不淺，然只是照搬字眼，可比工匠之機械操作，自知無力傳達隱藏於字裏行間之微言大義。翻譯時惟以信為期許，不敢奢望雅達，有錯譯、誤解之處，只因筆者學力之不逮，若讀者不以佶屈聱牙為嫌，則端賴談錫永上師梳理、潤色之功。而且，若沒有談上師逐品的釋義，拙譯於普通讀者無異天書，很難有所利益。頌雄兄自始至終耐心地關注拙譯的進程，隨時提供資訊上的幫助，並擔當了繁重的編務工作，拙譯得以面世其功不可沒。德國波昂大學中亞語言文化研究所新科所長 Peter Schwieger 先生拔冗為拙譯作序，對其熱情的支援在此謹表感謝。

沈衛榮

2001 年12月11日

於柏林洪堡大學

[rgya gar skad du/ śrīguhyagarbhatattvaviniścayamahātantra nāme/] bod skad du/ dpal gsang ba'i snying po de kho na nyid rnam par nges pa'i rgyud chen po/

《幻化網秘密藏真實決定》

梵名：*Śrī-Guhyagarbhatattvaviniścaya*

藏名：*Dpal gsang ba'i snying po de kho na nyid rnam par nges pa rgyud chen po*

漢言：《吉祥秘密藏真實決定》

bcom ldan ’das dpal kun tu bzang po la phyag ’tshal lo/

’di skad bshad pa’i dus na/ de bzhin gshegs pa yang dag par rdzogs pa’i sangs rgyas bcom ldan ’das/ longs spyod chen po phyogs bcu dus bzhi’i de-bzhin gshegs pa thams cad kyi sku dang gsung dang thugs rdo rje’i bdag nyid/ ma lus mi lus lus pa med pa thams cad dang so so ma yin tha mi dad dbyer med pa’i rang bzhin te/ ’og min gyi gnas mtha’ dang dbus med pa na/ gzhi tshad med pa’i ye shes kyi ’khor lo gsal ba la/ ye shes rin po che ’bar ba’i gzhal yas khang/ rgya phyogs bcur yongs su ma chad pa/ yon tan dpag tu med pa rgyas pa’i phyir gru bzhir gyur pa/ lhag pa’i ye shes rin po che’i glo ’bur gyis mdzes pa/ rtse mo phyogs bcu dus bzhi’i sangs rgyas kyi dkyil ’khor ma lus pa thams cad/ so so ma yin ngo bo nyid gcig pa’i ye shes kun tu ’khyil pa/ ye shes bsam gyis mi khyab pa/ ye shes rin po che’i dbyibs dang kha dog la sogs pa rnam pa tha dad pa’i bye brag dang khyad par du gyur pa/ ’phags pa/ tshad dpag tu med pa/ ye shes rin po che sna tshogs kyi phreng ba dang/ chun ’phyang dang/ shar bu’i rgyan dang/ gzugs sna tshogs dang/ sgra sna tshogs dang/ dri sna tshogs dang/ ro sna tshogs dang/ reg bya sna tshogs kyis phyogs bcur ’khrigs par rang byung la/ mi sgrib par gsal ba’i rgyan bsam gyis mi khyab par klubs pa/ rnam par thar pa bzhi’i sgo nas ’jug pa’i sgo khyud can/ rnam par thar pa brgyad kyi rta babs dang ldan pa/ phyi dang nang med pa kun tu yang nang du gyur pa na/

頂禮出有壞吉祥普賢如來

第一品：緣起

爾時如是說，如來三藐三菩提出有壞、大受用十方四時一切如來金剛身語意，是即一切無餘非身無身、及各各非是、無差別、無分別自性。於離邊離中之色究竟天密嚴剎土，無量根本智周遍光明法輪，有智寶熾燃之越量宮，十方虛空遍滿無間缺，因廣大無量功德故，呈四方形。外牆飾以增上智寶；無上本智居一切之中央，其間所有一切十方四時正覺壇城各各不可分別，都成一味。智與智寶之形、色等行相不可思議，各有不同之差別。此宮殿既高貴聖潔又寬廣無量。各種智寶鬘、絲綢挂幡、流蘇飾物，不同形色、不同聲音、不同氣味、不同味道、不同觸境之莊嚴十方錯雜而自生。無遮光明之莊嚴不可思議。有經由四解脫門而入之進口，亦具表徵八種解脫之牌坊；無內外之分，一切皆在〔越量宮〕內。

mi 'jigs pa seng ge'i khri dang/ stobs glang po che'i khri-dang/ rdzu 'phrul rta yi khri dang/ dbang rma bya'i khri dang/ thogs pa med pa nam mkha' lding gi khri dang/ rang bzhin gyis 'od gsal ba nyi zla'i dkyil 'khor dang/ gos pa med pa padma rin po che'i gdan la/ sku mdun dang rgyab med pa/ thams cad du zhal thal le bar gsal zhing mtshan dang dpe byad du ldan pa/ bsam gyis mi khyab pa thams cad du/ sku gsung thugs sna tshogs par kun tu snang ba/ thabs dang shes rab kyi zhabs gnyis mnyam pa'i brtul zhugs kyi skyil mo krung du bzhugs pa/ ye shes drug gi phyag ye shes rin po che'i phyag rgya 'bar ba can/ sku gsung thugs bsam gyis mi khyab pa'i dbu gsum dang ldan pa/ bcom ldan 'das de bzhin gshegs pa rnam par shes pa'i rgyal po dang/ de bzhin gshegs pa gzugs kyi rgyal po dang/ de bzhin gshegs pa tshsor ba'i rgyal po dang/ de bzhin gshegs pa 'du shes kyi rgyal po dang/ de bzhin gshegs pa 'du byed kyi rgyal po dang/ de dag kun kyang mthing kha dang/ dkar po dang/ ser po dang/ le brgan dang/ ljang khu'i mdog tu 'tsher ba/ btsun mo dam pa snang ba'i dbyings dang/ sra ba'i dbyings dang/ mnyen pa'i dbyings dang/ dro ba'i dbyings dang/ bskyod pa'i dbyings la sogs pa btsun mo'i tshogs dang gnyis su med par chos kyi dbyings kun tu mtha' yas par khyab pa ni/ 'di lta ste/ dper na til gyi gang bu bzhin du gang nas khyab par bzhugs so/

宮內有無畏獅子座、十力象座、神變馬座、自在孔雀座、無著金翅鳥座等，〔其上具〕無染蓮花寶座，以自性光淨之日月壇城為莊嚴，其上佛身無前後際分別。佛面向諸方放射光芒，無遮無攔，具種種功德相與隨形好。於一切不可思議之〔有情世界〕，無處不在，示現種種不同身語意相。方便智慧之二足作平等勤息之跏趺坐；六本智手具燃智寶之手印。佛尊有三頭，表徵不可思議之身、語、意。世尊出有壞以如來識之王、如來色之王、如來受之王、如來想之王、如來行之王等行相示現，所有行相顏色各異，或深藍、或白、或黃、或赤、或綠，皆光輝燦爛。有最上王后，或為幻界、或為堅硬界、或為柔軟界、或為溫界，或為動界，如是王后聚悉皆無二，無邊無際，周遍法界。如是，若芝麻剖莢盈滿。

de nas byang chub chen po rdo rje mthong ba dang/ byang chub chen po rdo rje thos pa dang/ byang chub chen po rdo rje snom pa dang/ byang chub chen po rdo rje myong pa dang/ btsun mo mthong par bya ba dang/ mnyan par bya ba dang/ bsnam par bya ba dang/ myong bar bya ba'i tshogs dang/ byang chub chen po rdo rje mthong byed dang/ byang chub chen po rdo rje thos byed dang/ byang chub chen po rdo rje snom byed dang/ byang chub chen po rdo rje myong byed dang/ btsun mo 'das pa dang/ da ltar dang/ 'byung ba dang/ ma byon pa'i tshogs dang/ 'joms pa chen po rdo rje reg pa dang/ 'joms pa chen po rdo rje reg byed dang/ 'joms pa chen po rdo rje reg bya dang/ 'joms pa chen po rdo rje reg shes dang/ btsun mo rtag par ma yin pa dang/ chad par ma yin pa dang/ bdag tu ma yin pa dang/ mtshan mar ma yin pa la sogs pa/ de lta bu'i tshogs brjod kyis mi lang ba dang/ gnyis su med par bzhugs so/

復次，有大菩薩金剛見、大菩薩金剛聞、大菩薩金剛嗅、大菩薩金剛受，及集聚之王后聚如所見王后、所聞王后、所嗅王后、所受王后等，復有大菩薩金剛眼、大菩薩金剛耳、大菩薩金剛鼻、大菩薩金剛舌等，復有過去、現在、未來及未知時王后聚，有大自在金剛觸，大自在金剛能觸，大自在金剛所觸〔境〕，大自在金剛觸識；有無常王后，無間王后，無我王后，無相王后等等，如是不可言說，現為無二之王后聚集會。

de nas de bzhin gshegs pa btsun mo'i tshogs dang gnyis su med pa'i gsang ba'i dkyil 'khor de dag nyid kyi gsang ba 'di nyid sku dang gsung dang thugs dang you tan phrin las rdo rje las phyung ngo/

e e ma e ma ho/

de bzhin nyid kyi dbyings nyid dbang sgyur ye shes dkyil 'khor thugs rje'i ngang/

rang snang ba nyid ting 'dzin gzugs brnyan sgyu ma rnam dag gsal ba ni/

sku gsung thugs dang yon tan 'phrin las sel med pa yi yon tan yid bzhin rin po che/

mi zad par ldan pa rgyan gyi 'khor lo rdo rje mchog gi gnas nyid do/

zhes rdo rje gsang ba'i tshig tu'o/ gsang ba'i snying po de kho na nyid nges pa las gleng gzhi'i le'u ste dang po'o//

復次，如是秘密壇城之秘密中，如來與王后〔聚〕不二，此即自金剛身語意功德及事業展現。

e e ma e ma ho
本智壇城大悲性
周遍離戲論法界
從於定境影像中
及於清淨幻化舞
自顯現性光輝耀
如是即為如意寶
亦即身語意德業
無遮遣解脫功德
無上金剛法界住
具足無盡莊嚴輪

如是所說金剛秘密句，《秘密藏真實決定》第一品：緣起竟。

de nas bcom ldan ’das byed pa po rdo rje yid kun tu bzang po/ thams cad ma lus pa’i rang bzhin gyi tshul rdo rjes/ btsun mo bya ba mo chos kun tu bzang mo la ’jug par gyur to/ zhugs pas phyogs bcu dus bzhi’i de bzhin gshegs pa ma lus pa thams cad gcig gi rang bzhin du dbyer med pas de bzhin gshegs pa nyid/ de bzhin gshegs pa nyid la ched du brjod pa ’di brjod do/

e ma ho/
rdo rje phung po yan lag ni/
rdzogs pa’i sangs rgyas lnga ru grags/
skye mched khams rnams mang po kun/
byang chub sems dpa’i dkyil ’khor nyid/
sa chu spyan dang mâ ma ki/
me rlung gos dkar sgrol ma ste/
nam mkha’ dbyings kyi dbang phyug ma/
srid gsum ye nas sangs rgyas zhing/
thams cad ma lus chos so cog/
sangs rgyas nyid las gzhan ma yin/
sangs rgyas nyid las gzhan pa’i chos/
sangs rgyas nyid kyis mi brnyes so/

zhes brjod pas/ de bzhin gshegs pa thams cad mnyes par gyur to/

de nas btsun mo bya ba mo chos kun tu bzang mos/ bcom ldan ’das yid [byed pa po] kun tu bzang po dang gnyis su med par gyur nas/ ched du brjod pa ’di brjod do/

第二品：發勝義及世俗菩提心本智

復次，如來出有壞能作父及金剛智普賢佛，入住於王后，即所作母普賢佛母，彼〔佛母〕以一切無餘諸佛自然姿態之金剛真實確立一切法。由此入住，十方四時一切無餘諸如來於唯一自性中無有分別，故即由如來為如來自己無問而自說如是：

e ma ho
所謂五支金剛蘊
世間共許五等覺
一切界及一切入
即是菩薩之壇城
地乃佛眼水我執
火是白衣風度母
空為法界自在母
三界無始佛淨土
世間所有一切法
除佛之外更無有
若於佛外別有法
佛亦未曾自證得

佛說已，一切如來皆生歡喜。

復次，王后所作母一切法普賢佛母與出有壞能作父一切意普賢佛成不二，不問自說偈如是：

kye ma'o/
phyogs bcu stong khams ye nas dben/
srid pa gsum ni dag pa'i zhing/
snyigs ma lnga nyid bde ldan gnas/
phung po lnga nyid rdzogs sangs rgyas/
thams cad mchog gi snying po bas/
gzhan du rgyal bas chos mi btsal/
nyid las gzhan zhes bya ba'i chos/
btsal kyang rgyal bas mi brnyes so/

zhes brjod pas thams cad ye nas sangs rgyas par de bzhin gshegs pa nyid kyis mkhyen to/

de nas gnyis su med pa'i bdag nyid chen pos ye nas sangs rgyas pa'i sems ye shes su bskyed pa 'di gsungs so/

e ma ho
ngo mtshar rmad kyi chos/
rdzogs pa'i sangs rgyas kun gyi gsang/
skye ba med las thams cad skyes/
skyes pa nyid na skye ba med/

e ma ho
ngo mtshar rmad kyi chos/
rdzogs pa'i sangs rgyas kun gyi gsang/
'gag pa med las thams cad 'gag/
'gag pa nyid na 'gag pa med/

kye ma'o
十方千界本來空
三有界為清淨土
五濁自住於大樂
五蘊本為圓滿佛
除此殊勝諸佛藏
勝者不求餘處法
或云捨此有他法
勝者求之亦不得

王后說已，如來乃證一切〔法〕即是本初佛陀。

復次，此無二大體性發無始以來諸佛即證本智之心，而說是偈：

e ma ho
如是稀有奇妙法
一切圓覺之秘密
由無生而生一切
生者本來是無生

e ma ho
如是稀有奇妙法
一切圓覺之秘密
由無礙者礙一切
礙者本來是無礙

e ma ho
ngo mtshar rmad kyi chos/
rdzogs pa'i sangs rgyas kun gyi gsang/
gnas pa med las thams cad gnas/
gnas pa nyid na gnas pa med/

e ma ho
ngo mtshar rmad kyi chos/
rdzogs pa'i sangs rgyas kun gyi gsang/
dmigs pa med las thams cad dmigs/
dmigs pa nyid na dmigs pa med/

e ma ho
ngo mtsher rmad kyi chos/
rdzogs pa'i sangs rgyas kun gyi gsang/
'gro 'ong med las 'gro dang 'ong/
'gro 'ong nyid na 'gro 'ong med/

ces brjod pas/ de bzhin gshegs pa thams cad dang btsun mo'i tshogs thams cad kyang mnyes pas khyab par gyur to /

de nas de bzhin gshegs pa thams cad btsun mo'i tshogs [thams cad] dang bcas pas ched du brjod pa 'di brjod do/

e ma ho
如是稀有奇妙法
一切圓覺之秘密
由無住而一切住
住者本來是無住

e ma ho
如是稀有奇妙法
一切圓覺之秘密
由無所緣皆所緣
所緣本是無所緣

e ma ho
如是稀有奇妙法
一切圓覺之秘密
無有去來去又來
去來本是無去來

說已，一切如來及一切王后聚皆歡喜遍滿。

復次，一切如來及〔一切〕王后聚齊不問自說偈如是：

e ma ho
ye nas gsang ba'i chos/
sna tshogs snang la rang bzhin gsang/
ngo bo nyid kyis rab tu gsang/
gzhan du min las shin tu gsang/

zhes brjod pas/ de bzhin gshegs pa thams cad dang/ chos thams cad ye nas sangs rgyas pa'i ngo bo nyid du gcig pa'i mtshan nyid yin pas dbyer med na'ang/ 'gro ba'i rnam par rtog pa ma rig pa las/ 'gro ba lnga'i ris bsam gyis mi khyab par smin pa la/ thugs rje chen po sangs rgyas kyi ye shes chen po skyes nas/ ched du brjod pa 'di brjod do/

e ma ho
bde gshegs snying po las/
rang gi rnam rtog las kyis sprul/
sna tshogs lus dang longs spyod dang/
gnas dang sdug bsngal la sogs pa/

e ma ho
如是無始秘密法
種種顯相本性密
自性原來甚秘密
除此無餘最秘密

說已，一切如來及一切法無差別，因其為無始以來佛自性之同一性相。然因眾生之虛妄分別，由無明已成熟為不可思議五種趣，由是生大慈悲心、大本智，彼〔佛與佛母〕故為其不問自說偈如是：

e ma ho
如來藏中由業力
化現具戲自思維
種種色身及受用
以及處與苦等等

bdag dang bdag gir so sor 'dzin/
sus kyang ma bcings bcings med de/
bcing bar bya ba yod ma yin/
rnam rtog bdag tu 'dzin pa yis/
nan gyis mkha' la mdud pa 'dor/
bcings med rnam par grol med pa'i/
ye nas lhun rdzogs sangs rgyas chos/
bstan phyir spro ba sna tshogs mdzad/

ces de bzhin gshegs pa nyid de bzhin gshegs pa nyid la ched du gleng ngo/

gsang ba'i snying po de kho na nyid nges pa las don dam pa dang kun rdzob kyi byang chub sems ye shes su bskyed pa'i le'u ste gnyis pa'o//

種種我所以及我
無能縛者縛非有
此亦實無所縛者
由具我執具戲論
虛空中結縛與解
展示佛陀之真實
本初法爾且圓滿
故無縛亦無解脱
示現種種化身相

如是如來不問自説與如來。

《秘密藏真實決定》第二品：發勝義及世俗菩提心本智竟。

de nas de bzhin gshegs pa thams cad las/ thugs rje chen po'i byin gyis brlabs zhes bya ba'i/ rig pa'i skyes bu thub pa drug/ de bzhin gshegs pa'i sku dang gsung dang thugs rdo rje las 'thon to/ 'thon nas kyang las kyi dbang gis snrel gzhi dang yan man gyi 'jig rten drug gi phyogs bcu mtha' yas mu med pa'i stong gsum gyi stong chen po re rer/ thub pa chen po bcom ldan 'das re res 'dul ba rnam pa bzhis 'gro ba lnga'i don mdzad de/

bltams pa dang/ rab tu byung ba dang/ dka' thub mdzad pa dang/ sangs rgyas pa dang/ bdud btul ba dang/ chos kyi 'khor lo bskor ba dang/ cho 'phrul chen po ston pa dang/ mya ngan las 'das la sogs par ston pa'i thub pas/ dus bzhi kun tu mkhyen pa dang/ thams cad kyi sems kyi rgyud kun tu mkhyen pa dang/ rdzu 'phrul gyi spyan gyis thams cad kun tu gzigs pa dang/ rdzu 'phrul gyi snyan gyis kun tu gsan pa dang/ rdzu 'phrul gyi tshogs kun tu don spyod pa dang/ zag pa med pas kun tu bzang po'i spyod pa rdzogs pa'i mngon par shes pa chen po drug dang/ kun tu sku bsam gyis mi khyab pa dang/ kun tu thugs bsam gyis mi khyab pa dang/ kun tu gzhal bsam gyis mi khyab pa dang/ kun tu gsung bsam gyis mi khyab pa dang ldan pa/ bsam gyis mi khyab pa grangs med pa phyogs bcur snang bar gyur to/

thams cad kyang 'di lta ste/ 'dul ba'i dbang gis lha dang mi'i theg pa dang/ nyan thos kyi theg pa dang/ rang byang chub kyi theg pa dang/ byang chub sems dpa'i theg pa dang/ bla na med pa'i theg pas/ ma rig pa'i rnam par rtog pa nyon mongs pa stong phrag brgyad cu rtsa bzhi'i gnyen por/ chos stong phrag brgyad cu rtsa bzhi gsungs so/ gsung ngo/ gsung bar 'gyur ro/

第三品：抉擇一切法

復次，被一切如來讚為具大慈悲心加持之化身六能仁，由如來之金剛身、語、意中生出。生出之後，以業力於四邊及上下六界等無邊無際十方之各各三千大千世界，由各各大能仁出有壞，以四種調伏利益五趣眾生。

能仁示現降生、出家、苦行、成佛、降魔、轉法輪、演大神變、示寂等宏化，具四時一切智、遍有情心續一切智、神眼一切見、神耳一切聞、神變儀軌行一切利益、以無漏圓滿普賢佛之利行等六大神通。具一切不可思議身、一切不可思議意、一切不可思議面貌、一切不可思議語，以不可思議色，不可盡數以示現於十方。

一切化身作如是〔宏化〕：以其調伏之力，由天人乘、聲聞乘、獨覺乘、菩薩乘、無上〔金剛〕乘，於過去、現在、將來三時說八萬四千種法，以對治八萬四千種煩惱，此〔諸煩惱〕實為無明之遍計。

de dag thams cad kyang gzung ba dang 'dzin pa'i/ phyi nang gi rten cing 'brel bar 'byung ba/ 'dzin pa 'khrul pa las 'dogs pa [rtogs pa] dang/ las dang las kyi 'bras bu chud mi za ba dang/ las dang las kyi 'bras bus mi gos/ gos par mi 'gyur/ gos su med par ston pa'i mthar thug go/

de nas de bzhin gshegs pa thams cad kyis ched du brjod pa 'di brjod do/

ji snyed 'jig rten 'khrul ba'i chos/
ma rig rtog pa'i gzung 'dzin gyis/
phyi nang rten 'brel gnyis su 'khor/
mi mthun bde sdug myong bar 'gyur/

rang bzhin nyid las nyams pa med/
yang dag sgyu ma'i tshul gnyis su/
bdag dang bdag gi gzhan med de/
rnam dag dbyings nyid tshul gcig go/

bdag dang bdag gi gzhan rnams ni/
log par rtog pa tsam nyid las/
phra zhing zab pa'ang yod ma yin/
log rtog nyid la nyid spyod pas/
gzhan du gyo ba ci yang med/
log rtog rgyu 'bras rgyun nyid kyang/
gzhi rtsa med dbyings skad cig ma/

彼一切乘，分別關切二取、〔關切〕內外緣起、〔關切〕具過失而假立之能取、〔關切〕業與業果不失壞、及示現業與業果不染，無所染與無能染之究竟。

復次，一切如來不問自說偈如是：

無明尋思之二取
成就內外二緣起
由二緣起而決定
所有世間迷亂法
且受不順苦與樂

自性本身無變壞
真實幻化二相中
我與我所無差別
即是淨界唯一相

我與我所諸差別
僅只出自邪分別
細致甚深都不是
於此邪分別之外
唯有分別分別者
除此即無有所動
儘管邪思自相續
名之為因以及果
仍是無根無基界

rnam par dag pa'i dbyings nyid tshul/
nyid la dbang sgyur nyid spyod phyir/
bdag dang gzhan dang rtog pa'i rgyun/
rnam dag bla med theg pa'i mchog/

theg pa bzhi yis nges 'byung la/
theg pa gcig gi 'bras bur gnas/
yang dag rtogs pas rab brtags na/
rang bzhin med las cir yang 'grub/

sangs rgyas mya ngan yongs mi 'da'/
chos kyang nub par mi 'gyur te/
ma rig smin mdzad 'dul ba'i phyir/
byung nas mya ngan 'da' bar ston/

'dul ba mdo sde chos mngon dang/
dam tshig sgrub dang grub pa dang/
sku dang gsung dang thugs kyi rgyud/
phyogs bcu rnams su rab grags pa/
gsang ba'i snying po las 'phros te/

rang bzhin gsang ba'i snying po 'di/
sde snod kun dang rgyud kun gyi/
'byung gnas gtan la nges par 'bebs/

淨界自性即一時
相關生起自運作
自他以及尋思續
若依清淨無上乘
說為無上清淨事

於彼厭離四乘者
住入於彼一乘果
由至真實細分別
諸法非有亦成立

諸佛未有入涅槃
正法也不曾衰敗
調伏無明眾成熟
是故應化且涅槃

律藏經藏對法藏
誓句證量與成就
佛身語意秘密續
由共許之秘密藏
噴薄而出遍十方

即此自性秘密藏
發源一切藏與續
此依真實之抉擇

chos rnams ming du btags ba tsam/
ston pas don dang mthun phyogs su/
ming dang tshig tu btags nas bstan/
ston ming tshig la dngos po med/

ces brjod do/

de nas de bzhin gshegs pa gnyis su med pa'i dkyil 'khor de dag nyid kyi gsang ba 'di nyid/ sku dang gsung dang thugs dang yon tan 'phrin las rdo rje las phyung ngo/

a ho/
srid rtsa'i nyes dmigs bdag tu rtog las 'phros/
rgyud drug skye 'gag lus dang longs spyod dang/
gnas dang sdug bsngal 'khrul 'khor la sogs pa/
log rtog nyid las gzhan du ci yang med/

ston nyid bdag med ye mkhyen rang rig thugs/
dmigs bya dmigs byed med par dran dbang bsgyur/
ngo mtshar sku gsung yon tan zhing khams las/
gzhan na med de de nyid de ltar yin/

zhes rdo rje gsang ba'i tshig tu'o/

zhes brjod pas/ thub pa drug gi sprul pa grangs med pa dang/ de bzhin gshegs pa thams cad kyis gsungs pa yang de dag tu 'dus par de bzhin gshegs pa nyid kyis mkhyen to/ gsang ba'i snying po de kho na nyid nges pa las chos thams cad gtan la phab pa'i le'u ste gsum pa'o//

諸法僅是假立名
導師為說法而立
名句具義而說法
唯彼名句無實有

如是說已。

於是，即此如是等如來不二壇城之秘密，自金剛身、語、意、功德、事業生起。

a ho
由具尋思生有基
報應即為成六道
生滅身與異熟住
迷亂輪迴具痛苦
彼唯所取無他者

空且無我之佛性
以無能所之念根
本智本覺壓之伏
除稀有身語德土
更無餘者可安立

說如是金剛秘密偈。說已，如來自智六能仁之無數化身，及一切如來所說法亦集聚於彼彼秘密偈中。

《秘密藏續真實決定》第三品：抉擇一切法竟。

de nas de bzhin gshegs pa thams cad dgongs pa gcig tu gyur nas/ mnyam pa chen po'i tshul rdo rje'i dbyings su/ chos thams cad ye nas sangs rgyas pa'i ting nge 'dzin las mi gyo bar/ chos thams cad ming tsam du gnas pa'i yi ge 'phreng ba'i 'khor lo zhes bya ba 'di/ sku dang gsung dang thugs rdo rje las phyung ngo/

a
rab tu brtan gyur a dkar las/
shin tu phra ba'i a rnams spro/
phyogs bcu gang bar gsal gyur nas/
bsdus kyang 'phel 'grib med par brtan/
de las ming tshogs gsal 'bar kun/
spro zhing bsdu ba'ang de bzhin no/
'di ni rdo rje dngos grub kyi/
brtan 'byung ye shes rgyu yin no/

a ka kha ga gha ṅa/
ca cha ja jha ña/
ṭa ṭha ḍa ḍha ṇa/
ta tha da dha na/
pa pha ba bha ma/
ya va ra la/
śa ṣa sa ha/
kṣa :
i ī u ū/
e ai o au/

第四品：字鬘輪莊嚴

復次，一切如來成一密意，故於大平等相金剛界內，一切法乃無始以來已成覺者之三昧耶入定不動，此即所謂一切法僅以名字而住之字鬘輪，自金剛身、語、意生出。

a
極為穩固白字 a
化出甚小眾 a 字
十方遍滿作光淨
聚之如常無增減
自此虛空光照耀
一切散聚都如是

此者，乃金剛成就堅固之源，本智之因。

a	ka	kha	ga	gha	ṅa
	ca	cha	ja	jha	ña
	ṭa	ṭha	ḍa	ḍha	ṇa
	ta	tha	da	dha	na
	pa	pha	ba	bha	ma
	ya	va	ra	la	
	śa	ṣa	sa	ha	
	kṣa				
	i	ī	u	ū	
	e	ai	o	au	

’di dag phyung bas/ ’jig rten drug gi phyogs bcu mtha’ yas pa/ rnam pa drug tu gyos/ rab tu gyos/ kun tu gyos nas/ chos thams cad ming gi mtshan nyid tsam du gyur to/ ho/

de nas de bzhin gshegs pa thams cad kyis ched du brjod pa ’di brjod do/

a ni stong dang mi stong gi/
dbu ma’ang dmigs su yod ma yin/
thams cad ming tsam sangs rgyas kun/
yi ge ’phreng ba nyid la gnas/

a nyid sna tshogs par snang ba’i/
ka la sogs pa bzhi bcu gnyis/
sgra yi ming gis thams cad bsdus/
mngon rdzogs rgyal po de nyid nges/

e ma ho ngo mtshar ya mtshan gyi/
’phrul chen bzhi bcu rtsa lnga’i ming/
tshig rnams ma lus ’dzin pa’i gnas/
sna tshogs don chen smra zhing ston/

dngos med yi ge’i rang bzhin sems/
bdag med mtha’ bral mi dmigs kyang/
dbyibs dang kha dog ming tshogs kyis/
rol pa cir yang sprul cing ston/

如是等種字出現，於是六世間無邊十方，各作六種震動，極震動，唯震動，然後一切法變成唯是名字之性相。呵！

復次，一切如來不問自説偈如是：

a 字本來無所緣
無關空不空中道
一切覺者如是説
萬法只是名而已
住於種字花鬘中

a 字自現種種相
ka等四十二字母
名攝世間一切法
現圓滿王自決定

奇哉異哉真稀奇
四十五字大神變
一切名句由彼持
彼顯言説諸大義

種字自性無實有
其心無我離邊際
且無所緣而變現
藉形色名廣展示

phyogs bcu dus bzhir gshegs pa yi/
ye shes sems dpa'i sku gsung thugs/
dkyil 'khor bzhi bcu rtsa lnga nyid/
yi ge mgo nas kṣa la rdzogs/

sems kyi rang bzhin yi ge ste/
yi ge dngos po yod ma yin/

dmigs med de nyid sna tshogs pa'i/
sku gsung thugs kyi 'khor lo che/
sku gsung thugs ni ngo mtshar gyi/
ya mtshan 'phrul chen rab 'gugs pa'o/

dbyibs la dbyibs kyis bris pa ste/
yi ge zhes ni de phyir brjod/

mgo ni ma nor lam yin te/
tig ni shes rab ming du smra/
shad ni thabs chen tshigs su gcod/

a ni skye med de bzhin nyid/

ṭha ni sgyu 'phrul rdo rje nyid/
ṭa ni snang ba'i sgyu 'phrul nyid/
ḍa ni sgyu 'phrul yid bzhin nyid/
ḍha ni sgyu 'phrul rnam dag nyid/
ṇa ni kun tu sgyu 'phrul nyid/

遍入十方四時中
本智勇識身語意
即是四十五壇城
自始至 kṣa 眾種字
即由彼處得圓滿

心之自性即字母
字母非為真實有

自性種種無所緣
即佛身語意大輪
身語意召大神變
稀有稀有真稀有

由界寫於界之上
所謂種字説若是

頭符是為無謬道
尾點是無分別智
由彼而説諸名字
垂符分節大方便

a 者無生之真如

ṭha 者幻化金剛性
ṭa 者明相之幻化
ḍa 者如意之幻化
ḍha 者清淨之幻化
ṇa 者唯一之幻化

tha ni dra ba mngon rdzogs nyid/
ta ni dra ba brtan pa nyid/
da ni dra ba lham me nyid/
dha ni dra ba 'khril ba nyid/
na ni dra ba kun tu 'gyur/

ka ni spyan gyi thugs kyi mchog/
kha ni snyan gyi thugs kyi mchog/
ga ni shangs kyi thugs kyi mchog/
gha ni ljags kyi thugs kyi mchog/
ṅa ni thugs kyang 'jig byed pa'o/

ca ni spyan gyi sku yi mchog/
cha ni snyan gyi sku yi mchog/
ja ni shangs kyi sku yi mchog/
jha ni ljags kyi sku yi mchog/
ña ni sku yang 'jig byed pa'o/

pa ni spyan gyi gsung gi mchog/
pha ni snyan gyi gsung gi mchog/
ba ni shangs kyi gsung gi mchog/
bha ni ljags kyi gsung gi mchog/
ma ni gsung yang 'jig bar byed/

ya ni skye ba rnam par dag/
va ni gnas pa rnam par dag/
ra ni 'jig pa dag pa ste/
la ni stong pa dag pa'o/

tha 者即是圓滿網
ta 者即是堅固網
da 者即是燦爛網
dha 者即是盤繞網
na 者即是遍入網

ka 者佛眼最勝意
kha 者佛耳最勝意
ga 者佛鼻最勝意
gha 者佛舌最勝意
ṅa 者佛心大忿怒

ca 者佛眼最勝身
cha 者佛耳最勝身
ja 者佛鼻最勝身
jha 者佛舌最勝身
ña 者佛身大忿怒

pa 者佛眼最勝語
pha 者佛耳最勝語
ba 者佛鼻最勝語
bha 者佛舌最勝語
ma 者佛語大忿怒

ya 者乃是生清淨
va 者乃是住清淨
ra 者乃是壞清淨
la 者乃是空清淨

śa ni rtag pa dag pa ste/
ṣa ni chad pa yod ma yin/
sa ni mtha' bral bdag med pa/
ha ni mtshan ma med pa nyid/

kṣa ni ye shes thugs kyi thugs/
i ni rdul snyed lha rnams su/
ī ni rdul snyed lha ma yin/
u ni rdul snyed mi rnams su/
ū ni rdul snyed byol song rnams/
e ni rdul snyed yi dvags su/
ai ni rdul snyed dmyal ba rnams/

o ni thams cad 'jig par byed/
au ni thams cad zhig pa yin/

yi ge 'khor lo tshogs chen 'dis/
sku gsung thugs kyi phreng ba bsdus/

zhes brjod do/ a ho/

de nas de bzhin gshegs pa btsun mo'i tshogs dang gnyis su med pa'i dkyil 'khor de dag nyid kyi gsang ba 'di nyid/ sku gsung thugs yon tan 'phrin las rdo rje las phyung ngo/

śa 者乃是淨常邊
ṣa 者乃是離斷邊
sa 者離邊亦無我
ha 者無相即是彼
kṣa 者佛性智之意

i 者諸天若塵數
ī 者非天若塵數
u 者是人若塵數
ū 者畜生若塵數
e 者餓鬼若塵數
ai 者地獄若塵數

o 者一切大忿怒
au 者一切壞滅者

即此字母大輪聚
攝受身語意之鬘

如是說已。a ho

復次，即此如來與王后聚不二壇城本體之秘密，自金剛身、語、意、功德及事業生起。

a ho/

thabs dang shes rab dgyes sprin byang chub sems tshogs rgyu ’khor lo/

’bras bu rgyal ba smin grub ngo mtshar ming tshogs bzhi bcu gnyis/

’dus ma byas nyid ’dus byas rdo rje dkyil ’khor ’byin pa’i dam/

’da’ bar mi mdzad dbang med rgyu rkyen tshogs pa’i mthu chen yin/

a ho/ rdo rje gsang ba’i tshig tu’o/

zhes brjod pas/ de bzhin gshegs pa thams cad yi ge’i ’khor lor gyur to/ gsang ba’i snying po de kho na nyid nges pa las yi ge ’phreng ba’i ’khor lo bkod pa’i le’u ste bzhi pa’o//

a ho
輪是方便智慧歡喜雲
亦是菩提心之長養因
勝者成熟解脫是其果
稀有名眾四十二無為
示現壇城金剛而有為
如是行實未違於誓句
依止因緣和合之大力

a ho 如是乃金剛秘密之詞。

如是說已，一切如來均變成種字之輪。

《秘密藏真實決定》第四品：字鬘輪莊嚴竟。

de nas yi ge 'khor lo'i sprin bkod pa las sgyu 'phrul rnam par 'phro ba 'di ched du brjod do/

rtsa ba med pa'i sems nyid ni/
chos rnams kun gyi rtsa ba yin/
sems nyid yi ge'i rang bzhin te/
yi ge yid bzhin rin chen sprin/

sgyu 'phrul dkyil 'khor bzhi bcu gnyis/
dra ba'i dkyil 'khor mngon rdzogs pas/
phyogs bcu dus bzhi rdzogs pa yi/
dkyil 'khor thams cad 'grub par 'gyur/

bdud rtsir 'gyur zhing 'byung ba dang/
bzhi brgya rtsa bzhi'i nad sel zhing/
longs spyod 'byung zhing ngan song sbyong/
ci yang gzhan du 'gyur ba 'grub/

nam mkha' rdo rje sra 'byung zhing/
'bar nas me yang 'tshig pa dang/
chur 'gyur 'bab pa'ang de bzhin te/
'jig rten khams ni 'thor ba dang/
thams cad stongs shing ltung bar 'gyur/

dgug dang btang dang bcing dang dgrol/
gso dang bsad dang 'pham dang rgyal/
ting 'dzin 'di yis byed par 'gyur/

第五品：幻網成就三昧

復次，自種字輪莊嚴雲，幻化四射，不問自說如是偈：

無有根本之心性
即是萬法之根本
心性即為種字性
種字即是如意雲

幻網壇城中顯現
幻化壇城四十二
現證十方與四時
一切壇城皆圓滿

化為甘露噴湧出
消除疾病四百四
現為成熟除邪有
諸法變現悉圓成

虛空化作金剛堅
火燒火亦自燒化
復化為水水瀑流
世間由是成烏有
諸法成空將毀墮

或召或驅縛或解
或撫或殺降或勝
於三昧中悉成就

de nyid ye shes rang snang ba'i/
ming tshig gzugs sogs yid bzhin gyis/
mun la snang byung ji bzhin du/
'gyur ba gser 'gyur sman gyi tshul/

ston pa mchod brtson rtogs pa gsal/
dam tshig sngags dang phyag rgya rnams/
ma nyams shes shing yo byad ldan/
'grub 'gyur mi ldan don med brlag/

dus gsum rgyal bas thugs chud pa'i/
dngos grub mchog gi snying po ni/
zad pa'i dus med yid bzhin mdzod/
'phel 'grib med par 'byung ba ste/
dngos po med las dngos po'i sprin/
sna tshogs rnam par 'byung zhing 'gyur/

dngos rnams nyid na dngos med par/
rtogs pa'i dbang bsgyur ting 'dzin yin/
gang gis dmigs med mi shes pa/
de yis chos kyi dbyings mi shes/
de phyir dngos dang dngos med pa/
'jig pas dmigs med shes par gyis/

即彼本智自顯現
名句色等皆如意
猶如黑暗變光明
如點金藥如靈丹

勤供師尊明證悟
持戒念咒識手印
具足資具即成就
否則唐捐失殆盡

三世諸佛所現證
即此殊勝成就藏
實為無盡如意藏
不增不減現生起
由無性現有性雲
顯現變化種種相

種種有法實無性
自在悟之即等持
凡彼不識無所緣
自然亦不識法界
是故要識無所緣
當破有性及無性

gzhi rtsa med pa'i sems nyid ni/
pho mo ma yin ma ning min/
mtshan med ma yin rigs rgyud min/
kha dog ma yin dbyibs ma yin/
gnas su ma yin gang yang min/
de bzhin nyid dbyings ye shes te/
thabs kyi phyag rgya kun gyi rgyu/

thabs las thabs byung thabs bsam yas/
tha dad min las tha dad pa'i/
nang dang nang gi phyi rol gyi/
dkyil 'khor bsam yas ye shes rol/
'jigs med kun bzang phyag rgya'i mchog/

gang gis glang chen myos 'dra 'i sems/
mnyam par bzhags pas btul nas su/
sngags dang phyag rgya rab brtan na/
dngos grub ya mtshan chen por 'gyur/

zhes brjod pas/ de bzhin gshegs pa nyid gzigs mos mnyes par gyur to/ gsang ba'i snying po de kho na nyid nges pa las sgyu 'phrul [drwa ba] bsgrub pa'i ting nge 'dzin gyi le'u ste lnga pa'o//

無有根本之心性
非陰非陽非黃門
非無相亦非種姓
既非顯色亦無形
無住亦非一切法
如是法界之本智
一切方便手印因

方便之中生方便
是真方便難思議
一性中現諸異相
內與內之外壇城
不可思議智遊戲
無畏普賢勝手印

即使彼具醉象心
若依等持作調伏
明咒手印得堅固
終成稀有大悉地

如是說已。如來自己亦因視此境而歡喜。

《秘密藏真實決定》第五品：幻〔網〕成就三昧竟。

de nas de bzhin gshegs pa thams cad kyi rang bzhin gcig dang du ma med pa'i bdag nyid thams cad kyis/ 'jig rten drug gi phyogs bcu thams cad la/ nyid kyi che ba'i dkyil 'khor dbyung bar bzhed nas/ ched du brjod pa 'di brjod do/

ye shes phyogs bzhi dbus brtags te/
dkyil 'khor bsam yas lhun grub ni/
rdzogs chen rtogs pa'i rnal 'byor pas/
kun 'byung dkyil 'khor chen por spyod/

'khor lo rtsibs bzhi mu khyud bcas/
gru chad bzhis brgyan bar khyams dang/
kun tu gru bzhi sgo khyud ldan/
rol mo sna tshogs sprin phung bzhin/
dkyil 'kyor bzhi bcu gnyis kyis brgyan/
seng ge glang chen rta dang khyung/
nam mkha' lding gi khri chen la/
nyi zla padma rin po che/

gdan la rdzogs dang sems dpa'i tshul/
'khor lo rgyal po rgyal mo dang/
gyas nas mthong thos snom pa dang/
myong dang btsun mo'i tshogs su bcas/
gru chad la ni mthong byed dang/
thos byed snom byed myong byed rnams/
btsun mo'i tshogs dang bcas par gnas/

第六品：壇城之幻化

復次，攝一切如來自性之諸〔尊〕體性，無論其為單尊抑為眾尊，皆發願於一切六道之十方，示現其大自壇城，不問自說如是偈：

由彼四邊以及中
思量本智〔而現證〕
自生壇城大圓滿
若瑜伽士能現證
大壇城中證法源

法輪四輞具周邊
四角莊嚴內有廊
四四方方帶月牆
種種遊戲若雲朵
莊嚴壇城四十二
象座馬座獅子座
尚有大鵬金翅鳥
座墊日月蓮花寶

諸王王后聚會輪
佛姿勇識姿而坐
由右順輪而坐者
見聞氣味等諸王
諸王后等各為侶
於彼四隅分坐者
眼耳鼻舌等諸王
亦與王后各為伴

bar khyams la ni thub drug dang/
mdun dang rgyab tu byed pa dang/
bya ba dag ni gnas par bstan/
sgo khyud bzhi la 'joms pa ni/
btsun mo'i tshogs dang ldan par gnas/

rdo rje 'khor lo rin po che/
padma ral gri dril bu 'bar/
ut pal klu shing la sogs mtshan/
mdzes tshul mnyes pa'i yo byad 'dzin/

mthing kha dkar po ser le brgan/
ljang khu la sogs sna tshogs pa'i/
mnyen lcug 'khril ldem gzhon tshul can/
gsal 'tsher lhun sdug gzi byin ldan/

'od zer 'phro ba'i tshogs chen po/
'bar ba'i phreng bas 'khyil ba ste/
mtha' dbus med par khyab pa yi/
dkyil 'khor bsam yas lhun gyis sgrub/

sku yi phyag rgya che mchog ni/
de bzhin dbyings las ma gyos kyang/
yang dag thar pa'i gzugs sku dang/
'gro ba ma lus gdul ba'i phyir/
mthun byas sku ni sna tshogs ston/

中庭現為六道王
前後雙尊能與所
四門則住降敵尊
與諸王后各相配

金剛劍輪與寶石
蓮花寶劍火鈴鐺
夜蓮金樹諸手印
歡喜諸具美妙持

身色藍白金猩紅
綠色以及諸間色
柔軟嬌嬈青春相
明亮高大神采揚

光輝四射大聚合
熾燃光鬘繞周邊
無有中邊皆遍滿
壇城無邊自然成

身之最勝大手印
真如界內不動搖
示現正解之色身
隨類教化眾生故
妙現種種隨順身

ston nyid sgyu ma mig yor tshul/
tshul nyid dbyings las gyos pa med/
ma gyos bzhin du sna tshogs pa'i/
de tshe mi mthun sna tshogs la/
so so 'dra bar snang ba ni/
de bzhin nyid las ma bcos kyang/
las 'phrol 'i dbang gis so sor snang/
dper na me long chu zla bzhin/

de tshe 'gro drug thams cad la/
sdig spong gzugs su rnam par bstan/
nyan thos rnams la dgra bcom gzugs/
rang rgyal rnams la bse ru'i tshul/
gzhan yang theg mchog rim pa bzhin/

'og min bla med gnas mchog tu/
sku ni rnam par snang mdzad tshul/
byang chub sems pa'i 'khor rnams la/
de bzhin gsung mchog mi smra te/
sku yis chos rnams mjal bar ston/

me long bstan pa'i tshul bzhin du/
dngos kyi mdog ngan thams cad sel/
'khor gyis de bzhin sku bltas na/
byang chub sgrib pa gting dpag med/
me long bzhin du sku la snang/
de nas sa bcu rim gyis 'byang/
bla med byang chub yang dag 'thob/

師顯幻化光影相
二相不離真如界
真性不離相萬變
此生示現種種身
各似六趣不同類
此雖非是真性造
因緣和合故明現
譬如鏡花與水月

今生於彼六道眾
示現捨離苦難相
於彼沙彌羅漢相
於彼獨覺麟角相
復如勝乘諸次第

無上色究竟天中
佛身大日如來住
對彼菩薩眾眷屬
不說如是最勝語
以身示現隨機法

就如直面對鏡子
明現壞色全可消
後學如是觀佛身
無量甚深成佛障
現於佛身如鏡影
隨後十地次第淨
得證無上正等覺

chos sku dpag med brjod du med/
longs sku zad med yid bzhin gter/
sprul pa bye ba bsam mi khyab/

mtshan dang dpe byad thams cad rdzogs/
spyod yul kun tu maṇḍala/
tshogs chen gnyis kyang rdzogs par rol/
thabs dang shes rab sa yi mchog/
de la sogs pa bsam yas mchog/

skye shi med pa'i gyung drung sku/
nyon mongs kun gyi zhing du gnas/
zad mi shes pa'i gter du 'gyur/
rdo rje rig pa 'dzin pa'i sku/
thams cad dbyer med mnyam pa'i sku/
thams cad mkhyen pa'i ye shes sku/
de tshe sku lnga kun kyang rdzogs/

zhes brjod pas/ 'jig rten drug gi ghyogs bcu mtha' yas mu med pa thams cad du dkyil 'khor brjod kyis mi lang ba/ zhing girdul snyed du gsal bar gyur to/

de nas de bzhin gshegs pa btsun mo'i tshogs dang gnyis su med pa'i dkyil 'khor de dag nyid kyi gsang ba 'di nyid sku gsung thugs yon tan 'phrin las rdo rje las phyung ngo/

法身無量難言思
報身無盡如意寶
化身千萬難思議

諸相形好皆圓滿
壇城遍現認知處
圓滿莊嚴二資糧
方便智慧最勝地
如是種種勝無邊

無有生死有樂身[1]
一住於諸煩惱地
一變無盡智慧藏
持智不動金剛身
一切無別平等身
聖識一切本智身
此際五身都圓滿

如是說已。此不可言說之壇城於一切無邊無際六世間十方，於一切有塵之土地變為光淨。即此如來及王后聚不二如是壇城之秘密，即於金剛身、語、意、功德、事業而生。

1 編註：原文為卍字佛身，卍原意為“有樂”，故譯為“有樂身”。

a ho/

dmigs bya dmigs byed mi dmigs dpag med bsam mi khyab/ye shes rang rig dkyil 'khor sna tshogs brjod mi lang/mnyam dang mi mnyam kun khyab khyab med khyab pa'i dbyings/

ye nas kun gsal dkyil 'khor rnam 'phro spros pa med/
ho/

zhes rdo rje gsang ba'i tshig tu'o/ gsang ba'i snying po de kho na nyid nges pa las dkyil 'khor spros pa'i le'u ste drug pa'o//

a ho!

無有能緣之緣、無有所緣之緣、此實難以思量，不可思議；本智或本覺壇城具諸神變而不可言說；遍平等與分別皆無有邪二取；此周遍界，此壇城，本來遍光明，離戲而神變。（上來長行，原為偈頌）

如是金剛秘密語。

《秘密藏真實決定》第六品：幻化壇城竟

de nas de bzhin gshegs pa btsun mo'i tshogs dang bcas pa thams cad kyi sku dang gsung dang thugs rdo rje las 'di dag phyung ngo/

bhruṃ viśvaviśuddhe/
hūṃ vajradhṛk/
oṃ jinajik/
svā ratnadhṛk/
āṃ ārolik/
hā prajñādhṛk/
mūṃ dhātvīśvarī/
lāṃ dveṣarati/
māṃ moharati/
pāṃ rāgarati/
tāṃ vajrarati/
kṣiṃ hi rājāya/
trāṃ ā garbhayaḥ
hrīḥ ha hūṃ padmābhatamaḥ
jiṃ kurupāṇa hrīḥ
hūṃ lāsye samayas tvaṃ/
trāṃ mālye samaya hoḥ
hrīḥ gīti rāgo/haṃ/
āḥ nṛti rāgayāmi/
mai dhāraṇī svāhā/
thlīṃ nisarambhāya svāhā/
hūṃ sarājāya svāhā/
mūṃ śrī āṃ rāgāya svāhā/
jaḥ dhūpe praveśā/
hūṃ puṣpe aveśā/

第七品：壇城攝入與密咒

復次，如是密咒出自由王后聚相伴之一切如來金剛不壞之身、語、意。

bhruṃ viśvaviśuddhe
hūṃ vajradhṛk
oṃ jinajik
svā ratnadhṛk
āṃ ārolik
hā prajñādhṛk
mūṃ dhātvīśvarī
lāṃ dveṣarati
māṃ moharati
pāṃ rāgarati
tāṃ vajrarati
kṣiṃ hi rājāya
trāṃ ā garbhayaḥ
hrīḥ ha hūṃ padmābhatamaḥ
jiṃ kurupāṇa hrīḥ
hūṃ lāsye samayas tvaṃ
trāṃ mālye samaya hoḥ
hrīḥ gīti rāgo/haṃ
āḥ nṛti rāgayāmi
mai dhāraṇī svāhā
thlīṃ nisarambhāya svāhā
hūṃ sarājāya svāhā
mūṃ śrī āṃ rāgāya svāhā
jaḥ dhūpe praveśā
hūṃ puṣpe aveśā

vaṃ dīpasukhinī/
hoḥ gandhe citta hoḥ/
hūṃ yamāntakṛt phaṭ/
hūṃ vighnāntakṛt phaṭ/
hūṃ padmāntakṛt phaṭ/
hūṃ prajñāntakṛt phaṭ/
oṃ mahāvajradharo mahākrodhīśvarī jvālinī hūṃ phaṭ/
oṃ mahāratnadharo mahākrodhīśvarī jvālinī hūṃ phaṭ/
oṃ mahāpadmadharo mahākrodhīśvarī jvālinī hūṃ phaṭ/
oṃ mahākarmadharo mahākrodhīśvarī jvālinī hūṃ phaṭ/
hūṃ hūṃ hūṃ vajra citta oṃ/
a a a vajrī bhadrasamantā aḥ/
oṃ mune kriṃ svāhā/
oṃ mune hūṃ truṃ svāhā/
oṃ mune sruṃ svāhā/
oṃ mune praṃ svāhā/
oṃ mune kṣaṃ svāhā/
oṃ mune ye svāhā/
oṃ ehyehi bhagavān mahākaruṇika dṛśya hoḥ samayas
tvaṃ/
jaḥ hūṃ vaṃ hoḥ/
oṃ āḥ hūṃ svāhā/
va va va va va/
jra jra jra jra jra/
sa sa sa sa sa/
ma ma ma ma ma/
ya ya ya ya ya/
oṃ āḥ hūṃ svāhā/

vaṃ dīpasukhinī

hoḥ gandhe citta hoḥ

hūṃ yamāntakṛt phaṭ

hūṃ vighnāntakṛt phaṭ

hūṃ padmāntakṛt phaṭ

hūṃ prajñāntakṛt phaṭ

oṃ mahāvajradharo mahākrodhīśvarī jvālinī hūṃ phaṭ

oṃ mahāratnadharo mahākrodhīśvarī jvālinī hūṃ phaṭ

oṃ mahāpadmadharo mahākrodhīśvarī jvālinī hūṃ phaṭ

oṃ mahākarmadharo mahākrodhīśvarī jvālinī hūṃ phaṭ

hūṃ hūṃ hūṃ vajra citta oṃ

a a a vajrī bhadrasamantā aḥ

oṃ mune kriṃ svāhā

oṃ mune hūṃ truṃ svāhā

oṃ mune sruṃ svāhā

oṃ mune praṃ svāhā

oṃ mune kṣaṃ svāhā

oṃ mune ye svāhā

oṃ ehyehi bhagavān mahākaruṇika dṛśya hoḥ samayas tvaṃ

jaḥ hūṃ vaṃ hoḥ

oṃ āḥ hūṃ svāhā

va va va va va

jra jra jra jra jra

sa sa sa sa sa

ma ma ma ma ma

ya ya ya ya ya

oṃ āḥ hūṃ svāhā

oṃ ye shes rgyal po sku gsung thugs/
yon tan 'phrin las rmad po che/
de nyid du ni mnyam sbyor bas/
phyag rgya chen po bdag sbyor cig/

oṃ vajra samaya hūṃ/
oṃ vajra samayas tvaṃ/
oṃ vajra samaya hoḥ/
jaḥ hūṃ vaṃ hoḥ/

zhes brjod pas/ gsung gi dkyil 'khor 'di dag gis/ 'jig rten drug gi phyogs bcu thams cad du khyab par grags so/ rab tu grags so/ kun tu grags so/

de nas bcom ldan 'das byed pa po rdo rje dang/ bya ba mo rdo rje gnyis su med pa'i dkyil 'khor la thim par mdzad do/

de nas phyogs bcu dus bzhi'i de bzhin gshegs pa thams cad kyi bdag nyid chen pos bdag nyid chen po'i ye shes dang byin bsdu ba zhes bya ba 'di sku dang gsung dang thugs rdo rje sgyu 'phrul dra ba las phyung ngo/

根本智王身語意
功德事業大稀有
願我能得大手印
平等加行成雙運

oṃ vajra samaya hūṃ
oṃ vajra samayas tvaṃ
oṃ vajra samaya hoḥ
jaḥ hūṃ vaṃ hoḥ

說如是密咒。如是等語之壇城，為所有六界十方共許。其甚為共許，唯一共許。

復次，出有壞融入金剛能作父與金剛所作母無二之壇城中。

復次，十方四時諸如來之大本體，由幻化網顯現；諸佛身語意金剛，此〔密咒〕說為能攝大本體本智。

oṃ mahāśūnyatājñāna vajrasvabhāvātmako/haṃ/
oṃ mahādarśajñāna vajrasvabhāvātmako/haṃ/
oṃ mahāpratyavekṣanajñāna vajrasvabhāvātmako/haṃ/
oṃ mahāsamatājñāna vajrasvabhāvātmako/haṃ/
oṃ mahākṛtyupasthānajñāna vajrasvabhāvātmako/haṃ/
oṃ sarvatathāgata mahākāya vajrasvabhāvātmako/haṃ/
oṃ sarvatathāgata mahāvāg vajrasvabhāvātmako/haṃ/
oṃ sarvatathāgata mahācitta vajrasvabhāvātmako/haṃ/
oṃ sarvatathāgata mahānurāgaṇa vajrasvabhāvātmako/ haṃ/
oṃ sarvatathāgata mahāpūja vajrasvabhāvātmako/haṃ/

zhes brjod pas/ thim par gyur gsal bar gyur 'bar bar gyur to/

e ma ho
ngo mtshar rmad kyi chos/
rdzogs pa'i sangs rgyas kun gyi gsung/
sgra dang ming tshig kun las 'das/
sna tshogs sgra rnams gsal bar 'byung/

gsung gcig dkyil 'khor yan lag ni/
bsam gyis mi khyab kun tu khyab/
sgra dang ming tshig so sor grags/
thams cad gsung gi phyag rgya'i mchog/

oṃ mahāśūnyatājñāna vajrasvabhāvātmako/haṃ
oṃ mahādarśajñāna vajrasvabhāvātmako/haṃ
oṃ mahāpratyavekṣanajñāna vajrasvabhāvātmako/haṃ
oṃ mahāsamatājñāna vajrasvabhāvātmako/haṃ
oṃ mahākṛtyupasthānajñāna vajrasvabhāvātmako/haṃ
oṃ sarvatathāgata mahākāya vajrasvabhāvātmako/haṃ
oṃ sarvatathāgata mahāvāg vajrasvabhāvātmako/haṃ
oṃ sarvatathāgata mahācitta vajrasvabhāvātmako/haṃ
oṃ sarvatathāgata mahānurāgaṇa vajrasvabhāvātmako/haṃ
oṃ sarvatathāgata mahāpūja vajrasvabhāvātmako/haṃ

於如是密咒中，隱沒、放光、熾燃。

e ma ho
如是奇妙稀有法
諸圓覺者之佛語
超越名句一切音
卻明現為種種聲

佛語壇城眾支分
不可思議且周遍
知為名句種種聲
是皆無上語手印

rgyud mchog sgyu 'phrul drab a las/
bde ldan gsung gi don 'byung ba'ang/
thams cad padma'i ngang gyur na/
grol thar lam dang 'khor ba'i sgra/
ji skad brjod kyang gsung mchog ste/

theg pa mtho dman thams cad dang/
log 'gro ma lus thams cad skad/
byang chub rdo rje'i gsung du bsdus/

bsdus nyid phyogs bcur rnam jpar grags/
sgra nyid ma chags ngang du gsungs/
gsungs pa nyid na brjod du med/
brjod med de nyid sna tshogs sgra/
kun la grags shing so sor mjal/

dper na de bzhin sbrid sangs bzhin/
gsung gcig sgra yis so sor go/
de ni gsung mchog rgyal po yin/

續中至尊幻化網
現佛語義且具樂
一切變作蓮花性
無論輪迴聲云何
解脱道即勝佛語

一切勝劣大小乘
一切無餘邪命聲
悉皆攝入佛語中
即攝菩提金剛性

此攝十方甚共許
無生性中聲自闡
於說出時卻不知
此不知者涵異聲
雖共許而評量異

即就一音而說者
實義每多異理解
譬如説曰除痲木
此即無上佛語王

theg pa mtho dman bsam yas kyang/
de bzhin nyid las ma gsungs te/
gdul bya'i thabs su so sor thos/
ji ltar gsung rab kun brjod kyang/
de bzhin nyid kyis gsungs pa med/

yi ge med dang rig pa'i gsung/
ljags kyi rtse mor ma phyung yang/
thugs rje gsung gi byin rlabs kyis/
'gro don sna tshogs so sor gsal/
gsal nyid gsung gi rdo rje'i mchog/

de bzhin gsung gi 'gro don rnams/
de bzhin ngang las ma gyos kyang/
dper na brag ca'i sgra bzhin no/

gsang ba'i snying po de kho na nyid nges pa las dkyil 'khor badus ba dang gsang sngags kyi le'u ste bdun pa'o//

勝劣諸乘雖無量
所言不離於真如
調伏化機方便道
各各與聞不相同
所說各據自所聞
若依真如則無說

未立文字智佛語
皆未曾從佛舌出
然為利益諸有情
故由慈悲語加持
各各闡明種種義
如是所明真實義
即是最勝語金剛

佛語義為真實性
利有情亦未偏離
此可以例而作喻
猶如回音之聲響

《秘密藏真實決定》第七品：壇城攝入與密咒說竟。

de nas de bzhin gshegs pa thams cad kyis/ yan lag thams cad dkyil 'khor du lhun gyis grub par byin gyis rlob pa zhes bye ba 'di ched du brjod do/

sgyu 'phrul dra bas mngon rdzoga pa/
thams cad byang chub mchog gi rgya/
gsang ba de nyid nges pa yi/
snying po'i phyag rgya 'da dka'o/

mi bskyod nyi ma'i dkyil yi ge/
rin chen zla ba'i dkyil yi ge/
lnga gnyis zung du sprad pa las/
sbyar bas phyag rgya 'byung pa'i rgyu/

oṃ dang mūṃ gnyia rtse sbyar te/
'bru brgyad banol nas rtse sprad pa/
rgyal ba kun dang mnyam sbyor ba'i/
bde ba chen po sbyin pa'i rgya/

'bru bzhi sbas nas thugs kar bkan/
hūṃ bsgreng rtse mor rdo rje 'bar/
zla brtul 'bru sbas dril gsil zhing/
'khril ba'i tshul gyis chos la brten/

第八品：一切支分壇城加持幻化手印

復次，一切如來不問自說，於一切支分壇城說名稱任運成就加持偈如是：

究竟圓滿幻化網
一切最勝菩提印
秘密真如決定藏
彼之手印難離越

不動金剛日輪字
寶生如來月輪字
五五成對兩相合
即是生成手印因

oṃ mūṃ 兩字頂相合
餘八種字相聯合
諸佛如是作等持
是為生出大樂因

四字隱連於父心
hūṃ 字指尖上升起
現出炎炎火金剛
隱連四字依月輪
且有金剛鈴作響
相抱依止於真如

'bru bzhi sbas nas thugs kar bkan/
mūṃ bsgreng rtse mor dril gsil 'bar/
nyi ma 'bru lnga las su 'khril/
btud de 'dsum pa'i mdangs kyis blta/

'bru bzhi sbas nas thugs kar bkan/
oṃ bsgreng rtse mor 'khor lo 'bar/
zla brtul 'bru sbas dril gsil zhing/
'khril ba'i tshul gyis chos la brten/

'bru bzhi sbas nas thugs kar bkan/
lāṃ bsgreng rtse mor dril gsil 'bar/
nyi ma 'bru lnga las su 'khril/
btud de 'dzum pa'i mdangs kyis blta/

'bru bzhi sbas nas thugs kar bkan/
svā bsgreng rtse mor rin cen 'bar/
zla brtul 'bru sbas dril gsil zhing/
'khril ba'i tshul gyis chos la brten/

四字隱連於母心
mūṃ 字指尖上升起
金剛鈴響火炎炎
日輪五字抱羯磨
母躬身察笑開顏

四字隱連於父心
oṃ 字指尖上升起
現出尖尖火法輪
隱連四字依月輪
且有金剛鈴作響
相抱依止於真如

四字隱連於母心
lāṃ 字指尖向上升
金剛鈴響火尖尖
日輪五字抱羯磨
母躬身察笑開顏

四字隱連於父心
svā 字指尖上升起
現出炎炎熾燃寶
隱連四字依月輪
且有金剛鈴作響
相抱依止於真如

’bru bzhi sbas nas thugs kar bkan/
māṃ bsgreng rtse mor dril gsil ’bar/
nyi ma ’bru lnga las su ’khril/
btud de ’dzum pa’i mdangs kyis blta/

’bru bzhi sbas nas thugs kar bkan/
āṃ bsgreng rste mor padma ’bar/
zla brtul ’bru sbas dril gsil zhing/
’khril ba’i tshul gyis chos la brten/

’bru bzhi sbas nas thugs kar bkan/
pāṃ bsgreng rtse mor dril gsil ’bar/
nyi ma ’bru lnga las su ’khril/
btud de ’dzum pa’i mdangs kyis blta/

’bru bzhi sbas nas thugs kar bkan/
hā bsgreng rtse mor ral gri ’bar/
zla brtul ’bru sbas dril gsil zhing/
’khril ba’i tshul gyis chos la brten/

四字隱連於母心
māṃ 字指尖向上升
金剛鈴響火炎炎
日輪五字抱羯磨
母躬身察笑開顏

四字隱連於父心
āṃ 字指尖上升起
現出炎炎火蓮花
隱連四字依月輪
且有金剛鈴作響
相抱依止於真如

四字隱連於母心
pāṃ 字指尖向上升
金剛鈴響火炎炎
日輪五字抱羯磨
母躬身察笑開顏

四字隱連於父心
hā 字指尖上升起
現出熾燃火寶劍
隱連四字依月輪
且有金剛鈴作響
相抱依止於真如

'bru bzhi sbas nas thugs kar bkan/
tāṃ bsgreng rtse mor dril gsil 'bar/
nyi ma 'bru lnga las su 'khirl/
btud de 'dzum pa'i mdangs kyis blta/

ut pal klu shing la sogs mtshan/ rin chen myu gu rai gri 'bar/ padma dkar po rdo rje 'bar/ chos kyi 'khor lo rin cen snye/ gzugs mdzes rin cen phreng ba dang/ pi vang gar mkhan mchog nyid de/ me tog 'phreng dang spos mchod ma/ mar me byug pa la sogs pa'i/ las la 'khril zhing chos la brten/ dbu rnams 'byo zhing 'dud pa'i tshul/ gong gi phyag rgya chen po bzhin/ gnyis med dbyings kyi ngang du 'khril/

sgo bzhi'i khro bo'i phyag rgya ni/ nṛ mgo gdengs dang rdo rje gnon/ thod sbrul chen po gnon pa dang/ rdo rje rgya gram las kyis gnon/ lcags kyu zhags pa spho ṭa ho/ sgo bzhir gnas pa de dag kyang/ 'dud tshul 'khril ba gong ma bzhin/

thub drug phyag rgya sna tshogs te/ mdor bsdus phyag rgya drug yin no/ yum ni dmigs med chos kyi dbyings/ kun bzang mnyam bzhag ye shes 'phro/ yum 'gyur mnyam rdzogs padma'i dkyil/ gzhan yang phyag rgya sna tshogs te/ yang na de bzhin gshegs nyid dam/ yang na rdo rje thal mo nyid/

四字隱連於母心
tāṃ 字指尖向上升
金剛鈴響火炎炎
日輪五字抱羯磨
母躬身察笑開顏

復有諸多印相，若持青蓮花、金色樹、寶芽、火劍、白蓮花、火金剛杵、法輪、寶穗、美色（器）、寶鬘、琵琶、最妙舞姿、花鬘、供香、供燈、香油等等。菩薩女擁抱羯磨，菩薩男依止法真如，其頭下垂如鞠躬，如前述之大手印，相擁於無二空性界。

四門各有忿怒本尊之手印，揮動顱捧；降魔金剛杵；降魔盤蛇顱器；降伏事業十字杵等。復有鐵鉤、鐵索、鐵鎖及金剛鈴等，亦住於四門。諸尊躬身擁抱如前述。

六能仁有種種不同手印，總言之為六手印。其印母即為無所緣法界。普賢佛等持，放射本智。其佛母平等圓滿，坐蓮花座。復次，尚有其他種種手印，或為諸如來之手印，或為金剛掌之手印。

phyag rgya chen po'i tshogs mchog ni/ thabs dang shes rab ldan 'byor na/ ma bskyod ma bsgul thams cad kun/ phyag rgya chen po'i ngang du gnas/ yan lag bzhi bcu rtsa gnyis ldan/ de nyid yan lag spros bdag ste/ bzhi bcu rtsa gynis gsum 'phror 'gyur/ de ltar ldan pa'i gtso mchog gis/ rgyal ba rgyal mchog de bzhin du/ bcu gnyis drug gi 'od 'phro 'bar/

大手印之最勝資糧，則為方便與智慧雙運。不動不搖，一切法皆完整住於大手印本性中。中央本尊之支分則以四十二本尊為莊嚴，後者自身又化現支分，故四十二本尊又分別變化為三倍。如是莊嚴之最勝中央本尊，諸勝者及最勝者亦如是具足，是為十二與六[2]，放光而住。如是等壇城不可思議。

2 編註：十二指十二尊菩薩父母，亦即六菩薩雙尊；六指六能仁。

de la sogs te bsam mi khyab/ phyogs bcu dus bzhi bsam yas su/ 'dul ba'i don rnams so sor ston/ theg pa mtho dman thams cad dang/ phyin ci log rnams bsam yas dang/ zhi khro'i tshogs chen thams cad la/ so sor mthun byas kun tu snang/ dper na gar mkhan nyid 'dra ba/ lus las ma bkod sna tshogs ston/ mdor na phyag rgya thams cad ni/ 'di zhes gcig ces brjod du med/ gnyis dang gsum du rnam par 'phro/ bskyod dang spro ba'ang de bzhin nyid/ mdor na bsgul bskyod thams cad kun/ phyag rgya chen po'i ngang du gnas/ gnas nyid mi gnas gnas pa'ang min/

de skad dag mchog nyid kyis bshad/

gsang ba'i snying po de kho na nyid nges pa las yan lag thams cad dkyil 'khor du byin gyis brlabs nas phyag rgya spros pa'i le'u ste brgyad pa'o//

於不可思議之十方四時，調伏義各各示現。一切勝劣諸乘、無量有情及其顛倒、一切寂忿本尊之大會，各各隨願而出，處處示現。譬如翩翩起舞者，雖示現種種舞姿，然實不能離其智身而描述。簡言之，一切手印與標幟，不能說為「此」或「唯此」，以其實能衍化為二為三。舞姿與衍化即是實性。復簡言之，一切舞姿與動態，實完全住於大手印中，唯其住如不住，是故無住。（上來長行，原為偈頌）

最淨勝者自說如是畢。

《秘密藏真實決定》第八品：一切支分得加持為壇城且次第幻化手印竟。

de nas de bzhin gshegs pa dgyes pa chen pos/ rdo rje gsang ba'i dam tshig bkod pa la snyoms par zhugs nas/ ched du brjod pa 'di brjod do/

shin tu phra ba'i dam tshig mchog/
phyag rgya chen po'i phyag mthil du/
thugs kyi dkyil 'khor dma pa ste/
sor ni bzhi yi tshad du bya/

'bru lnga spos lnga rin cen lnga/
snying po lnga dang sman lnga dang/
bdud rtsi lnga nyid rab bsnyams la/
rig pas thig ni gdab par bya/

lte ba rtsibs dang ldan pa yi/
rtsibs bzhi 'khor lo mu khyud bcas/
gru chad bzhi dang gru bzhi yi/
bar khyams sgo khyud ldan par bya/

sen zlum tsam gyi nyi zla la/
tsa na'i 'bru tsam padma'i gdan/
yungs 'bru tsam gyi yi ge las/
phyag rgya til 'bru tsam du bri/

第九品：金剛莊嚴秘密三昧耶

復次如來，大樂者於金剛秘密三昧耶莊嚴中入定，不問自說偈如是：

於大手印之掌中
最勝微妙三昧耶
即佛意真實壇城
大小當是四指寬

五谷五香五寶石
五精五藥五甘露
莊嚴壇城甚平整
界線當由智劃定

四輻網輪具周邊
嵌於中軸光明線
四角圍成四方院
尚有迴廊及邊門

日月輪如指甲大
蓮花座若雞豆籽
其上種字如芥籽
畫出手印似芝麻

bcos bu'i ras ni sna tshogs dang/
brgyan 'phreng btung dang bro bas bskor/
glu tshig bro gar rol mo yi/
sprin phung tshogs kyis rab tu mchod/
yum dang sgo ma sems ma yis/
ji ltar 'dod pa'i las bzhin mchod/

dbyibs dang kha dog mtshan ldan bar/
zhal du gyur pa'i me bos la/
bza' btung bro ba'i tshogs rnams kyis/
las bzhi'i mchod pa rab tu sbyin/

khro bo'i dkyil 'khor de bzhin te/
shin tu phra la sbyangs pa yis/
bsam yas dag la'ang de bzhin bya/
rig pas dpag pa tsam du'o/

mchod pa'i phyag rgya chen po ni/
sems kyi yid bzhin sprin tshogs kyis/
phyogs bcu thams cad sangs rgyas zhing/
mnyen 'jam reg na bde ba yi/
sna tshogs rin po che yi gzhi/
mdzes par bris shing spras pa dang/
kun 'byung rin cen phung por 'bar/

種種布帛相圍繞
莊嚴花鬘緊相接
佳釀珍饈亦陳列
載歌載舞齊奏樂
如雲資具上上供
佛母門母勇識女
供養四業如其願

形與顯色具性相
火變嘴舌召入爐
美味佳釀眾資具
四業供養上上獻

忿怒尊壇亦如是
嫻熟微細等持者
行持實亦當如是
壇城無量難思議
唯智可以作為量

供養壇城大手印
涵蓋十方諸佛土
及其資具如意雲
雜寶莊嚴之地基
柔順平軟觸即喜
美倫美奐盛莊嚴
本初諸寶光雲聚

dbyibs legs rdzing bu bro mchog bsil/
rin cen khang pa sna tshogs dang/
rgyan dang dpag bsam ljon pa'i tshul/
glu dbyangs tshigs su bcad pa'i sgra/
bla re rgyal mtshan na bza' gdugs/
do shal dpung rgyan se mo do/
bza' dang btung ba'i mchog rnams dang/
rang la mdzes par brgyan pa yi/
lha dang lha mo rdul snyed kyis/
bro gar la sogs bsam yas kyis/
phyogs bcu nam mkha'i khams bkang nas/
dkyil 'khor kun la rgyas par dbul/

skal ldan gsal ba'i khyad par gyis/
rim gyis yang na cig car du/
chos kyi dbyings dang mnyam sbyor zhing/
mchod pa'i phyag rgya chen por bsgom/

gsal ldan ma'am byin rlabs la/
stong gsum yungs 'bru gzhug tshul du/
dbyings nas dkyil 'khor spyan drangs mchod/
mnyes nas grub pa'i dam tshig mchog/

具形味好清涼池
形形色色寶石殿
嚴飾如意寶樹林
妙韻歌聲偈誦音
華蓋勝幢衣與傘
瓔珞臂飾雙股鏈
種種珍饈與佳釀
男尊女尊如塵數
自作嚴飾美絕倫
充滿十方虛空內
載歌載舞難思議
廣事供養諸壇城

諸具緣者依差別
頓漸平等法界中
大手印上作等持
依此而行供養事

業印光明作獻供
三千大千入芥子
迎諸法界壇城後
且已成就無上誓
一旦彼已生歡喜
業印於是作供養

bdag nyid chen po mchod pa yis/
sangs rgyas dkyil 'khor ma lus mnyes/
srid gsum 'gro ba thams cad la/
dga' ba chen pos khyab par 'gyur/

sgyu 'phrul dra ba brtan pa yis/
phyogs bcu dus bzhir gshegs pa yi/
sangs rgyas dkyil 'khor ma lus dang/
khams gsum 'gro rnams mngon du 'gyur/

lus ngag sems dang chos thams cad/
gang la'ang mi gnas mi dmigs te/
mig yor tshul du sbyor ba yis/
nam mkha' la ni nam mkha' bsgom/

kun byas dbang phyug rig pas 'jug/
de nas slob ma gzhug par bya/

de nas rigs kyi bu mchog des/
rgyal srid dang ni rang gi lus/
bu dang chung ma nor gyi dbyig/
rab tu gces dang yid 'thad dbul/

由大體性之供養
諸佛壇城盡歡喜
三界一切有情眾
亦皆充滿無上喜

堅固安穩幻化網
十方四時中顯現
諸佛壇城皆喜樂
現前三界有情眾

身語意及一切法
既無住亦無所緣
猶如光影互相連
虛空之中修虛空

於此諸事行畢後
具力主者持智入
弟子隨後被領入

佛種姓之善男子
國土連同彼自身
妻室子女及財富
雖親雖愛獻作供

dbang phyug longs spyod lngas mchod na/
dkyil 'khor thams cad mchod pa yin/
nye ba'i dkyil 'khor smos ci dgos/
nyes pa thams cad dag par 'gyur/

dad brtson brtul zhugs rab rtogs na/
phan pa'i dbang sbyin nus pa'i dbang/
rim pa bzhin du sbyin par bya/
snying rjes chud ma zos par gzung/

yang na thal mo rab bsnol nas/
phyag rgya chen po'i phang du ni/
dkyil 'khor mdzub gang tshad du yang/
mkhas pas cho ga ji bzhin bya/

yang na sa gzhi rab mnyam la/
dkyil 'khor khru gang tshad du bya/
yang na lus gang tshad du ste/
yang na lus ni gsum gyi tshad/
phur bu srad bu tshon phye dang/
gos rgyan mdzes pa'i yid 'ong grogs/
thig gdab cho ga phun sum tshogs/
mkhas ldan chen pos bsgrims te bya/

五妙欲供供主者
即如普供眾壇城
手壇自更不須說
一切罪障得清淨

信諾忍取諸禁行
既明則賜利益灌
其後諸能力灌頂
亦當次第而賜與
持大悲心受灌頂
如是則當非徒勞

或則雙掌兩相合
於此手印合圍中
壇城大小寬一拃
具學者於此壇中
依儀軌而受灌頂

或有地基甚平坦
壇城大小僅一肘
或為一或三身寬
小橛壇線與色粉
助伴貌美衣莊嚴
彈線儀軌甚圓滿
大士彈線行儀軌

yang na khru ni bcu drug dang/
nyi shu'am nyi shu rtsa lngar bya/
rigs kyi dkyil 'khor lnga rnams bsgom/
sku gsung thugs ldan gzugs kyang dgod/
yang na rgyang grags dpag tshad dam/
nam mkha'i dbyings ni bsam yas par/
sangs rgyas dkyil 'khor sna tshogs bsgom/

ma mthong rmongs la bstan phyir mtshon/
kha dog nyi shu rtsa lnga'am/
lnga yi tshon gyis bri bar bya/
'dul ba'i cho ga bzhin du dgye/

ting 'dzin rol mo mtha' yas mchog/
yi ge'am brda' am snying po'am/
phyag rgya'am sku gsung thugs ldan par/

byin rlabs ya mtshan rmad po che/
'grub 'gyur sangs rgyas kun gyi dam/
sa la sogs las phyag rgyar byas/
rnam grol rim pa thob par 'gyur/
dag pa'i ye shes kyis sbyangs pas/
smos ci dgos te 'di nyid yin/

或十六肘二十肘
以至寬廣廿五肘
五佛部壇城中修
佛身語意安立色
或者可量一由旬
甚至無量虛空界
禪修一切佛壇城

為示愚痴不見者
勾畫壇城用彩色
或以二十五種色
或者僅用五種色
善作描繪遵律儀

定中無上無邊現
種字心咒及手印
或謂佛陀身語意
於壇城中作獻祭

奇妙稀有此成就
即是諸佛三昧耶
若然次第得解脱
手印土製亦無妨
不需説心受淨治
此心即是淨本智

phyogs dus dkyil 'khor bdag nyid che/
mi dmigs thugs kyi dkyil 'khor las/
dkyil 'khor thams cad spyan drang ngo/
rang snang dbyer med dkyil 'khor la/
'jug pa'i mtshan nyid mnyam sbyor bas/
phyogs dus kun nas gshegs pa yi/
bsnyen pa'i dkyil 'khor rab tu rdzogs/
nye bar gyur ba'i dam tahig mchog/
dpag bsam shing dang yid bzhin gyi/
rin po che dang 'byung ba kun/
de dag rdzas yod ma yin te/
rang sems bsod nams brtan pa yin/

ngo mtshar cho 'phrul rmad kyi chos/
gzhan na yod 'ongs ma yin te/
thabs la brtan pa'i shes rab nyid/
de lta bu yi ngang du byung/
shes rab dbyings kyi de bzhin nyid/
thabs kyi phyag rgyar gyur pa'i phyir/
ye shes la ni ye shes rol/
ye shes rol pa nyid kyang gsog/

rgyal ba mngon byung skyob pa dang/
byin rlabs ston pa'ang de bzhin te/
bya byed nus pa'i gzi byin gyis/
sgyu ma rdo rje btsan po'i mchog/

壇城時方大體性
由彼無緣佛意壇
迎來一切壇城聚
復由雙運而融入
入不可分自現壇
壇城儀軌修圓滿
一切時方都出現
是最密者無上誓
如意樹與如意寶
以及一切所生起
彼等皆非是實有
而是自心恒常福

法性微妙而稀奇
非由外有而來現
依止堅穩方便智
如本性中如是現
方便智界真實性
成為方便手印故
於本智中現本智
本智幻化自成聚

勝者現為大依怙
賜與加持如是現
能作所作力威光
幻化金剛王中王

cho ga lnga ni rdzogs byas shing/
yo byad lnga ni rdzogs par ldan/
sngags kyi yan lag lnga rdzogs pas/
ma nyams 'jug la rab brtson na/
zhag ni sum cu phrag drug gam/
bcu gnyis bcu bzhi bcu drug gis /
dbang bsgyur rigs kyi dam pa 'grub/
de tshe bcu drug tshun chad kyis/
sku lnga lhun gyis rdzogs pa ni/

ye shes thig le de nyid la/
ye shes thig le nyid snang ba/
bsam gyis mi khyab mtha' yas mchog/
phyogs bcu dus bzhi mngon rdzogs pa'i/

zhing khams rnam dag bsam yas dang/
rgya dang bral ba'i gzhal yas khang/
'khor lo'i rgyan dang rol mo'i tshogs/
dkyil 'khor ma lus bsam yas kun/
mthong nas nye bar brnyes pa dang/
rgya chen gsung las don 'byung ba'ang/
mthun pa'i ye shes rang snang ba'o/

gcig dang du mar bral ba yi/
mtha' dang dbus med de bzhin nyid/
sangs rgyas kyis kyang mi gzigs te/
rang byung ye shes gnas med snang/

五部儀軌修圓滿
圓滿具足五資具
密咒五支亦圓成
精進修行不退墮
真實成就灌頂智
圓成六或十二月
或十四月十六月
於其一十六生中
自然成就五佛身

本智明點性與相
不可思議實無上
由彼十方與四時
〔本智〕圓滿而化現

佛土清淨難思議
無邊無際越量宮
法輪嚴飾而展現
攝諸壇城無一餘
見之即已得親證
廣大佛語生利益
隨順本智自顯現

真如本無一與異
抑且離邊亦離中
即使佛陀亦不見
自生本智無住現

log par rtog brtags rnam dag cing/
ye shes dbyings las mi gzhan phyir/
thugs rje chen pos 'brel pas na/
'gro drug dus gnas ma lus snang/

bde ba chen po'i dkyil 'khor na/
stangs dbyal gnyis sam yang na lnga/
byas te dad ldan rab zhugs na/
'dod pa yid 'ong mnyam par 'gyur/
skal ba mnyam pa'i ye shes de/
gnyer na nye bar 'byung ba yi/
ya mtshan chen po 'byung bar nges/
dad med nyams na phung bar 'gyur/

zhes ched du brjod do/ gsang ba'i snying po de kho na nyid nges pa las rdo rje bkod pa'i gsang ba'i dam tshig gi le'u ste dgu pa'o//

諸邪分別得清淨
本智不離於法界
若與大悲相結合
周遍時方六道現

大樂壇城具信者
入於五部雙尊處
由是願欲得平等
本智即與福同份
若經陶冶能親近
稀有成就定能證
唯不信者則失之

如是說偈畢。

《秘密藏真實決定》第九品：金剛莊嚴秘密三昧耶竟。

de nas bcom ldan 'das dgyes pa chen pos rgyal po sbyin pa zhes bya ba'i ting nge 'dzin la snyoms par zhugs nas ched du brjod pa 'di brjod do/

shes rab thabs kyi phyag rgya las/
bde ba'i 'bru tshogs gsal ba'i rgyun/
rdo rje'i lam nas padmar 'khyil/
rtse nas bstim zhing dkyil 'khor bsgyur/

nyan byed 'khor lo'i gzhal yas su/
gsal ba'i thig le ngo bo nyid/
trāṃ gi phyag rgya'i tshogs mchog las/
rin cen dkyil 'khor gsal spro thim/
trāṃ
gsang ba gsang chen gsang mchog gang/
gsang ba kun la mnyan par bya/
gsang ba'i don nyid brtag pa las/
gzhan du smra par bya ba min/

gsal ba'i 'khor lo'i gzhal yas su/
gsal ba'i thig le'i ngo bo nyid/
yi ge 'phreng ba'i tshogs mchog las/
rigs kyi dkyil 'khor gsal spro thim/

第十品：施灌頂

復次，大樂〔如來〕出有壞於稱為布施王之三摩地入定，不問自說偈如是：

由方便智方便印
及由金剛道生起
大樂種子成瀑流
流注蓮花心中央
由頂收攝變壇城

耳輪越量宮明現
明點自性種字trāṃ
由彼殊勝手印中
寶生壇城現復攝
trāṃ
秘密至密無上密
須當諦聽一切密
復當觀察秘密義
而不宣洩與他人

越量宮中現法輪
明點自性種字𩯭
由彼佛種姓壇城
光明顯現復隱沒

oṃ
dus gsum rgyal ba'i sras chen po/
sku gsung thugs kyi rdo rje gzung/
rgyal ba thams cad mnyes mchod la/
rgyal ba kun dang mnyam par sbyor/

lag pa'i 'khor lo'i gzhal yas su/
gsal ba'i thig le'i ngo bo nyid/
hāṃ gi phyag rgya'i tshogs mchog las/
las kyi dkyil 'khor gsal spro thim/
oṃ
khyod ni rdo rje las yin gyis/
las rnams ma lus kun gyis shig/
pho nya mang po'i 'du 'phro kun/
khyod kyi dgos pa byed pa yin/

smra byed 'khor lo'i gzhal yas su/
gsal ba'i thig le'i ngo bo nyid/
hrīḥ yi phyag rgya'i tshogs mchog las/
chos kyi 'khor lo gsal spro thim/
oṃ
chos kyi bdud rtsi bla med kyis/
dad ldan skyes bu ngoms par byos/
rab 'bring tha ma'i blo can la/
mthun par gsang bsgrag gzhan du min/

oṃ
三世諸佛大佛子
持身語意金剛性
作諸供養令佛喜
且與諸佛平等合

手輪越量宮明現
明點自性種字hāṃ
由彼殊勝手印中
佛業壇城現復攝
oṃ
須作金剛性事業
遍作事業無一餘
使者成群現復攝
依汝所須而行事

舌輪越量宮明現
明點自性種字hrīḥ
由彼殊勝手印中
教法壇城現復攝
oṃ
以此無上法甘露
灑向堅信有情眾
無論上中下根器
隨類宣密不他說

bskyod chen 'khor lo'i gzhal yas su/
gsal ba'i thig le'i ngo bo nyid/
hūṃ oṃ svā āṃ hā rnams las/
dkyil 'khor lnga dang khor 'phreng bsgom/
oṃ
phyogs bcu dus bzhi thams cad kyi/
sku gsung thugs kyi rdo rje che/
dkyil 'khor kun gyi byed pa po/
dkyil 'khor kun gyi sbyin pa spyod/
slob dpon mnyes par ma byas shing/
dbang rnams thob par ma byas par/
nyan pa la sogs rtsom pa rnams/
'bras bu med cing brlag par 'gyur/

dbu rgyan cod pan phreng ba dang/
go cha rgyal mtshan phyag rgya dang/
gdugs dang bum pa bza' btung dang/
snying po lnga yis dbang bskur na/
dus 'di phyin chad rgyal ba'i sras/
ngan song thams cad med pa dang/
tshe ring bde ba phun sum tshogs/
mtho ris thar pa'i bdag por 'gyur/

zhes brjod do/ gsang ba'i snying po de kho na nyid nges pa las dbang sbyin pa'i le'u ste bcu pa'o//

動輪越量宮明現
明點自性五種字
由彼hūṃ oṃ svā āṃ hā
引修五部忿怒尊
oṃ
周遍十方與四時
身語意大金剛性
一切壇城之作者
且頒一切壇城供
若不令師生喜悅
或者未曾得灌頂
貿然即便擅聽聞
定無結果入歧途

寶冠念珠與鎧甲
尊勝寶幢及手印
華蓋寶瓶與飲食
與及五種精華等
以此次第作灌頂
從茲即便成佛子
永不墮入諸惡趣
永得長壽與安逸
且成善趣解脫主

說偈畢。

《秘密藏真實決定》第十品：施灌頂說竟。

de nas de bzhin gshegs pa dgyes pa chen pos sgyu 'phrul dra ba'i rgyal po bsgyur ba zhes bya ba'i ting nge 'dzin la snyoms par zhugs nas/ ched du brjod pa 'di brjod do/

rgyu gcig pa dang yig 'bru'i tshul/
byin gyis brlabs dang mngon sum par/
rab tu rtogs pa rnam bzhi yis/
thams cad mngon rdzogs rgyal po che/

yan lag dbang po rnam shes kun/
rnam smin oṃ du shes par bya/
rdzogs pa'i dkyil 'khor nyid du bsgom/
yang na khro bo'i dkyil 'khor bsgom/

gzugs sgra dri ro reg la sogs/
rnam smin mūṃ du shes par bya/
yum gyi dkyil 'khor nyid du bsgom/
yang na khro mo'i dkyil 'khor bsgom/

gos rgyan bza' btung glu dang tshig/
bro gar tshogs kyi sprin phung la/
hūṃ du shes pas rab spyad na/
ngo mtshar 'byung ba'i dkyil 'khor mnyes/

第十一品：會供壇城

復次，大樂如來於稱為幻化網幻王之三摩地入定，不問自說偈如是：

唯一因與種字相
復有加持與現觀
由此四種善證悟
圓滿現前正覺王

肢身諸根以及識
異熟視為種字 oṃ
依此壇城自性修
修忿怒壇作交替

色聲香味以及觸
異熟視為種字 mūṃ
依佛母壇自性修
忿怒母壇作交替

衣飾飲食歌與頌
舞步手姿會供雲
一切視為種字 hūṃ
盡享用後壇城喜

lha mo klu mo rigs ngan mo/
dbye'am yang na mi dbye bar/
bsnyen pa dang ni nye bsnyen dang/
sgrub pa dnag ni sgrub chen po/

yum gyi padma'i dkyil 'khor du/
dbe ba thugs kyi dkyil ' khor spro/
sangs rgyas sprin tshogs ma lus la/
dgyes mnyam mchog gi sbyin pas bstim/

sgrub pa'i nyi zla snying po de/
dkyil 'khor rdo rje lce yis blang/
mkha' 'gro gsal 'bar tshe la sogs/
yid bzhin sprin gyi bdag por 'gyur/

zhing gyur mchog dang mchog phran rnams/
nyi zla'i steng du mkhas pas gzhag/
nga rgyal lag gi 'du byed bsgom/
hūṃ du gyur pas rnam par dag/
dbyings su thim nas phyag rgyar 'bar/
skur gyur 'od zer 'phro bas brjed/
gtsug tu rnam par rgyal bar bsgom/

天女龍女平庸女
分別或作無分別
是有念與近念支
以及成與大成法

於彼佛母蓮花壇
佛意大樂壇城現
經此悅樂持平供
佛壇無餘盡隱沒

紅白菩提成就已
壇城內受金剛畫
行者自成空行母
長壽抑且光閃耀
且作如意祥雲主

能成上等悲田者
或成下品大悲田
為彼具知瑜伽士
置於日月輪之上
持慢而修依模樣
化入**hūṃ**字而清淨
先融彼等入法界
然後種字印光熾
復化而成為佛身
光芒增長極光輝
行者依之作觀修
成具頂髻勝利者

ngo mtshar ngan 'gro thar pa'i thabs/
ye nas skye med de bzhin nyid/

sgyu mar snang ba mig yor tshul/
sbyor sgrol bya ba kun byas kyang/
rdul cha tsam yang byas pa med/

snod bcud rgyud rnams dag rtogs shing/
mnyam gnyis lhag pa'i mnyam gnyis kyis/
dkyil 'khor kun tu bzang po'i zhing/

byed spyod tshogs chen gnyis gyur nas/
yan lag ma nyams yo byad ldan/
cho ga rdzogs par shes pa yi/
rnal 'byor tshogs pa'i dkyil 'khor gyis/
nges par legs pa'i dgos pa 'grub/

lnga dang lnga yi sbyor ba yis/
tshom bu lnga yi lha bkod la/
khro bo bcu dang kbro mo bcu/
'khor lo'i tshul du rnam par bsgom/

如是稀有之方便
能由惡趣救有情

本來無生真如性
現為幻化如光影
雙運誅殺雖遍行
所行未有微塵許

情器世間與心續
皆被現證為清淨
由彼二種平等性
二種增上平等性
壇城即是普賢刹

二大資糧變作行
瑜伽士於支分中
不退而且得資具
藉彼會供之壇城
彼之善願定成就

行者觀修五部尊
聖尊五五合成對
十忿怒尊與明妃
觀修成輪於壇城

de bzhin rigs dang rdo rje'i rigs/
padma'i rigs te sku gsung thugs/
khro bo'i tshogs dang ldan pa yi/
tshom bu gsum gyi lha rnams bsgom/

rigs kyi rigs te rigs kyi gtso/
thugs kyi thugs te thugs kyi mchog/
khro bo'j tshogs dang ldan pa yi/
tshom bu gcig pa'i lha rnams bsgom/

khro bo khro mo'i tshogs chen po/
pho nya phyag brnyan bka' nyan tshogs/
ci bgyi la sogs tshogs rnams kyis/
dngos grub las rnams rdzogs par byed/

rnal 'byor sngags 'chang dngos grub ni/
mnyam rdzogs lhun grub ngang gnas shing/
spyod pas ci la'ang thogs med pa'i/
thams cad ye nas dbyer med pa'o/
rdo rje'i rig su tham cad dkyil/

'od 'phro 'bar bar rab tu bsgom/
chags med tshul gyis bstim par bya/
gnyis med gyur nas phyag rgya che/

行者觀修三部尊
即是佛之身語意
説為佛部金剛部
以及蓮花種姓部
皆有忿怒明王眾

行者觀修一部尊
説為佛種中佛種
最勝佛意即主尊
是為佛意中之意
亦有忿怒明王眾

父母忿怒尊海會
以及使者諸眷屬
成就儀軌而圓滿

瑜伽士欲得成就
法爾平等圓滿住
所作盡皆無障礙
諸法法爾無分別
壇城悉住金剛性

瑜伽士須善觀修
生起光明光熾盛
復當無執而融變
無二而證大手印

yang na sku gsung thugs nyid de/
thams cad ma lus sku gsung thugs/
ting 'dzin gsal 'bar 'od zer 'phro/
gnyis med dbyings kyi ngang du thim/
rigs 'dzin dngos grub mchog thob 'gyur/
dkyil 'khor ma lus 'bar ba 'grub/

nyon mongs sdug bsngal sel bar mdzad/
rdo rje'i rigs su skye ba'i gnas/

sngags 'chang dngos grub yang dag ni/
thabs dang shes rab thams cad kyis/
dkyil 'khor lnga dang khro 'phreng bsgom/
chags pa med pa'i tshul gyis ni/
gnyis su med par bstim par bya/
dngos grub mchog gi snying po 'grub/

rnal 'byor thabs dang shes rab kyis/
de bzhin gshegs dang yum du bsgom/
sems dpa' sems ma nyid du bsgom/
'od zer rnam pa mang po 'phro/
so so'i sngags dang phyag rgya dang/

行者入佛身語意
無餘唯佛身語意
乃於定中放光明
閃耀光輝而熾盛
融會之於無二界
如是成就為持明

一切壇城放輝光
諸苦雜染皆消滅
有情由是可往生
金剛性之佛部內

持咒者欲正成就
不執方便分別智
由修五部及忿尊
復離二取而融化
當證最勝成就藏

若依方便分別者
當依佛及佛母修
修父母尊勇識性
現起光芒無量數
各別密咒與手印
以及定中光放射
真實而具諸分別

ting 'dzin yang dag so sor gsal/
gnas dang longs spyod ci bde dang/
ma nyams blo ni rab ldan pas/

dang por dam nos bzhin du bya/
le lo sgyid snyoms med pa yi/
the tshom med par bsgrub byas na/
dkyil 'khor thams cad 'grub par 'gyur/
rdo rje gsang mchog dam pa 'thob/
bsgrub pa'i zhag dang chos grangs ni/
rgyud las smos pa bzhin du bshad/

rdo rje gsang ba'i tshig tu'o/

zhes de bzhin gshegs pa nyid la de bzhin gshegs pa nyid ched du gleng ngo/ gsang ba'i snying po de kho na nyid nges pa las tshogs kyi dkyil 'khor gyi le'u ste bcu gcig pa'o//

行者若然能善具
歡悅處所與受用
首須依誓作行持
則可證得不退智

若依正行不猶豫
無有懶散與懈怠
定當成就諸壇城
得勝金剛性秘密
成就日數與日期
一如續中所宣說

說如是秘密金剛句。如來不問自說如是。

《秘密藏真實決定》第十一品：會供壇城竟。

de nas de bzhin gshegs pa dgyes pa chen pos rol mo'i sprin rnam par spros te/ rgyan bkod pa'i ting nge 'dzin la snyoms par zhugs nas ched du brjod pa 'di brjod do/

sgyu 'phrul dra ba'i mngon rdzogs pa'i/
dkyil 'khor brtan pa'i ting nge 'dzin/
bro gar 'du 'phro'i phyag rgya yis/
'dzul lam nam mkhar 'gro bar 'gyur/

glu tshig sgra yi phyag rgya yis/
chos kyi dngos grub thob par 'gyur/
rgyan dang bgo ba'i phyag rgya yis/
'bar ba'i rgyal po thub med 'grub/
bza' dang btung ba'i phyag rgya yis/
yid bzhin sku dang bdud rtsi 'grub/
ā li kā li'i phyag rgya yis/
thams cad thams cad 'grub par 'gyur/

shes 'jug mtshan nyid 'byor ba'i gzungs/
'bras bu smin byed rgyu dang rkyen/
nus mthu can du gang gyur pa/
rig 'dzin rgyal ba'i zhing du grags/

mi dang lha dang tshangs pa yi/
skye ba rnam dag 'dzin mod kyang/
khyad par sa la gnas 'gyur yin/
pha rol phyin pa kun tu rdzogs/

第十二品：會供修持品

復次，大樂如來化現神變之雲，於示現莊嚴之三摩地入定，不問自説偈如是：

幻網壇城現圓滿
行者於彼堅入定
手印聚散舞步姿
行者下地或昇天

憑依歌偈聲手印
行者將得法悉地
憑依受用莊嚴印
修成無比明王相
憑依飲食之手印
獲得甘露如意身
憑依元音輔音印
各各成就一切行

通達性相熟果因
行持性相熟果緣
誰成具足其力者
於佛剎土稱明者

人天以及梵天眾
是即稱為生清淨
彼若移往殊勝地
究竟圓滿到彼岸

thabs dang shes rab thabs kyi mchog/
shes rab mchog gi mchog gyur pa'i/
sa yi khyad par bcu dang gsum/
rgyu 'bras khyad par lhun gyis rdzogs/

mkha' dkyil dang ba'i dbyings nyi zla/
ye shes rgyal po stangs dpyal bsgom/
rgyal ba'i dkyil 'khor thams cad kun/
ma lus par ni bsgom par 'gyur/

dus bzhi phyogs bcu gang nas kyang/
rdzogs pa'i sangs rgyas rnyed mi 'gyur/
sems nyid rdzogs pa'i sangs rgyas te/
sangs rgyas gzhan nas ma 'tshol zhig/
dkyil 'khor kun tu rab sbyor bas/
dkyil 'khor thams cad 'grub par gyur/
cho ga lhag gam ma tshang na'ang/
skyon nyid dag ste nyes pa med/

ces ched du brjod pas rol mo'i sprin gyis mnyes bar gyur to/

gsang ba'i snying po de kho na nyid nges pa las tshogs bsgrub pa'i le'u ste bcu gnyis pa'o//

殊勝地有十與三
依次稱為方便地
勝方便分別智地
及無上分別智地
依因果而自圓滿

虛空壇城澄明界
依日月輪而觀修
智王佛母作雙運
諸佛壇城即遍修

任隨十方與四時
圓滿正覺不可得
心性即是圓正覺
正覺更無別處尋
普賢壇城善雙運
一切壇城都成就
儀軌盈滿或缺失
過失自淨而無過

說如是偈，如來由神變之雲而心生歡喜。

《秘密藏真實決定》第十二品：會供修持竟。

de nas phyogs bcu dus bzhi'i de bzhin gshegs pa sku dang gsung dang thugs rdo rje'i dkyil 'khor thams cad gcig tu 'dus nas dgyes pa chen pos/ chos thams cad ye nas rdzogs pa chen por lhun gyis grub pa'i dam tshig shin tu gsang ba'i snying po sprin bkod pa'i ting nge 'dzin la snyoms par zhugs nas ched du brjod pa 'di brjod do/

ma rtogs pa dang log par rtogs/
phyogs rtogs yang dag nyid ma rtogs/
'dul ba dgongs pa gsang ba dang/
rang bzhin gsang ba'i don rnams ni/
yi ge sgra btags ming tshogs la/
brten pa'i tshig gis rab mtshon te/
khong nas gab sbas don 'byin pa/
ston pa rdo rje'i thugs la gnas/

dkyil 'khor ldan pa'i dkyil 'khor gyis/
dkyil 'khor la ni dkyil 'khor bsgom/
dkyil 'khor dkyil 'khor las byung ba/
thugs kyi dkyil 'khor dkyil 'khor mchog/

gsang ba'i thig le dkyil 'khor dbyings/
'byung ba shes rab rigs kyi yum/

chen po rigs kyi de bzhin te/
byang chub sems ni rdo rje'j tshogs/

第十三品：甚秘訣竅藏

復次，當十方四時一切如來之所有金剛身語意壇城聚集一處時，大樂如來於一切法無始以來自大圓滿中自然成就三摩地，即甚秘密藏如雲莊嚴三摩地內入定，不問自說偈如是：

不證邪證片面證
抑未遍證真實性
調伏意趣及秘密
自性秘密諦四者
憑依字式成假名
集合成詞詮彼義
勝解甚深隱密意
彼住上師金剛意

壇城之中有壇城
修持壇城若壇城
壇城之中出壇城
是為佛陀意壇城
乃是壇城眾中尊

秘密明點是空界
於彼生出眾壇城

大種住為種性母
彼亦即為方便智
種性自性即大種
菩提心是金剛聚

dbang po yul dus rig pa rnams/
kun tu bzang po'i dkyil 'khor la/
dbag nyid chen po lhag pa yi/
thugs kyi ye shes lngas blta zhing/

snying po thig le mnyam sbyor bas/
bde ba'i ye shes rol mo yis/
ye shes dgyes la mchod pa 'bul/
zag pa med pa'i bsod nams kyis/
ye shes sgyu ma rang snang ba/
rol mo'i dkyil 'khor mtha' yas mchog/

gsang ba'i thig le nyid kyi dbyings/
de ni sangs rgyas kun gyi dngos/
phyogs bcu dus bzhir mngon rdzogs pa/
sku gsung yon tan 'phrin las thugs/
ma lus bdag nyid zhal mthong ba/
dbang sgyur mchog nyid dam pa yin/

dkyil 'khor la gnas dkyil 'khor nyid/
rdzogs pa'i dkyil 'khor lhun gyis grub/
rgyan du dkyil 'khor ma lus thogs/

五根境時與心識
住為普賢佛壇城
由依佛意五本智
行者殊勝大決定

精華明點等合時
大樂本智顯神變
供養俱生大樂智
由彼無漏之福澤
本智幻化自顯現
無邊壇城與剎土

秘密明點體性界
諸佛真實即是此
十方四時圓滿現
由身語意德及業
無餘親見其本性
即是勝者所調伏

行者住於壇城中
壇城任運自成就
圓滿壇城具莊嚴
所有壇城盡相融

rdzogs pa'i dkyil 'khor mnyam sbyor las/
thugs rje'i dkyil 'khor yongs kyis 'byung/
phyogs dus dkyil 'khor 'dul ba'i mgon/
sgyu ma'i dkyil 'khor sgrol ba yis/
bya byed med par dkyil 'khor spyod/

ye shes rdzogs pa'i dkyil 'khor la/
thos bsam sgom pa'i mnyam sbyor gyis/
rang byung kun ngam lhun gyis grub/
'di ni sangs rgyas thams cad kyis/
'da' bar mi mdzad dam tshig mchog/

gang zhig 'di la mos gyur pa/
sangs rgyas dkyil 'khor thams cad kyis/
phyogs dus kun nas thams cad du/
dkyil 'khor ma lus bsnyen pa yi/
nye ba'i sras su dgongs par 'gyur/

bskal pa zhing gi rdul snyed du/
shin tu sbyangs la rab gnas shing/
dkyil 'khor ma lus bsnyen pa yi/
'bras bu gsang chen 'di yin te/

'jig rten drug gi phyogs bcu na/
'das dang da ltar byung ba yi/
rgyal ba'i dkyil 'khor ma lus pa/
brnyes nas sku lnga lhun gyis rdzogs/

圓滿壇城平等合
慈悲壇城皆出現
調伏時空諸壇城
行者是故作主人
解脫幻化眾壇城
展現壇城無主賓

於彼本智圓滿壇
聞思修皆平等合
俱生本智於一切
皆能任運而成就
此住平等金剛誓
越此平等即非佛

孰若求此金剛誓
即被視作近佛子
一切時空一切地
親近修念眾壇城

度盡劫波如塵數
身心輕安妙善住
修習承事諸壇城
當獲最大秘密果

於此六世間十方
過去現在及未來
勝者壇城無有餘
行者悉皆能熟習
自然圓滿五佛身

byung dang ma 'ongs thams cad kun/
'di yis lhun gyis 'grub par 'gyur/
'di ni gsang chen nges pa yi/
'bras bu lam du gyur pa yin/

rgyal ba'i dkyil 'khor ma lus la/
'di las gsang ba'i nges don med/
btsal kyang rgyal bas mi brnyes so/

kun gyi phyag rgys chen po'i mchog/
thos bsam bsgom la rab sbyangs pa'i/
shes rab mig ldan rnams kyis zung/
snod ldan ngang tshul bzang la brtan/
lus dang longs spyod gtong la sbyin/

gzhan du nam yang sbyin mi bye/
rmongs la 'phyar bas gal te byin/
dus min par ni srog zad nas/
bsregs dang sbrebs par yun ring gnas/

zhes de bzhin gshegs pa nyid de bzhin gshegs pa nyid la ched du brjod do/ gsang ba'i snying po de kho na nyid nges pa las shin tu gsang ba man ngag gi [snying po'i] le'u ste bcu gsum pa'o//

過去未來眾行者
皆由此道自成就
以此真實大密果
經已變化入於道

對諸一切佛壇城
除此更無真密義
勝者求之也不得

諸佛大手印之中
其最勝者誰能得
唯具分別智眼者
由聞思修善淨治
此惟給予堪能者
賦性高貴且堅穩
身及受用作供獻

此當不給與餘人
若然給與欺誑者
以其撓亂永流轉
且受火烤與冰凍
永久長住永無寧

如來不問自說與如來如是偈。

《秘密藏真實決定》第十三品：甚秘訣竅〔藏〕竟。

de nas de bzhin gshegs pa thams cad nyid kyi dkyil 'khor la dgyes pa chen po'i glu 'di blangs so/

oṃ
phyogs bcu dus bzhi rdzogs pa yi/
ye shes dkyil 'khor thig le che/
bsod nams dkyil 'khor sku yi tshogs/
snang stong thig le kun tu rdzogs hoḥ/

oṃ
rdo rje bsod nams thig le che/
rdo rje ye shes dkyil 'khor ldan/
rdo rje sgra chen mtha 'yas pa/
rdo rje rgyal po thig le che hoḥ/

oṃ
sku gsung thugs kyi rdzogs pa che/
yon tan 'phrin las kun tu rdzogs/
ye nas lhun rdzogs kun tu bzang/
'dus pa'i tshogs chen thig le che hoḥ/

第十四品：大樂讚

復次，此大樂如來之歌，向諸如來自壇城歌唱：

oṃ
十方四時皆圓滿
本智壇城大明點
功德壇城佛身聚
現空明點全圓滿
hoḥ

oṃ
功德金剛大明點
具智壇城金剛性
於大聲中無邊際
大明點王金剛性
hoḥ

oṃ
身語意之大圓滿
即德與業盡圓滿
本初自圓滿普賢
其聚會成大明點
hoḥ

oṃ
mi dmigs sgyu 'phrul mnyam pa'i dbyings/
mtha' yas kun nas sna tshogs 'phro/
mtha' yas kun nas lhun gyis thim/
sna tshogs sku gsung thugs chen po hoḥ/

oṃ
phyogs bcu'i 'jig rten rdul snyed du/
rgyal ba'i don rnams rdul phran snyed/
sprul pa rdul phran bsam yas kyis/
skad cig yud la lhun gyis grub hoḥ/

oṃ
thams cad ma lus sku gsung thugs/
sku gsung thugs kyi bdag nyid che/
sku gsung thugs kyis kun tu khyab/
sku gsung thugs kyi thig le che hoḥ/

zhes ched du bsgrags so/ gsang ba'i snying po de kho na nyid nges pa las mnyes pa'i le'u ste bcu bzhi pa'o//

oṃ
幻化平等界無緣
化為無限多元相
諸方無限自融和
由是多元自顯露
殊勝佛身與及意
hoḥ

oṃ
十方世界如塵數
佛義亦如微塵數
塵數難思量化身
皆於刹那自顯現
hoḥ

oṃ
壇城皆佛身語意
佛身語意大本住
周遍諸界身語意
佛身語意大明點
hoḥ

說如是偈。

《秘密藏真實決定》第十四品：大樂讚竟。

de nas de bzhin gshegs pa thams cad kyi bdag po sangs rgyas thams cad kyi ngo bo nyid kyis khro bo'i dkyil 'khor du mngon par 'du mdzad de/ de ci'i phyir zhe na/ bdag tu rmongs pa'i rtog pa dang/ brtags pa la mngon par zhen pas/ yang dag pa'i lam dang bral ba dag/ gab pa'i gsang ba ma rtogs par sbas pa'i gsang ba la mngon par 'chel nas/ rgyu dang 'bras bu la rmongs pas/ srid pa'i sa bon rtsub mos 'phangs nas/ mtshams med pa'i rab tu tsha ba'i dmyal bar skyes so/ de rab tu tsha ba'i sdug bsngal drag pos gdungs pa dang/ 'di bas shin tu grang yang ci ma rung snyam pa'i mod la/ rab tu sbrebs pa dang/ padma ltar gas pa'i sdug bsngal drag po dag gis rab tu gdungs pa de lta bu'i sdug bsngal rab tu tsha ba la sogs pa brgyad dang/ shin tu grang ba la sogs pa brgyad po dag tu/ 'jig rten gyi khams brgyud cing bskal pa chen po stong phrag bcu gnyis su myang ngo/

de nas rnam par smin pa de zad pa dang/ yi dvags ltogs pa dang/ skom pa'i sdug bsngal gyis nyen pa dang/ 'dod pa'i dngos po rnams yid du mi 'ong ba dang/ gdug cing rtsub pa'i dngos po sna tshogs su 'gyur ba dang yang med par 'gyur zhing/ shin tu ring cing skam pa dang/ lus dang yan lag dang dbang po mi 'tshams par gyur par bskal pa chen po drug tu skyes so/

第十五品：忿怒尊自性壇城如雲化現

復次，一切如來本體、一切覺者之自性，於化現為忿怒尊壇城。或問：何以展現？答曰：因有情有自欺之尋思，且極執著於虛幻，故遠離正道，不悟隱匿之秘密。於是極貪著於被隱藏之秘密，遂受因果之迷惑。是故，有情受輪迴中粗惡種子牽引，生於無間極熱地獄。飽受極熱之巨大苦痛，心中念起：與此極熱相比，我寧願經受極冷。頃刻，即成極冷，深受如蓮花綻裂般宰割之巨大苦痛煎熬。如是於八極熱地獄及八極冷地獄所經受之苦痛乃與其器世間結合，歷一萬二千大劫。

復次，此異熟果報盡時，又作餓鬼，遭受饑渴之苦，所欲之物皆不愜心意，變成種種粗劣、有毒之物，甚或變成無有。〔餓鬼〕變得又瘦又乾，體、肢、根生來便不相稱，歷六大劫。

de nas las kyi sgrib brtsub mo'i rnam par smin pa de khad kyis bsrabs pa dang/ sngon gyi srid pas mtshams sbyar nas/ yi dvags srin po chen po rab tu gdug pa gtum po lus gcig la mgo brgya pa dang/ mgo bo sna tshogs dang/ lus brgya la mgo bo gcig pa dang/ lus sna tshogs pa dang/ yan lag mang po dnag/ yan lag sna tshogs pa dang/ gdug pa'i lag cha sna tshogs thogs pa/ 'khor rab tu mang po dang/ 'jigs pa'i gzugs sna tshogs dang/ 'jigs pa'i nga ro sna tshogs sgrogs pa/ gzugs dang nga ro dang/ dri dang kha rlangs kyis/ thams cad skyi bung zhes byed pa/ rab tu 'jigs pa'i rlung nag dang/ grang ba dang/ tsha ba'i dbugs kyis phyogs bcu kun tu khams 'khrug par byed pa/ nad bzhi brgya rtsa bzhis 'debs par byed pa/ myos shing nyams par byed pa'i mthus/ klu'i ris dang/ lha ma yin gyi ris dang/ lha'i ris dang/ tshangs ba'i ris dang/ 'od gsal dang/ dge rgyas dang/ 'bras bu che ba man chad dbang du bsdus so/

de sngon bsten pa'i stobs kyis thams cad mkhyen pas gzigs nas thugs rjes 'dul bar gyur te/

de nas de bzhin gshegs pa che ba'i rdo rje bkod pa'i sgyu 'phrul dra ba/ 'jig rten drug gi phyogs bcu'i srid pa gsum gyi bdag po 'dul ba'i nga rgyal chen po'i gzi brjid bstan pa'i phyir/ de bzhin gshegs pa thams cad kyi sku gsung thugs rdo rje'i bdag po/ bcom ldan 'das dgyes pa chen pos khro bo'i rgyal po'i dkyil 'khor gyi sprin chen po rnam par 'phro ba'i/ sgyu 'phrul drva ba'i rgyal po'i ting nge 'dzin la snyoms par zhugs te/

復次，當前世所造粗惡孽障所獲果報漸漸消失時，有情即與前世之有相合，有如餓鬼，成極其凶暴惡毒大羅剎。是等有情或身一頭百，且頭形各異，或身百頭一，而身則各異，肢體眾多，也各各相異，手持種種凶惡武器。有極多眷屬，具種種恐怖之形狀，發種種恐怖之吼聲。其形狀、吼聲、氣味和呼息令眾生驚惶而不能自持。以其極為恐怖之黑風和冷熱氣息，使十方一切大千世界不得安寧。彼等散播四百又四種疾病；讓人迷醉、衰敗；以如是之力，征服龍族、非天、天及梵天、光音、遍淨及廣果等以下諸天。

憑依曾事供養之力，聖識一切兮魯迦見之，即以慈悲調伏之。

復次，如來、大金剛莊嚴幻化網，為示現調伏六世間十方三有主之大我慢威嚴故，此一切如來之金剛身、語、意本體、大樂〔如來〕出有壞，於化現忿怒尊壇城大雲幻化網如王三摩地中入定。

de bzhin nyid kyi dbyings nas/ khro mo dbang phyug chen mo mngon du phyung ste/ hi hi zhes dgyes pa'i gzi mdangs kyis/ rin cen padma rgyas par mdzad nas/ gnyis su med par 'khril ba'i dgyes pas thim nas/ byang chub sems kyi sprin las/

hūṃ hūṃ hūṃ viśvavajra krodhajvala maṇḍala phaṭ phaṭ phaṭ hala hala hala hūṃ/

zhes brjod pas/ 'jig rten drug gi phyogs bcu mtha' yas pa khyab par khro bo'i dkyil 'khor gyi tshogs stong gsum gyi 'jig rten tsam/ phyogs bcu'i rdul phra mo snyed 'thon par gyur pas/ 'jig rten drug gi phyogs bcu thams cad gyos/ rab tu gyos/ kun tu gyos so/ 'ur 'ur/ rab tu 'ur 'ur/ kun tu 'ur 'ur/ chem chem rab tu chem chem/ kun tu chem chem mo/ shig shig/ rab tu shig shig/ kun tu shig shig go/ gtor gtor/ rab tu gtor gtor/ kun tu gtor gtor ro/ 'jig rten drug gi phyogs bcu'i stong khams thams cad na gnas pa'i dbang che ba dang/ gzi brjid che ba dang/ mthu che ba'i dbang phyug chen po la sogs pa thams cad/ brgyal rab tu brgyal/ [kun tu brgyal] bar gyur to/

de nas bcom ldan 'das dgyes pa chen po nyid/ 'jigs byed chen po shin tu rngam pa skyi bung zhes byed pa'i 'bar ba chen po'i khrag 'thung sku smug nag cir yang 'gyur ba dbu dang phyag dang zhabs stong khams gyi rdul snyed mtshon cha sna tshogs 'dzin pa de dbu gsum phyag drug zhabs bzhir gyur te/ dur khrod chen por dgyes nas khrag gi rgya mtsho'i dkyil na/ keng rus chen po'i ri rab kyi steng 'bar ba chen po'i klong gi 'khor lo'i dkyil na dbang phyug chen po dnag/ dur khrod kyi bdag po dregs pa chen po khyo shug gi gdan la brkyangs bskums su bzhugs so/

是時，忿怒佛母大自在母自真如界趨前，口中發出嘿嘿呼喊，面露歡喜容光，大寶及蓮花增大，於無二合抱生喜樂之際雙運。自其菩提心雲，說如下陀羅尼：**hūṃ hūṃ hūṃ viśvavajra krodhajvala maṇḍala phaṭ phaṭ phaṭ hala hala hala hūṃ**。是語遍滿六世間之無邊十方。是時，有忿怒本尊壇城眾示現，大小若三千大千世界，數量若十方微塵數，是故六世間之十方一齊震動、極震動、唯震動；喧聲吼起、極吼起、唯吼起；樂聲奏起、極奏起、唯奏起；物被毀壞、極毀壞、唯毀壞；浪被拋散、極拋散、唯拋散。征服一切住於六世間十方大千世界中之最具權勢、最最顯赫、最具力量之大自在，極征服之，唯征服之。

復次，大樂〔如來〕出有壞自己徹底變化為具大忿怒、極忿怒，立於令人魂飛魄散之大火焰中紫黑色飲血金剛身，其頭、手、足之多若大千世界之塵數，手持種種兵器。復次，又化現為具三頭六臂四足之相。喜樂於一大尸林，於血海中央，骨山之巔，大火焰空輪之中，左腿伸、右腿曲，立於大自在與尸林大憍女主夫婦〔屍〕墊上。

khro bo'i dkyil 'khor gyi sprin phung de dag kyang/ la la ni dpal khrag 'thung chen po [rdo rjer] gyur te shar phyogs su bzhugs so/ la la ni dpal khrag 'thung chen po rin po cher gyur te lho phyogs su bzhugs so/ la la ni dpal khrag 'thung chen po padmar gyur te nub phyogs su bzhugs so/ la la ni dpal khrag 'thung chen po kun tu las su gyur te byang phyogs su bzhugs so/ de dag kun kyang 'jig byed chen po'i cha lugs dang/ rngam pa'i nga ro dang/ 'bar ba'i klong na/ dbu gsum phyag drug zhabs bzhis/ dri za dang/ gnod sbyin dang/ srin po dang/ gshin rje la sogs pa khyo shug gi gdan byas pa la [brkyang bskums su] bzhugs so/ btsun mo khrag 'thung chen mo'i tshogs [rnams] kyang so so'i sku la 'khril ba'i tshul gyis bzhugs so/

[rigs lnga'i he ru ka gcig tu batims te bsdus nas/ gcig gis mang po 'dul ba'i ngo mshar te/]

de nas dregs pa chen po la sogs pa gtum pa'i sems kyis gdug pa'i rdzu 'phrul chen po sna tshogs bstan nas/ mgrin gcig tu gdug pa'i nga ros/ brlang po'i gtum tshig tu smras pa/ thong thong snying rje'i bdag po ci de ltar byed dam zhes zer zhing/ shin tu gdug pa'i sems kyis khros nas rngam mo/

忿怒本尊壇城眾雲朵，或變成大吉祥飲血金剛，站於東方；或變成大寶吉祥飲血金剛，站於南方；或變成蓮花大吉祥金剛，站於西方；或變成普業大吉祥金剛，站於北方；彼等皆具大忿怒嚴飾，吼聲恐怖及火焰光蘊；三頭、六臂、四足，雙腿一伸一縮，站於乾達婆與夜叉，羅刹與閻王等夫婦〔屍〕墊上。大飲血金剛佛母眾亦站立，與各各佛身合抱。

〔五種性兮魯迦融合、聚集於一處，一齊作許多調伏之稀有宏化。〕

復次，大憍等因其凶橫之心，示現種種惡毒大神變。齊聲以凶狠之吼叫發出獷戾、凶惡之言語，説道；放我、放我！慈悲主，何以行為若是？在其最為惡毒心中，充滿忿怒與痛恨。

de nas bcom ldan 'das dgyes pa chen po dbu dgu phyag bco brgyad zhabs brgyad du gnas nas/ rngam pa'i skad kyis thugs rjes 'dul ba'i thabs kyis shin tu khros nas/

hūṃ hūṃ hūṃ ha ha ha khāhi khāhi khāhi

zhes brjod pas/ dbang phyug chen po la sogs pa/ gdug pa chen po'i tshogs de dag gi snying dang dbang po kun phyung/ nang khrol kun drangs/ yan lag kun bcad gtubs nas sha kun zos/ khrag kun 'thungs nas rus pa kun 'chos so/

de nas

hūṃ hūṃ hūṃ bhyoḥ e ārali jaḥ jaḥ

zhes brjod pas/ phyogs bcu'i 'jig rten gyi khams na nam mkha' dang bcas pa yungs 'bru gcig tsam du chud par bsdus so/

de nas 'byung po ma lus pa'i rgyal po'i yang rgyal po dregs pa chen po la sogs pa'i chung ma 'byung mo thams cad kyi rje mo'i yang rje mo/ srin mo chen mo'i mi'i srin mo dang/ tshangs ma dang/ 'khrug mo dang/ dbang mo dnag/ 'jug sred mo dang/ gzhon nu mo dang/ dmar mo dang/ bdud rtsi mo dang/ zhi ba mo dang/ be con mo dang/ srin mo dang/ za ba mo dang/ dga' ba mo dang/ ra ro khrag 'thung myos ma dang/ gcig pur spyod ma dang/ yid 'phrog ma dang/ grub mo dang/ rlung mo dang/ gsod byed mo dang/ me mo dang/ phag mo dang/ rgan byed mo dang/ sna chen mo dang/ chu lha mo dang/ nag mo chen mo dang/ ra mgo dmar ser chen mo dang/ bum rna sngo nag chen mo dang/ gsus 'dzin sor nag chen mo la sogs pa/ bran dang yang bran dang/ gyog dang yang gyog 'khor zhing gi rdul snyed kyang bsdus so/

復次，大樂世尊化現九頭、十八臂、八足之形，因慈悲隨類教化之方便，現極端忿怒相，聲音可畏，發出hūṃ hūṃ hūṃ ha ha ha khāhi khāhi khāhi 之聲。彼挖掉大自在（Maheśvara）等眾大毒精靈之心臟及所有根器，抽出所有內臟，切斷一切肢體，食其肉，飲其血至點滴無餘，再啃盡其骨。

復次，又發出hūṃ hūṃ hūṃ bhyoḥ e ārali jaḥ jaḥ 之聲，十方世間連同虛空，齊縮集於一芥子大小空間中。

復次，一切大種王中王如大憍精靈等之妻、一切大種女之后中后悉聚集於此。彼為：大羅刹母（Mahārākasī）、人羅刹母（Manurākasī）、梵天后（Brahmānī）、怨后（Raudrī）、帝釋天母（Indrānī）、愛入母（Vaiṣṇavī/Nārāyaṇi）、〔金剛〕童女母（Kaumārī）、赤色母（Piṅgalā）、甘露母（Amṛta, Sūryā）、守藏母（Saumī/Sāntī）、短橛母（Daṇḍī）、羅刹母（Rākasī）、食母（Bhaksasī）、歡喜母（Ratī）、醉飲血風母（Rudhiramadī）、獨行母（Ekacārinī）、意樂母（Manohārikā）、成就母（Siddhikarī）、風母（Vāyudevī）、閻王母（Mahāmāranā）、火母（Agnāyī）、亥母（Vārāhī）、焰摩天母（Cāmuṇḍī）、大鼻母（Bhujanā）、水天佛母（Varuṇānī）、大黑天母（Mahākāli）、赤金大羊頭母（Mahāchāgalā）、深藍大瓶鼻母（Mahākumbhakarṇī）、棕黑大持腹母（Lambodarā）等等，及其侍者乃至侍者之侍者、奴僕及奴僕之奴僕，眷屬之眾若大地之塵數，畢集於此。

de nas bcom ldan 'das dgyes pa chen po dpal khrag 'thung chen pos 'dul ba'i thabs kyis/ yang rigs lnga'i 'jigs byed chen por snang bar byas nas/ de dag kun kyang dgyes pas rol pa'i dkyil 'khor gyi sprin 'byung ba zhes bya ba'i ting nge 'dzin la snyoms par zhugs nas/ sku dang gsung dang thugs rdo rje las 'di phyung ngo/

oṃ āḥ hūṃ vajra praveśa alalahoḥ

zhes brjod pas/ 'byung mo'i rgyal mo rnama shin tu chags pa'i yid gyos nas/ padma'i dkyil 'khor sdud cing rgyas par gyur nas/ dpar na khab len la lcags 'du ba'i tshul du/ bcom ldan 'das dgyes pa chen po dpal khrag 'thung chen po rdo rje'i sku la/ srin mo chen mo mi'i srin mo dang/ dmar mo dang/ dga' ba mo dang/ gsod byed mo dang/ nag mo chen mo dang/ dmar ser chen mo dang/ sngo nag chen mo dang/ ser nag chen mo rnams 'khril lo/ bcom ldan 'das dpal khrag 'thung chen po de bzhin gshegs pa'i sku la/ tshangs ma dang/ 'khrug mo dang/ dbang mo dang/ 'jug sred mo dang/ gzhon nu mo rnams 'khril lo/ bcom ldan 'das dpal khrag 'thung chen po rin po che'i sku la/ bdud rtsi mo dang/ zhi ba mo dang/ be con mo dang/ za ba mo dang/ srin mo rnams 'khril lo/ bcom ldan 'das dpal khrag 'thung chen po padma'i sku la/ khrag gi myos ma dang/ gcig pur spyod ma dang/ yid 'phrog ma dang/ grub mo dang/ rlung mo rnams 'khril lo/ bcom ldan 'das dpal khrag 'thung chan po kun tu las kyi sku la/ me mo dang/ phag mo dang/ rgan byed mo dang/ sna chen mo dang/ chu lha mo rnams 'khril lo/

復次，大樂如來、大吉祥飲血金剛因隨類教化之方便，復示現五姓大忿怒之相，眾皆喜樂而於稱為生起如雲神變壇城之三摩地內入定。由彼金剛身、語、意發出如此密咒：oṃ āḥ hūṃ vajra praveśa alalahoḥ 眾大種王母聞此即欲念大生，心旌搖蕩，蓮花壇城張合。譬如磁鐵相合，大樂如來飲血金剛之身即被大羅剎女、人羅剎女、赤母、歡喜母、閻王母、大黑天母、赤金大羊頭母、深藍大瓶鼻母、棕黑大持腹母等擁抱。世尊大吉祥飲血金剛之身被梵天后、怨母、帝釋天母、愛入母、童子母等擁抱。世尊大寶吉祥飲血金剛之身被甘露母、守藏母、短橛母、食母、羅剎母等擁抱；世尊大吉祥蓮花飲血金剛之身為醉飲血母、獨行母、意樂母、成就母和風母等擁抱；世尊大吉祥普業飲血金剛之身為火母、亥母、焰摩天母、大鼻母、水天佛母等擁抱。

de nas bcom ldan ’das dgyes pa chen po khro bo’i dkyil ’khor de dag gis/ hūṃ zhes brjod pas/ padma’i dkyil ’khor kyi tshogs bsdus nas shin tu bcum par gyur to/

de nas dgyes te ha zhes brjod pas/ byang chub sems kyi sprin las/ dkar mo’i tshogs dang/ rkun mo’i tshogs dang/ rmongs mo’i tshogs dang/ thal byed mo’i tshogs dang/ spos mo’i tshogs dang/ gtum mo’i tshogs dang/ sme sha can gyi tshogs dang/ ma tshogs ma’i tshogs rnams rang rang gi lag cha dang/ ngo mtshar dang bcas nas ’thon to/ ’thon nas kyang ’bar ba chen po ’khor lo’i rtsibs mchan shar phyogs nas ’khor bar ’jigs pa’i gzugs rang gi lag cha dang bcas nas ’khod do/

de nas shin tu dgyes nas he zhes brjod pas/ seng gdong chen mo’i tshogs dang/ stag gdong chen mo’i tshogs dang/ va gdong chen mo’i tshogs dang/ khyi gdong chen mo’i tshogs dang/ bzhad gdong chen mo’i tshogs dang/ kang ka’i gdong chen mo’i tshogs dang/ dur bya’i gdong chen mo’i tshogs dang/ ’ug pa’i gdong chen mo’i tshogs dang bcas pa rnams/ rang rang gi lag cha dang ngo mtshar du chas nas ’thon par gyur to/ ’thon nas kyang ’bar ba chen po’i ’khor lo’i phyi rol shar phyogs nas ’khor bar rngam pa’i mdangs kyis ’khod do/

復次，彼等大喜如來忿怒本尊之壇城發出 hūṃ 字之聲，眾佛母王后之蓮花壇城聚即緊緊閉合，互相擁抱。

復次，因喜樂而發出ha聲，自其菩提心雲出現白色〔大自在天妃〕（Gaurī）聚、女賊（Caurī）聚、無明女（Pramohā）聚、作塵女（Vetālī）聚、香女（Pukkāsī）聚、鄔摩天女（Caṇḍālī）聚、有痣女（Ghasmarī）聚、無福女（Śmāśanī）聚等，各各手執兵器，各具稀有嚴飾。各以恐怖相，各執兵器，自大火焰輪東起，環繞而住於其光點上。

復次，因極喜樂而發出he聲，於是大獅面母（Siṃhamukhī）聚、大虎面母（Vyāghramukhī）聚、大狐面母（Śṛgālamukhī）聚、大亥面母（Śvānamukhī）聚、大鵝面母（Gṛdhramukhī）聚、大兀鷲面母（Kankamukhī）聚、大鷹面母（Kakamukhī）聚及大鴟面母（Ulūkamukhī）聚等出現，各執兵器，各具稀有嚴飾。出現後，則帶忿怒光彩而住於大火焰輪外東環繞之輪。

de nas shin tu dgyes pas phyogs bcu'i zhing ma lus par khyab nas phaṭ ces brjod pas/ rdo rje sring 'gro ma'i tshogs dang/ rdo rje gdong mo'i tshogs dang/ rdo rje 'jig rten ma'i tshogs dang/ rdo rje ro langs ma'i tshogs rnams rang rang gi lag cha dang/ ngo mtshar du bcas nas 'thon par gyur to/ 'thon nas kyang 'bar ba'i dkyil 'khor gyi sgor shin tu rngam pa'i gzugs kyis gnas so/

de nas dgyes pa'i sprin las phyogs bcu nas phaṭ ces bsgrags pas/ thams cad khros nas ma mo thams cad kyang rang rang gi gnas gal ba der yud tsam gyis phyin par bkye'o/

de nas bcom ldan 'das dgyes pa chen po dpal khrag 'thung chen po de dag kun thugs rje chen po bdud rtsi 'byung ba zhes bya ba'i ting nge 'dzin la snyoms par zhugs nas/ sku dang gsung dang thugs rdo rje las 'di dag phyung ngo/

oṃ vajra mahāmṛta mahākrodha aṃ aṃ aṃ

zhes brjod pas/ dbang phyug chen po las sogs pa thams cad/ bcom ldan 'das khro bo chen po de dag gi snam nas bton to/ mi gtsang pa'i 'dam gyi rgya mtshor chud pa las snam nas u tsu sma kro dha phyung nas 'dam kun 'thungs te dran pa slar rnyed nas/ khro bo'i dkyil 'khor gyi tshogs de dag thams cad kyang dbu dgu brgya phyag stong brgyad brgya/ zhabs brgyad brgya/ sku 'bar ba chen po'i klong dkyil na bzhugs par mthong ngo/

復次，因喜樂遍滿十方一切淨土之故，發出 phat 聲，於是有金剛線行母（Vajratejasī）聚、金剛面母（Vajrāmcghā/Vajramukhī）聚、金剛世間女（Vajrālokā）聚及金剛起尸女（Vajravetālā）聚出現，各各手執兵器，具稀有嚴飾。出現後，即示現極端忿怒相，住於火焰輪之門。

復次，自大喜樂雲向十方發出 phaṭ 聲，眾皆忿怒，一切天女剎那又被遣回各各本處。

復次，一切大樂如來大吉祥飲血金剛，皆於稱為生大慈悲甘露之三摩地中入定，隨後有如下陀羅尼自金剛身、語、意中發出：oṃ vajra mahāmṛta mahākrodha aṃ aṃ aṃ。大自在等一切精靈從眾世尊大忿怒尊之內臟逐出，沒入不淨泥沼海中；隨後有不淨觸金剛明王（Ucchusmakrodha）自內臟出現，吸乾所有泥沼，使一切精靈復得正念。又見所有忿怒尊壇城聚具頭九百，臂千八百，足八百，住於大火焰佛身壇城中。

de'i dus su 'jig rten drug gi phyogs bcu'i srid pa kun tu dregs pa'i dbang phyug thams cad 'dul ba'i thabs sna tshogs bsam gyis mi khyab par so sor snang bas dus gcig tu btul lo/

de nas de dag shin tu 'dar zhing bred pas rab tu zhum pa'i nga ros/ 'bangs su mchi/ 'bangs su mchi/ 'bangs su nan tan ma brgyis ne/ mgo dang lus ni brgyar 'gas shing/ snying yang 'gas shing gtubs gyur cig/ rul myags tshig nas brlag pa dang/ dmyal bar ltung nas 'bod par shog/ ces 'bangs su mchi bar mna'bor nas/ dkyil 'khor gyi gdan du bzhag go/ thams cad kyis mgrin gcig tu yang smras pa/

bdag cag rnams kyi mchis brang dang/
ma dang sring mo bu mo rnams/
dkyil 'khor chen por bzhes su gsol/
dpa' bo lha rje bzhes su gsol/

dbag cag so so 'khor bcas kyis/
tshogs kyi dkyil 'khor chen po 'di'i/
ming tsam 'dzin par byed pa yang/
gtsug gi nor bu 'bar ba ltar/
gyo sgyu med cing gus ldan pa'i
sems kyis blangs te spyi bo yi/

gtsug tu bzhag ste bkur bar bgyi/
de yi dgos pa ci yang rung/
ma lus rdzogs par bdag cag bsgrub/

是時，於六世間十方一切有中，各各示現種種不可思議，方便調伏一切我慢大自在天，唯其降伏則為同時。

於是，是等精靈顫慄不已，發出哀號：敢請為爾之臣，敢請為爾之臣！若為臣不誠，願將我之頭身碎為百瓣，願打碎我心，並將其剁爛；請焚燒我此腐爛如泥之皮囊，將其拋棄；請讓我墮入地獄。我懇求你！彼等各就各壇城位，復同聲說云：

請受我等之妻子
母女以及諸姊妹
同入於此大壇城
勇識尊主祈受此

請讓我等之眷屬
持此會供壇城名
如我王冠焰光寶
願我於尊得承事
無欺唯獨有尊敬
寶石留於王冠上

請讓我等敬奉尊
不論壇城意為何
願我圓滿悉成就

zhes smras so/

gal te dpa' bo'i spyan snga 'dir/
smras pa bzhin du ma bsgrubs na/
bdag cag rnams kyi mgo lus snying/
bkas gtubs dum bur rul bar mchi/

de nas de dag gi chung ma'i tshogs dang/ ma dang sring mo dang/ bu mo'i tshogs thams cad dkyil 'khor du yud tsam gyis'ongs nas/ thams cad kyis mgrin gcig tu smras pa/

bdag cag 'khor tshogs thams cad kun/
dpa' bo chen po'i 'bangs su mchi/
dpa' bo chen pos dbag cag la/
las kyi dngos grub stsal du gsol/

zhes smras so/

de nas bcom ldan 'das dgyes pa chen pos lag tu rdo rje byin nas ming gi dbang bskur te dkyil 'khor gyi phyi rol du bkod do/

gsang ba'i snying po de kho na nyid nges pa las khro bo rang bzhin gyi dkyil 'khor sprin rnam par spros pa'i le'u ste bco lnga pa'o//

復言：

若於勇識尊面前
我等不能滿誓句
破我頭身以及心
碎之且任其腐爛

復次，彼等妻子眾、姐妹，母親及女兒聚，剎那全到壇城中，且異口同聲說曰：

我等一切眾眷屬
願為勇識作奴僕
大勇識請發慈悲
請賜我等業成就

如是說已。

復次，大樂如來出有壞手持金剛，施名詞灌頂。隨之彼等即被莊嚴於壇城之外圍。

《秘密藏真實決定》第十五品：忿怒尊自性壇城如雲化現竟。

de nas bcom ldan 'das dgyes pa chen pos dkyil 'khor gyi tshogs chen po 'di dag dam tshig gis grub par bya ba'i phyir/ de bzhin gshegs pa khro bo khrag 'thung chen po btsun mo dang bcas pa'i tshogs de dag gi sku dang gsung dang thugs rdo rje ye shes rngam pa las gsung gi dkyil 'khor 'di dag phyung ngo/

oṃ sarvatathāgatamahāśrīheruka mahācaṇḍasarvaduṣṭāntaka hana daha paca hūṃ hūṃ hūṃ phaṭ/
oṃ vajramahāśrīheruka mahācaṇḍasarvaduṣṭāntaka hana daha paca hūṃ hūṃ hūṃ phaṭ/
oṃ ratnamahāśrīheruka mahācaṇḍasarvaduṣṭāntaka hana daha paca hūṃ hūṃ hūṃ phaṭ/
oṃ padmamahāśrīheruka mahācaṇḍasarvaduṣṭāntaka hana daha paca hūṃ hūṃ hūṃ phaṭ/
oṃ karmamahāśrīheruka mahācaṇḍasarvaduṣṭāntaka hana daha paca hūṃ hūṃ hūṃ phaṭ/
oṃ sarvatathāgata mahākrodhīśvarī sarvaduṣṭān hūṃ phaṭ/
oṃ mahāvajradhara mahākrodhīśvarī jvālinī hūṃ phaṭ/
oṃ mahāsūryaratna mahākrodhīśvarī vidamā hūṃ phaṭ/
oṃ hreṣitasamantapadma mahākrodhīśvarī khāhi hūṃ phaṭ/
oṃ sarvāmogha mahākrodhīśvarī viśvā hūṃ phaṭ/
oṃ vajragaurī ha/
oṃ vajracaurī ha/
oṃ vajra pramohā ha/
oṃ vajra vetālī ha/
oṃ vajracaṇḍālī ha/
oṃ vajra pukkāsī ha/
oṃ vajra ghasmarī ha/

第十六品：大忿怒尊眾語壇城化現

復次，大樂如來出有壞為使彼等大壇城眾能三昧耶成就故，自彼等大忿怒如來飲血金剛、及其佛母聚之金剛身語意怖畏本智中，發出如是等語壇城：

oṃ sarvatathāgatamahāśrīheruka mahācaṇḍasarvaduṣṭāntaka hana daha paca hūṃ hūṃ hūṃ phaṭ

oṃ vajramahāśrīheruka mahācaṇḍasarvaduṣṭāntaka hana daha paca hūṃ hūṃ hūṃ phaṭ

oṃ ratnamahāśrīheruka mahācaṇḍasarvaduṣṭāntaka hana daha paca hūṃ hūṃ hūṃ phaṭ

oṃ padmamahāśrīheruka mahācaṇḍasarvaduṣṭāntaka hana daha paca hūṃ hūṃ hūṃ phaṭ

oṃ karmamahāśrīheruka mahācaṇḍasarvaduṣṭāntaka hana daha paca hūṃ hūṃ hūṃ phaṭ

oṃ sarvatathāgata mahākrodhīśvarī sarvaduṣṭān hūṃ phaṭ

oṃ mahāvajradhara mahākrodhīśvarī jvālinī hūṃ phaṭ

oṃ mahāsūryaratna mahākrodhīśvarī vidamā hūṃ phaṭ

oṃ hreṣitasamantapadma mahākrodhīśvarī khāhi hūṃ phaṭ

oṃ sarvāmogha mahākrodhīśvarī viśvā hūṃ phaṭ

oṃ vajragaurī ha

oṃ vajracaurī ha

oṃ vajra pramohā ha

oṃ vajra vetālī ha

oṃ vajracaṇḍālī ha

oṃ vajra pukkāsī ha

oṃ vajra ghasmarī ha

oṃ vajra smaśānī ha/
oṃ vajra siṃhamukhī he/
oṃ vajra vyāghramukhī he/
oṃ vajra śṛgālamukhī he/
oṃ vajra śvānamukhī he/
oṃ vajra gṛḍhramukhī he/
oṃ vajra kankamukhī he/
oṃ vajra kākamukhī he/
oṃ vajra ulūkamukhī he/
oṃ vajra āryatejateṅ jaḥ/
oṃ vajrāmoghā hūṃ/
oṃ vajra lokā vaṃ/
oṃ vajra bhasmī valayavatī hoḥ/
bhyoḥ bhyoḥ bhyoḥ bhyoḥ bhyoḥ bhyoḥ/
bhyoḥ bhyoḥ bhyoḥ bhyoḥ bhyoḥ bhyoḥ/
bhyoḥ bhyoḥ bhyoḥ bhyoḥ bhyoḥ bhyoḥ/
bhyoḥ bhyoḥ bhyoḥ bhyoḥ bhyoḥ bhyoḥ/
bhyoḥ bhyoḥ bhyoḥ bhyoḥ/
oṃ rulu rulu rulu hūṃ/
ehyehi ānaya jaḥ hūṃ vaṃ hoḥ
raṃ/
oṃ vajra krodha samaya hūṃ/

oṃ
khro la khros bas zhi mdzad pa/
thugs rje khro dpal rngam pa'i tshogs/
'bar ba'i byin rlabs rmad po che/
da nyid du ni bdag la stsol/

oṃ vajra smaśānī ha
oṃ vajra siṃhamukhī he
oṃ vajra vyāghramukhī he
oṃ vajra śṛgālamukhī he
oṃ vajra śvānamukhī he
oṃ vajra gṛḍhramukhī he
oṃ vajra kankamukhī he
oṃ vajra kākamukhī he
oṃ vajra ulūkamukhī he
oṃ vajra āryatejateṅ jaḥ
oṃ vajrāmoghā hūṃ
oṃ vajra lokā vaṃ
oṃ vajra bhasmī valayavatī hoḥ
bhyoḥ bhyoḥ bhyoḥ bhyoḥ bhyoḥ bhyoḥ
bhyoḥ bhyoḥ bhyoḥ bhyoḥ bhyoḥ bhyoḥ
bhyoḥ bhyoḥ bhyoḥ bhyoḥ bhyoḥ bhyoḥ
bhyoḥ bhyoḥ bhyoḥ bhyoḥ bhyoḥ bhyoḥ
bhyoḥ bhyoḥ bhyoḥ bhyoḥ
oṃ rulu rulu rulu hūṃ
ehyehi ānaya jaḥ hūṃ vaṃ hoḥ
raṃ
oṃ vajra krodha samaya hūṃ

oṃ
綏靖眾惡忿怒尊
勝忿怒眾怖畏主
請以慈悲即賜我
火焰最稀有加持

oṃ vajra krodha samayas tvaṃ/
oṃ vajra krodha samaya phaṭ/
oṃ vajra krodha samaya hoḥ/

ali uli tālī tapāli/
daṃṣṭragaṇaraudra/
kharaṃ yoginī khāhi hoḥ/
hūṃ ha he phaṭ/

ces brjod pas 'jig rten drug gi phyogs bcu thams cad tshig/ rab tu tshig/ kun tu [rab tu] tshig go/ 'bar/ rab tu 'bar/ kun tu [rab tu] 'bar ro/ thams cad du 'bar ba'i dkyil 'khor gyi tshogs kyis gang rab tu gang/ kun tu gang bar gyur to/

gsang ba'i snying po de kho na nyid nges pa las khro bo'i tshogs chen po'i gsung gi dkyil 'khor spros pa'i le'u ste bcu drug pa'o//

oṃ vajra krodha samayas tvaṃ/
oṃ vajra krodha samaya phaṭ/
oṃ vajra krodha samaya hoḥ/

ali uli tālī tapāli/
daṃṣṭragaṇaraudra/
kharaṃ yoginī khāhi hoḥ/
hūṃ ha he phaṭ/

說如是陀羅尼。六世間十方遂被火燒，極火燒，唯火海；放出火焰，極放出火焰、唯放出火焰；為壇城聚遍滿、極遍滿，唯遍滿。

《秘密藏真實決定》第十六品：大忿怒尊聚語壇城化現竟。

de nas bcom ldan 'das dgyes pa chen pos/ de dag gi dkyil 'khor bstan pa'i phyir ched du brjod ba 'di brjod do/

'bar ba'i dkyil 'khor rtsibs bzhi pa/
gru chad bzhi yis rnam par brgyan/
gru bzhi sgo khyud bzhi dang ldan/
'bar ba'i bar 'khyams gnyis kyis mdzes/
thod sbrul sna tshogs nyi mas brjid/
'bar ba'i 'phro ba mang po 'khrug/

khyu mchog ma he gzig dang stag/
gtum pa dom gyi spar bas ni/
dbang phyug lha chen la sogs sung/

smug nag sngo nag ser nag dang/
dmar nag ljang nag 'jigs pa'i sku/
dbu gsum phyag drug zhabs bzhir bgrad/

ko rlon gos ni sna tshogs gyon/
rngam pa'i sgra chen 'jigs par sgrogs/
sbrul dang thod 'phreng nyi zla'i chas/
stong gi 'jig rten 'khor yug bcas/
rdo rje dung chen gang ba dang/
ral gri dgra sta gshol la sogs/
rang gi lag cha sna tshogs bsnams/
btsun mo 'jigs pa'i tshogs dang 'khril/

第十七品：示現忿怒尊壇城

復次，大樂如來出有壞為示現彼等忿怒壇城故，不問自說偈如是：

火焰壇城有四輻
復有四角甚莊嚴
具足四方四邊門
兩座火院更增華
種種顱蛇添光彩
眾多火浪層相疊

牛王水牛虎與豹
復有猛熊齊相托
自在天等正雙運

紫黑深藍及棕黑
暗紅深綠恐怖相
三頭六臂四足展

身著種種生皮衣
蛇與顱鬘日月袍
忿怒威怖大吼叫
為現千界及輪圍
手執自家眾兵器
金剛顱蓋血滿盈
復有劍鉞和鋤犁
擁抱怖畏眾佛母

gnas dang yul gyi phyag rgya dang/
sgo bzhi'i phyag rgyas rab mdzes shing/
slas dang byi mo bran mo'i tshogs/
bcu gnyis dang ni brgyad kyis mdzes/
rang gi stan dang lag cha dang/
ci bgyi zhes ni chas te gnas/

zhes brjod pas/ 'jig rten drug gi phyogs bcu thams cad du 'bar ba'i dkyil 'khor kun tu gsal bar gyur to/ gsang ba'i snying po de kho na nyid nges pa las khro bo'i dkyil 'khor bstan pa'i le'u ste bcu bdun pa'o//

欲處欲地四欲門
各以手印嚴本尊
眷屬嬪妃眾侍女
二十又八嚴本尊
各住其位執兵器
身著侍應僕從裝

說如是偈，凡此六世間十方一切地，皆於此一切火焰壇城中成為光輝燦爛。

《秘密藏真實決定》第十七品：示現忿怒本尊壇城竟。

de nas bcom ldan 'das dgyes pa chen pos mnyes pa'i mchod pa chen po 'di ched du brjod do/

de la mchod sbyin dam pa ni/
thog mar bdag nyid rtog goms bsgral/
de nas gnyis med blo yis ni/
blo ngan 'jig rten snying re rje/
gnyis su med par bsgral bar bya'o/

'khril ba'i mchod chen mnyam sbyor bas/
bdag nyid mnyes pas mnyes par bya/
mnyam pa'i sgrub rdzas chen po dag/
bdag dang mnyam pa'i tshogs la 'bul/

bza' dang bca' dang btung dang bgo/
longs spyod lnga ldan thams cad ni/
dkyil 'khor la ni dkyil 'khor thim/

phyogs bcu dus bzhir gshegs pa yi/
bde gshegs yon tan rmad po che/
gzhan nas yod pa ma yin na/
lha srin la sogs smos ci dgos/

第十八品：示現淨妙供施

復次，大樂如來出有壞就此大歡喜供養不問自說偈如是：

於彼淨妙供與施
我見習氣先解除
此由戲論而安立
隨後當以無二智
無二救渡可悲界

由抱而成無上供
等至令我自喜樂
由是悅樂須賦予
成就平等無上誓
施予與我平等眾

食與嚼嗍飲與衣
凡彼具足五妙欲
生壇城復入壇城

善逝十方四時現
其甚稀有大功德
自不能於餘處有
天人羅剎不待言

rnal 'byor las su rung rnams kyis/
phyag rgya chen po rdzogs 'gyur zhing/
gsal ba'i yid gnyis med pa na/
dkyil 'khor chen po 'bar bar 'gyur/

zhes brjod pas/ mnyes pa'i mchod pa chen pos 'jig rten drug gi phyogs bcu thams cad khyab par gyur to/ gsang ba'i snying po de kho na nyid nges pa las mchod sbyin dam pa bstan pa'i le'u ste bco brgyad pa'o//

是等有緣瑜伽士
圓滿成就大手印
無有觀待二取心
彼已化大壇城火

如是說已，所有六世間十方即為大歡喜供養所遍滿。

《秘密藏真實決定》第十八品：示現淨妙供施竟。

de nas bcom ldan ’das dgyes pa chen pos sngags ’chang rnams don yod par bya ba’i phyir dam tshig chen po ’di ched du brjod do/

bla med theg par rab nges na/
nyon mongs las rnams kun spyad kyang/
byas la mi gsog tshogs ’gyur te/
tshul khrims sdom pa phun su tshogs/

bla med mchog gi dam tshig tu/
’dul ba’i dbang gis tshul khrims dang/
ji snyed sdom pa bsam yas pa/
ma lus kun ’dus rnam par dag/

yod med dbu ma’ang mi dmigs shing/
sgyd ma mig yor lta bu’i tshul/
srog med srog kyang gcod du med/
srog dang skyes bu log rtog tsam/

bden pa gnyis kar dbyer med pas/
’phrul dga’i tshul de tha dad min/
gzhan dang ma byin med pa’i phyir/
blangs med thams cad nyid kyi dbyings/

第十九品：三昧耶

復次，大樂如來出有壞為令諸持密咒者功不唐捐故，不問自說此大三昧耶：

無上妙乘善決定
煩惱及業皆結習
結習不集成資糧
即此律儀善誓句

無上最勝三昧耶
經調伏而為律儀
以及難思量誓句
無餘聚集成清淨

不緣有非有中道
生非有如幻與影
何以會有殺生事
生與生者唯誤認

由於二諦不可分
無分別如化樂天
既無有他故無施
是亦無有所謂取
諸法即是真如界

chos rnams sgyu ma lta bu la/
ming dang tshig tu btags pa rdzun/
bdzun nyid la ni rdzun spyod pa/
rdzun zhes btags tsam yod ma yin/

ma chags pa la chags pa dang/
chags pa nyid na chags pa med/
de ni chags mchog rgyal po ste/
shin tu chags pa chen po yin/

bla med mi spang bla ma bkur/
sngags dang phyag rgya rgyun mi gcod/
yang dag lam du zhugs la byams/
gsang ba'i don phyir smra mi bya/
'di ni rtsa ba lnga rnams te/
sgrub dang bsrung ba'i dam tshig mchog/

gti mug chags dang zhe sdang dang/
nga rgyal phrag dog mi spang ngo/

dkar rtsi dmar rtsi dri sha chen/
dag pa'i snod pas bcud mi dor ro/
yan lag bcu yi dam tshig ste/
ye nas dag mnyam rtogs pas spyad/

bsrung zhing sgrub pa'i dam tshig lnga/
rtsa ba yin te rigs med 'gyur/

諸法實則皆如幻
假立名句盡謊言
雖謊言作謊言修
則非謊言唯假立

於彼無貪實有貪
於彼貪中卻無貪
如是即為勝貪王
是為無上大貪欲

不捨無上且敬師
不斷密續與手印
慈愛而入於正道
密義不向外人說
此五根本三昧耶
無上故當修且持

無明貪欲及瞋恚
我慢嫉妒皆不捨

人肉糞溺紅白液
自淨器出不捨棄
十種支分三昧耶
原本清淨且平等
由此證悟作修習

五種修護三昧耶
佛種姓退為凡夫

mi spang mi dor lnga gnyis ni/
yan lag dam tshig 'da'dka'o/

mnyam la mnyam par sbyor ba yi/
mnyam pa'i dam tshig la gnas na/
mnyam rdzogs chen po thob 'gyur bas/
'das na sangs rgyas ma yin no/

rtsa ba nyams pa'i phyal ba dag/
gso la nye bar mi brtson dang/
skad cig yud tsam smra ma byed/
nyams gyur nyes pa brjod mi lang/

rtsa ba'i dam tshig nyams gyur na/
sgrub pa thams cad log par 'gyur/
yid du mi 'ong sna tshogs pa'i/
'bras bu mi 'dod bzhin du 'du/

yan lag dam tshig nyams gyur na/
'bras bu med cing ngan song ltung/

五不捨與五不棄
是為十支三昧耶
行者實不可逾越

住於平等三昧耶
復與平等作雙運
得證平等大圓滿
違此不能成佛道

對彼麻木不仁者
剎那亦不與之語
彼壞根本三昧耶
抑且又不思補救
彼失墮罪難形容

壞失根本三昧耶
一切成就皆顛倒
己所不欲反而得
種種不如人意果

若壞支分三昧耶
無有結果墮惡趣

dam tshig rnams ni rdo rje che/
sangs rgyas kun gyi bdag nyid yin/

rtsa ba'i dam tshig lnga la ni/
gcig la'ang gnyis dang bcu phrag gsum/
yan lag dam tshig lnga gnyis la/
gcig la'ang bcu phrag gnyis su dbye/

dam tshig 'di ni rmad po che/
'jig rten drug gi phyogs bcu na/
srid gsum 'gro ba ji snyed pa/
rtog 'dul dam tshig de snyed spro/

gzhan yang rgyal mchog kun bzang gi/
thams cad ma lus phyag rgya yis/
sgrub med dam pa ma lus 'grub/
de la sogs pa mtha' yas mchog/

rgyal ba'i rigs mchog 'dzin pa de/
'jig rten gtso dang 'khor gyis bkur/
dam pa mchog dang dam pa yis/
sras dang spun dgongs byin gyis rlob/

三昧耶大金剛性
一切覺者之本體

五種根本三昧耶
各分二及三十支
兩組支分三昧耶
各有二十細支分

三昧耶者大稀有
為調眾生心意故
於彼六世間十方
示現化身難勝計
盡如三界眾生數

尚有最勝普賢印
諸法顯現無有餘
無修而於真實中
得成就故妙無邊

具持佛陀最勝智
世間主從皆敬仰
願最善及善知識
得加持而成子弟

bde gshegs nyid kyi yul la zhugs/
'jigs med kun tu bzang por sbyor/
ji bzhin nyid dang 'dul ba'i thabs/
ji snyed sdom pa bsam yas pa/
ma lus rnam dag lhun gyis grub/

nyams na bskangs pas rdzogs pa dang/
de la sogs pa mtha' yas mchog/

ces brjod pas/ de bzhin gshegs pa nyid de bzhin gshegs pa nyid la 'dul bar gyur to/ gsang ba'i snying po de kho na nyid nges pa las dam tshig gi le'u ste bcu dgu pa'o//

得入善逝自刹土
無畏普賢作雙運
真實本來即如此
得調教者為方便
是故諸難量誓句
無餘清淨且自成

若然失墮可酬補
如是利益妙無邊

如是說已，諸如來自己頂禮如來。

《秘密藏真實決定》第十九品：三昧耶竟。

de nas de bzhin gshegs pa bcom ldan 'das dgyes pa chen pos lhun gyis grub pa'i dam tshig byin gyis rlob pa zhes bya ba'i ting nge 'dzin la snyoms par zhugs nas ched du brjod pa 'di brjod do/

e yi tshogs kyi dkyil 'khor mchog/
'bar ba gtum chen rngam pa la/
khros pa'i yid kyis mchod sbyin bya/
sangs rgyas bsod nams sku yang 'jig/

bdud rtsl lnga'am zas lnga la/
mtshan ma ming du bcas par bya/
bkug nas rdo rje phur pas gdab/
rdul du byas nas tshogs la dbul/

e yi tshogs kyi dkyil 'khor du/
lu gu rgyud du sbrel bsdams nas/
bcings gyur bskyod nas phyogs bcur gyo/
myos nas gas te 'tshig par 'gyur/

vaṃ gi tshogs kyi dkyil 'khor mchog/
'bar ba gzi brjid lhun chen la/
chags pa'i yid kyis mchod sbyin bya/
rdo rje gsung yang dbang du 'gyur/

第二十品：任運成就加持

復次，大樂如來出有壞於稱為任運成就三昧耶加持之三摩地內入定，不問自說偈如是：

於彼會供勝壇城
如種字 e 應供養
向怖畏火忿怒供
佛身連德皆摧毀

當備犧牲替身相
連同五肉五甘露
再附姓名作標記
會當犧牲被召引
金剛意橛猛相戳
碎為微塵作會供

無上供壇形若 e
行者於彼被鏈縛
緊緊束縛十方搖
昏迷崩裂被焚焦

於彼會供勝壇城
如種字 vaṃ 應供養
威光巨焰貪欲供
雖金剛語亦制伏

bdud rtsi lnga'am zas lngs la/
mtshan ma ming du bcas par bya/
rdo rje chags pa'i phur pas gdab/
chags pa'i tshogs la thim par dbul/

vaṃ gi tshogs kyi dkyil 'khor du/
lu gu rgyud du sbrel bsdams nas/
'gugs 'gyur rdo rje'ang phyi bzhin 'brang/
ci 'dod de bzhin 'ong bar 'gyur/

ma yi tshogs kyi dkyil 'khor mchog/
'bar ba 'du 'phro gzi chen la/
dga' ba'i yid kyis mchod sbyin bya/
yon tan nam mkha'i mtha' dang mnyam/

bdud rtsi lnga'am zas lnga la/
[mtshan ma'i ming du bcas par bya/]
yon tan yid bzhin gter du brtag/
nga rgyal dga' 'phro'i phur pas gdab/
rdo rje gzi brjid 'phel bar 'gyur/

ma yi tshogs kyi dkyil 'khor du/
lu gu rgyud du sbrel bsdams bskyod/
gzi brjid 'bar ba'i 'phrul chen spro/
yid bzhin nam mkha' gang bar 'gyur/

當備犧牲替身相
連同五肉五甘露
再附姓名作標記
金剛欲橛猛相戳
供諸欲眾至消融

無上供壇形若vaṃ
行者於內被鏈縛
獲召金剛變僕從
所欲皆可如願償

於彼會供勝壇城
如種字ma應供養
火焰生輝歡喜供
功德廣大如虛空

〔畫上犧牲相及名〕
連同五肉五甘露
有如功德如意寶
金剛慢橛喜相戳
金剛光輝更增勝

無上供壇形如ma
行者於內被鏈鎖
搖身一變生威光
如意虛空皆遍滿

yā yi tshogs kyi dkyil 'khor mchog/
gsal ba'i gzi brjid 'tsher ba la/
dang ba'i yid kyis mchod sbyin bya/
gtum chen rngam pa'ang lhan ner 'gyur/

bdud rtsi lnga'am cas lnga la/
gtum rngam 'khrug pa'i ngo bor brtag/
lhan ner gsal ba'i phur pas gdab/
'bar ba lhan ne'i tshogs la dbul/

yā yi tshogs kyi dkyil 'khor du/
lu gu rgyud sbrel nas bsdams/
'bar ba lhan ne'i byin gyis khyab/
thams cad gyo ba med par byed/

slas dang byi mo bran mo'i tshogs/
lhag ma'i mchod sbyin 'dod pa sbyin/
rang gi dam tshig rab bsgrags nas/
gang 'dod las de byed par bsgo/

sngon tshe dpal chen he ru ka/
shin tu gdug cing gtum bag can/
thams cad ma lus 'dul mdzad pa'i/
dbang dang byin rlabs rmad po che/

於彼會供勝壇城
如種字yā應供養
明光熠熠澄明供
極凶邪者變光明

晝上犧牲姓及名
連同五肉五甘露
視為凶暴怖畏性
金剛光明櫥相戳
供養威光赫赫眾

無上供壇形如yā
鎖鏈縛住行者身
威光加持火遍滿
遂使萬物不動搖

眷屬嬪妃女僕聚
依願而施殘食供
好生宣說己誓詞
令彼施作所欲業

往昔吉祥忿怒尊
最是凶猛與暴惡
具大權勢與加持
調伏一切無例外

lha chen la sogs dbang bsdus nas/
'khor rnams dbang phyug slas su byas/
so so'i las rnams bskos pa de/
ji ltar dam bcas khas blangs pa'i/
ma thogs myur du mngon par phyung/

dam bacs bzhin du ma byas na/
ji ltar dam bcas mna' bro ba'i/
sdom bcas de las 'da' bar 'gyur/
dam tshig de las 'das 'gyur na/
mgo lus snying yang tshal pa bdun/
ya kṣa khro bos gtubs par 'gyur/

de bas rnal 'byor sngags 'chang gis/
ji ltar bcol ba bzhin du byos/
las de mngon du ma byas na/
rang gi mna' bor khas blangs pa'i/
rul myags 'tshig nas dmyal bar 'gro/
rnal 'byor dam la gnas gyur pa'i/
las rnams yongs su bya ba dang/
'khor rnams bu gcig bzhin du skyons/
phra men ma yang dngos grub thob/
bcol ba'i las rnams mngon du byos/

zhes bsgo'o/

自在天亦被征服
令汝成為彼眷屬
於自在天為奴僕
各各委以種種業
故汝立誓應謹持
迅速而行無障礙

若爾所作非所誓
出爾反爾棄信用
既發誓願復失戒
若爾違約棄盟誓
忿怒夜叉將碎汝
頭身心臟成七塊

是故行者持密咒
如何發誓如何作
若不依誓竟此業
定當失壞下火獄
願瑜伽士守誓句
圓滿成就種種業
護持眷屬如獨子
願毘舍支得悉地[3]
所托諸業皆證成

說如是教誡。

---

[3] 編註：毘舍支（piśācis），即噉食精血鬼。六道中餓鬼之建立，即源於彼。此處即解為具極貪之餓鬼。

khro bo bsgrub pa'i las kyi gtso bo ni 'di yin no/

khrag 'thung chen po la sogs pa'i/
bro gar glu tshig chen pos ni/
thams cad thams cad ci 'dod par/
thams cad thams cad byed pa yin/

mdzod ldan chen mo la sogs pa'i/
bro gar glu tshig chen mos ni/
'du bar 'dod na 'du bar byed/
'phel bar 'dod na 'phel bar byed/

spos mo chen mo la sogs pa'i/
bro gar glu tshig chen mos ni/
lhan ner 'dod na lhan ner byed/
rmugs par 'dod na rmugs par byed/

seng gdong chen mo la sogs pa'i/
bro gar glu tshig chen mos ni/
thams cad kun la za bar byed/
rdul cha tsam yang med par byed/

bzhad gdong chen mo la sogs pa'i/
bro gar glu tshig chen mos ni/
thams cad ma lus 'byin par byed/
kun la rab tu nyams par byed/

忿怒尊所成就之最主要業如是：

大飲血等諸本尊
舞步手姿依歌讚
一切一切凡所欲
一切一切皆成就

大具藏等諸天女
舞步手姿依歌讚
想要調伏就調伏
想要增廣便增廣

大香天女等女神
舞步手姿依歌讚
想要神采有神采
想要倦怠便倦怠

大獅面母等佛母
舞步手姿依歌讚
所有一切皆吃光
就連微塵也不賸

大兀鷲面等佛母
舞步手姿依歌讚
一切根官皆拔除
所有一切皆毀壞

slas dang byi mo bran mo'i tshogs/
bro gar glu tshig chen mos ni/
rbad cing gtang bar bya ba ste/
thams cad thams cad byed pa yin/

ljon pa dang ni lcug phran tshal/
sdong gcig dang ni mes reg drung/
dang pas dga' bas chags pas dang/
khros pas kā li rab tu bya/

zhes brjod pas/ de bzhin gshegs pa nyid la de bzhin gshegs pa nyid sbyong par gyur to/ gsang ba'i snying po de kho na nyid nges pa las lhun gyis grub pa'i 'phrin las byin gyis rlob pa zhes bya ba'i le'u ste nyi shu pa'o//

眷屬嬪妃女僕聚
舞步手姿依歌讚
當作施捨當祈願
一切儀軌修圓滿

靠近樹木矮樹林
獨木一枝火觸地
憑藉淨樂貪忿心
噶里儀軌應善修

如此説罷，如來與如來自己淨治。

《秘密藏續真實決定》第二十品：任運成就加持竟。

de nas bcom ldan ’das dgyes pa chen po’i tshogs kyi dkyil ’khor gyis shin tu rngam pa’i mdangs kyis glu ’di blangs so/

hūṃ
gtum chen dus mtha’i me ltar ’bar/
’od zer nyi ma ’bum gyi gzi/
khro gnyer glog stong ’gyu ba bzhin/
mche ba zang yag za byed che hoḥ/

hūṃ
rngam pa’i nga ro ’brug stong ldir/
gtum chen ri rab ’bum bsnyil skad/
a la ha la’i gad rgyangs che/
dbyugs pa’i ’thor rlung gyeng ba che’o/

hūṃ
khro bo shes rab ’od po che/
ye shes dkyil ’khor kun tu gsal/
’bar ba’i ye shes kun tu ’joms/
sna tshogs ye shes thig le che hoḥ/

第二十一品：忿怒尊讚

復次，大樂如來出有壞會聚壇城以極怖畏聲音唱如是之歌：

hūṃ
大怖畏燃末劫火
耀如十萬太陽光
忿怒紋如千電閃
尖銳獠牙狂咽食
hoḥ

hūṃ
怒吼轟聾若千雷
傾倒十萬妙高山
阿剌哈剌大笑聲
噴薄狂風大掃蕩

hūṃ
忿怒分別智光明
照耀一切智壇城
燃智摧伏諸煩惱
種智現於大明點
hoḥ

hūṃ
khro bo'i rgyal po sprin chen po/
khros pa'i dkyil 'khor char chen 'bebs/
dkyil 'khor yid bzhin 'byung ba'i gter/
sna tshogs khros pa'i thig le che hoḥ/

hūṃ
bdud kun gyi ni bdud chen po/
bdud kyi bdud de bdud rnams 'joms/
'jigs pa'i tshogs kyang 'jigs byed pa/
'jigs byed chen po thig le che hoḥ/

hūṃ
rdo rje brag chen sra ba po/
rdo rje chu bo sdud chen po/
rdo rje me ste 'bar ba che/
rdo rje rlung ste 'thor rlung che hoḥ/

zhes ched du glu blangs so/ gsang ba'i snying po de kho na nyid nges pa las khro bo la bstod pa'i le'u ste nyi shu gcig pa'o//

hūṃ
大雲乃是忿尊王
驟降忿怒壇城雨
如意壇城忿怒寶
種種現於大明點
hoḥ

hūṃ
一切魔中之大魔
魔之魔者伏眾魔
作怖畏怖怖畏眾
大明點現大忿尊
hoḥ

hūṃ
金剛大巖大堅硬
金剛水者大攝受
金剛火者大燃燒
金剛風者大狂風
hoḥ

如是有意而唱此歌。

《秘密藏真實決定》第二十一品：忿怒尊讚竟。

de nas bcom ldan 'das dgyes pa chen pos de bzhin gshegs pa nyid la gsang sngags kyi rgyal po brtan par gzung ba 'di ched du brjod do/

kye kye
phyogs bcu dus bzhi'i rang bzhin 'di/
de bzhin gshegs pa'i ngo bo nyid/

gzung 'dzin spros la 'chel ba yis/
rnam rtog zhugs pas so sor 'dzin/
sa rnams khyad par bkod pa yang/
gsang ba'i snying por 'gro ba'i lam/

ye shes ngo mtshar rab 'byams kyis/
don du mi 'gyur yongs ma gsungs/
de bzhin gshegs pa thams cad kyi/
phyag rgya gsang chen snying po 'di/
rtogs nas smra bar gang byed pa/
de nyid nga yin dbang yang rdzogs/

de bzhin gshegs pa thams cad la/
gsang ba 'di las gzhan mi mnga'/
sgro dang skur ba zhi ba yi/
gsang ba'i snying po de kho na/

第二十二品：歡喜與護持

復次，大樂如來出有壞為向如來自己表示，此秘密咒王當牢牢護持，而不問自說偈如是：

kye kye
十方四時之自性
即是如來之體性

渴喜戲論二取者
尋思繩索各各持
是故即有種種解
分別無非地莊嚴
由此道入秘密藏

本智稀有實無邊
若非利生永不說
誰證此極秘密藏
即證如來眾手印
一旦了知即成我
兼且灌頂亦圓滿

所有一切如來眾
除此秘密無所有
唯一真實秘密藏
或增或損皆止息
由決定界而現前

nyid de nges pa'i dbyings nas phyung/
de ni nges par lung bstan te/
sras ni thugs las skyes pa yin/
sa rab rig pa 'dzin la gnas/

zhes brjod pas/ de bzhin gshegs pa thams cad dbyer med par dgyes nas dus bzhi mnyam pa nyid kyi dbyings/ sku gsung thugs kyi lhun stug po bkod pa'i rgyan nyid du bzhugs so/

凡諸護持此續者
授記之為正有情
亦即諸佛之心子
當住持明最勝地

如是說已。一切如來無分別悉皆歡喜，住於四時平等界，且為佛身語意之自成豐滿莊嚴作嚴飾。聖證悟王、八千品幻化網之第二十二品：歡喜與護持竟。

gsang ba'i snying po de kho na nyid nges pa las mnyes pa dang yongs su bzung ba'i le'u ste nyi shu gnyis pa'o////

'phags pa rtogs pa'i rgyal po sgyu 'phrul drva ba le'u stong phrag brgya pa las mtshan nyid dang rgyud thams cad kyi lung gi spyi de bzhin gshegs pa thams cad kyi gsang ba gsang ba'i snying po de kho na nyid nges pa las thams cad ma lus par 'phros te 'khor lo bskor ba de dag gi 'bras bu'i mchog/

結分

此總攝轉法輪最勝果，一切乘無餘皆由此生出。由此《秘密藏真實決定》，一切如來秘密自性，一切正量與密續之總傳，皆源於八千幻化網聖證悟王。

印度親教師無垢友親偕吐蕃譯師涅・闍那鳩摩羅及瑪譯師勝寶繙譯並校訂。

《吉祥秘密藏續後續》

此續品乃為補充《秘密藏真實決定》而作，著重於說明唯一佛身一切修法之緣起、壇城之觀想、明點、風息之引導及五蘊之淨治。由智光及毘盧遮那二譯師自梵譯藏。

譯名：吉祥秘密藏續後續

頂禮出有壞金剛薩埵！

願住於金剛身、語、意佛母之宮，且願自性自成意輪眾，入於諸王后之宮。

復次，即彼作真言主，賜予教授如是等自性法：幻化者，於等持時專注遍滿心間之種字 a，彼即月輪。種子字 hūṃ中住無自性者。以貪、瞋、癡三者為月明點之種子字a，蓮花金剛輪之三種子字 hūṃ，乃諸秘密也。

無二菩提遍滿者
尋思此身即是空
因之種子不可得
集聚加持表空性
是故共許法界中
成就究竟圓滿印
身語意三 hūṃ 之印
金剛薩埵彼即是

《吉祥秘密藏續後續》第一品：即身成就一切之方便竟。

復次，〔大樂如來〕於歌舞三摩地中入定，向身、語、意主垂賜如是教言：〔畫上犧牲相及名〕

載歌載舞大吉祥
能成一切之主人
白色母[4]等作歌舞
聚斂增長大施與
香母[5]等等作歌舞
自他各各成倦怠
獅面母[6]等作歌舞
食盡一塵亦無餘
兀鷲面母[7]作歌舞
拔除根官壞一切
馬面母[8]等作歌舞
勾召縛已而復解
遂成坐象帝釋天
眷屬嬪妃女僕聚
一切儀軌究竟成

佛意壇城果之因
生出五相現等覺
知入而達究竟地
即有眼前現證果

---

4 梵文：Gaurī。
5 梵文：Pukkāsi。
6 梵文：Siṃhamukhī。
7 梵文：Gṛdhramukhī。
8 藏文：rTa gdong dkar mo。

因與所具種子字
誓句本智兩無二
現境蓮壇果無量
依止唯藉四念住

於彼金色四輻輪
對角月牆形四方
二迴廊頂具神變
大日光芒普照亮

巨大牛王豹與虎
復有熊等眾寶座
大天仰覆寶座上
紫黑深藍及棕黑
暗紅深綠怖畏身
三頭六臂四足展
怖畏忿怒大聲響
搖曳板斧顱骨號
金剛寶劍長蓮花
怖畏王后皆纏繞
ha ho jaḥ hūṃ vaṃ bhyoḥ 者
同具十二或為八
壇城父母口效之
此即菩提心本源

《吉祥秘密藏續後續》第二品：觀修壇城竟。

復次，〔大樂如來〕復於名為救度一切之三摩地中入定，垂賜教言如是：

若度一切有情眾
情者即是無生者
與諸佛母成雙運
以本無生情相合
自此無生者之界
住於眾生諸利益
一有能依即依止
喚作有情名亦無
即微塵許未曾度

oṃ 者乃是空性智
生出佛部忿怒尊

即是等持分別智
其因蓮花種所知

新月平等性智點
其因大寶種所知

亦是所作成就智
其因事業種所知

亦是空性圓鏡智
金剛種性甚相許

oṃ 者諸天之壇城
一切忿怒尊佛身
oṃ 者等等馭風息
射向十方普攝受
佛父佛母口所念

如是自利成就後
思維利他大手印

身語意三自性hūṃ
由此放光復聚攝
金剛薩埵唯一身
心之自性明點者
就如光明之壇城

智慧勇識善逝佛
為使專一境堅穩
內外及其秘密三
併於壇城心緣想

dram sha ho su ra ta stam mo ha ra ti ja

歡喜天母由此生
於彼心間法之輪
遂與善逝作歡樂
紅白身上遍利益
為能證智作加持
歡喜天母善逝佛
持聚新月ha盈滿

即彼歡樂於法界
一切如來之自性

《吉祥秘密藏續後續》第三品：生起明點竟。

復次，世尊出有壞復垂賜教言如是：

生起本智諸風息
圓滿相中淨圓滿
住若歡喜之pa hūṃ

金剛鉤母照十方
復於即彼自性處
生出勾召四幅輪

金剛生出蓮花壇
此中紅白合為一
金剛上曳成一體
微聚光明之自性

父母面白彩虹a
作淨即彼本智界
徹底斬斷輪迴續

從彼內外二風息
出乎外復入於內
普賢之規不外誦
明點豆子平常者
住於舌頭之中間
此時so ru甚明顯
隱沒兩邊不住中
一切如來之自性

《吉祥秘密藏續後續》第四品：風息要訣竟。

復次，世尊出有壞於稱為淨妙圓滿之三摩地中入定，向眾眷屬垂賜如是教言：

於彼圓滿正信者
所謂無相三摩地
所依加持修與供
是等意義皆明瞭
方便智慧遍滿佛
需修孰個所緣物
具蓮光聚普光照
法身大樂乃其名

於彼無福甚秘密
中意尊或空明點
無上善業淨妙智
與彼具蓮花者合
喜樂風息是法身
遠遠勝於普光地
真如界是金剛身
光明蓮花菩提身
生起加持受用身
復以次第化身稱
於彼聚集修供者
亦當修持手印身
二母作淨聚散子
以 phaṭ 開門禱祝 bhruṃ

a 者空密菩提心
各各根本細戲論
菩提心之事業者
連同種字無量宮
於彼具緣人之聚
細相du bu a ka字
神饈之上吸血聚
思維一切精華者
父母神饈種子字
隱滅之光燒神饈

於此甚妙清淨界
自明智光火焰高
忿怒壇城難思議
方便善巧之行者
甚思一切忿怒尊
一切忿怒尊壇城
貢獻智慧莊嚴供
因其無二皆歡喜

aviśa khaḥ khaḥ種子
何等樣者作供養
供品七七堆成團
獻於火神復頌揚

三種子字出於hūṃ
光明相續無間缺
以尸焚燒實物者

由此無實之空識
化出種字熔成金

金剛父母雙運合
金剛鈎聚鈎一切
貪瞋癡之交叉輪
本智淨治乃最勝

phaṭ 之供養成喜樂
即彼菩提心中作
光明焚燒五蘊者
乃是尋思不可得

一切如來之自性《吉祥秘密藏續後續》第五品：淨治蘊竟。

《吉祥秘密藏續後續》至此圓滿。

印度之賢者智光及譯師毘盧遮那譯。

附錄

《幻化網秘密藏真實決定根本續》藏文

152

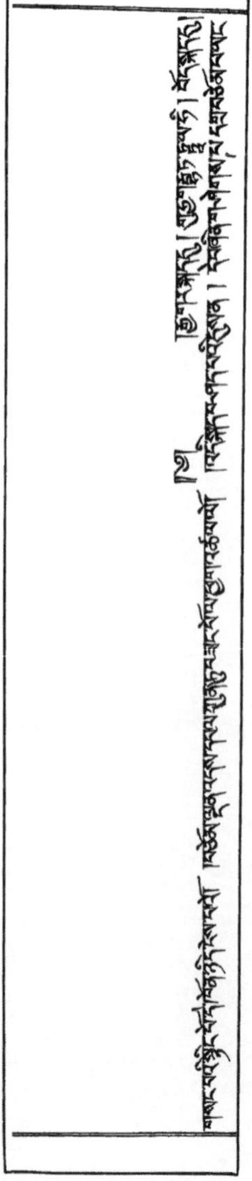

153

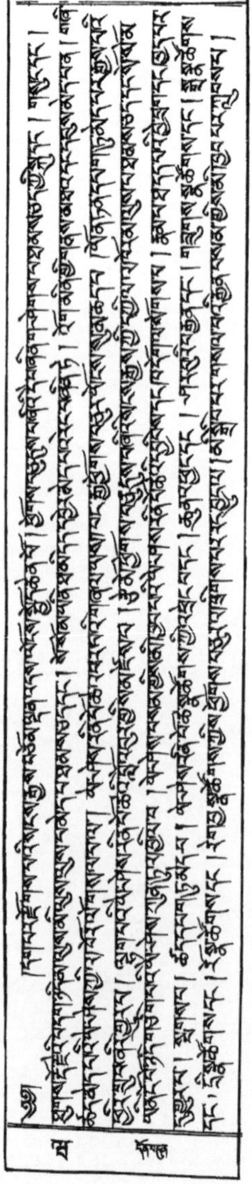

154

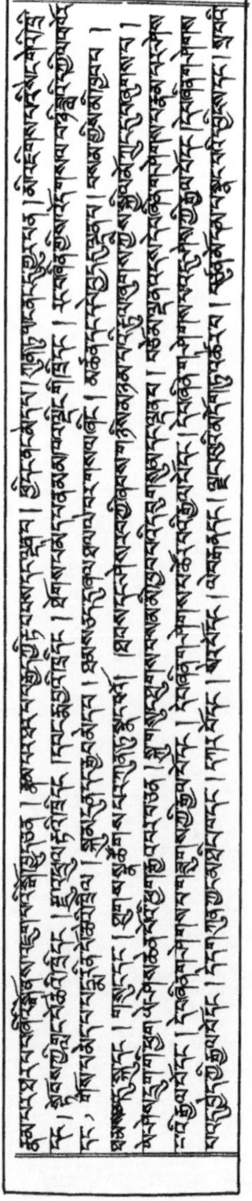

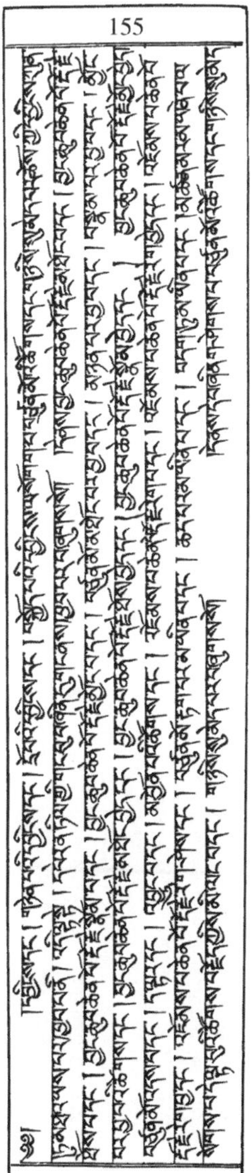
155

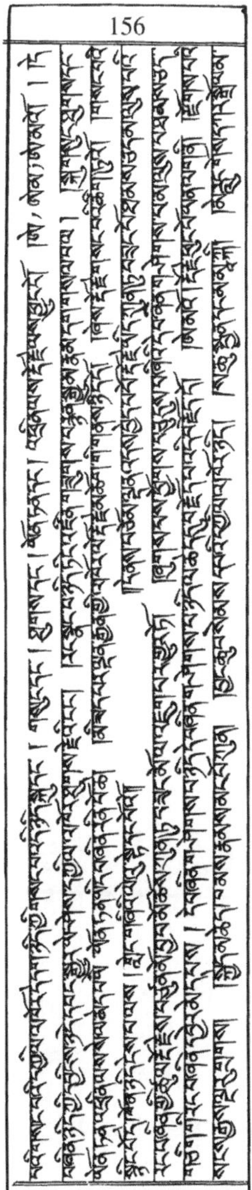
156

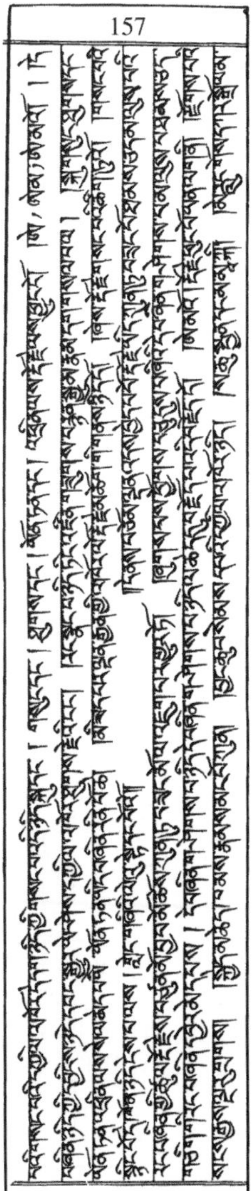
157

158

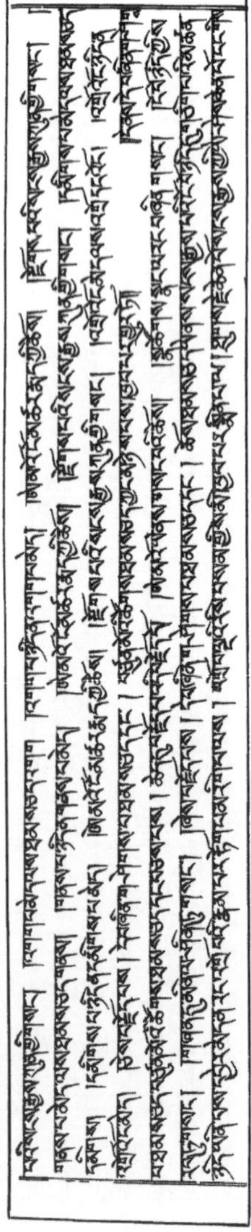

159

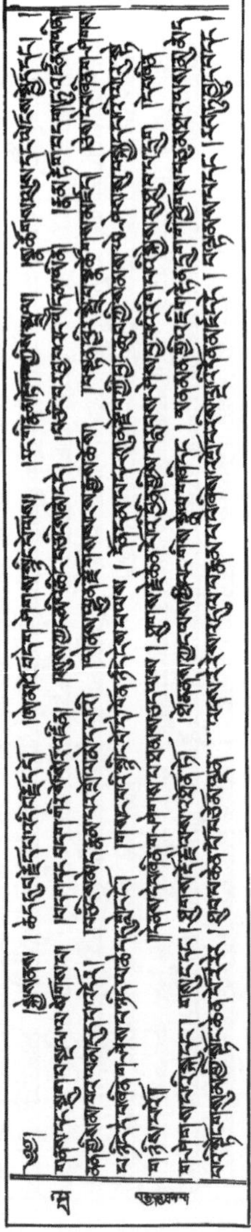

160

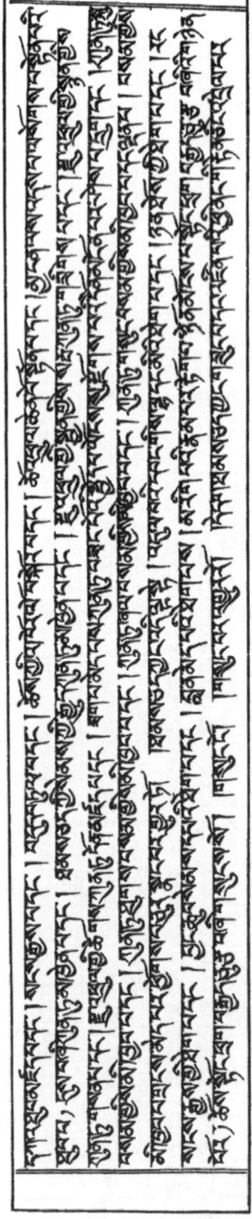

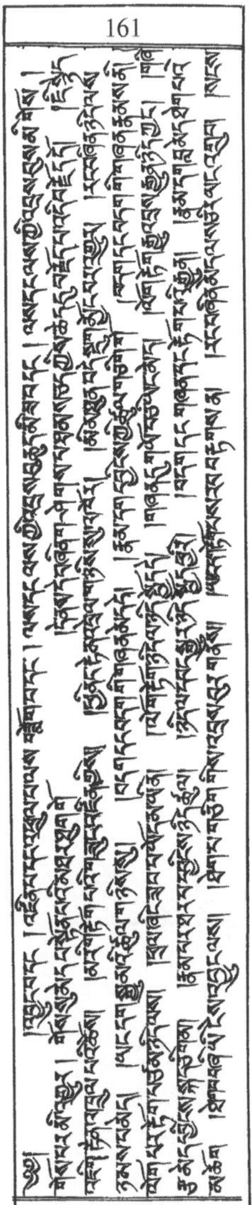
161

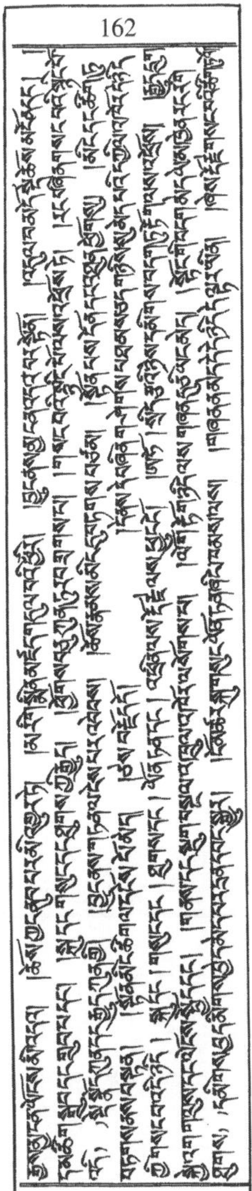
162

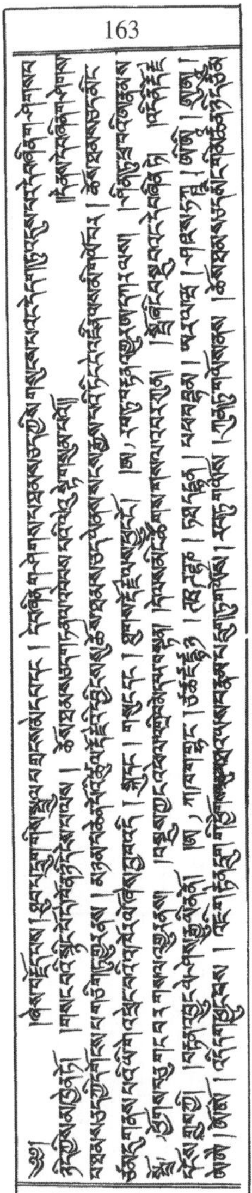
163

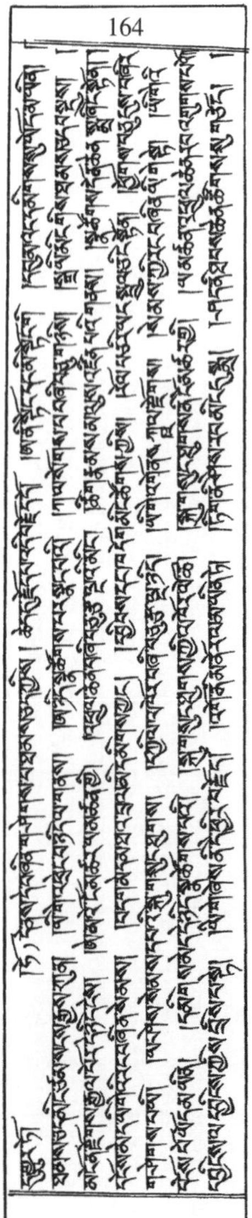
164

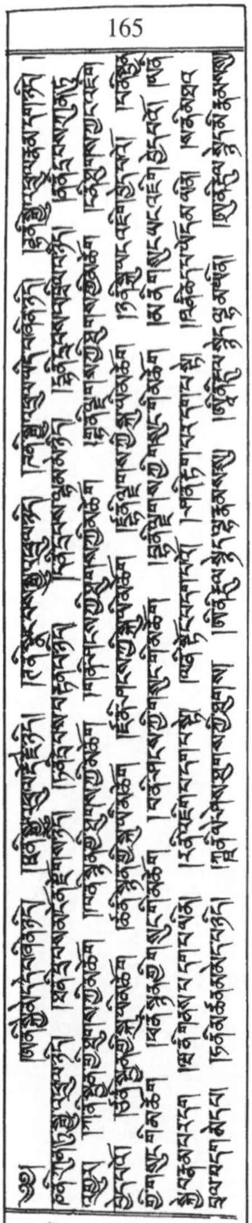
165

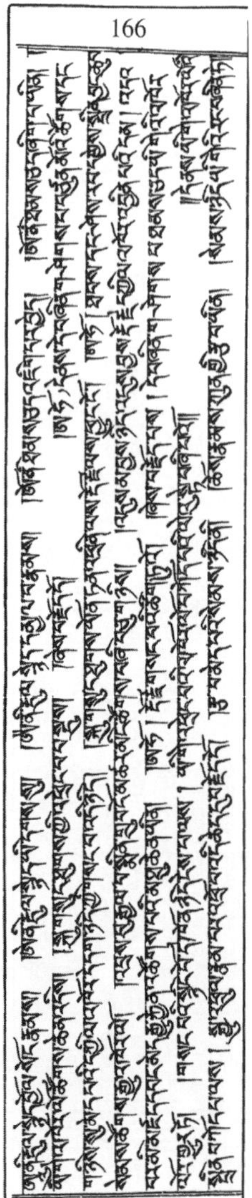
166

167

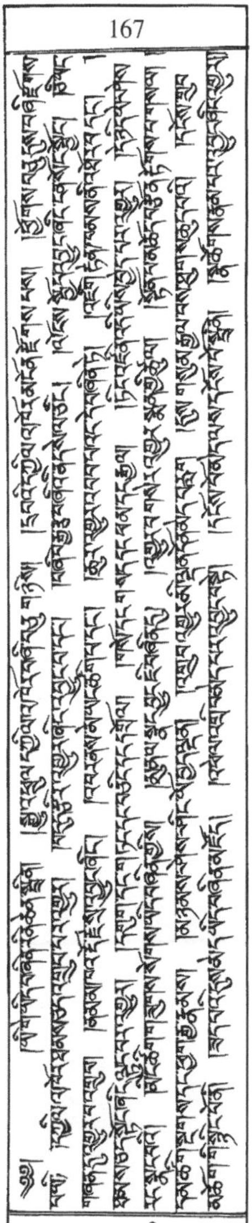

168

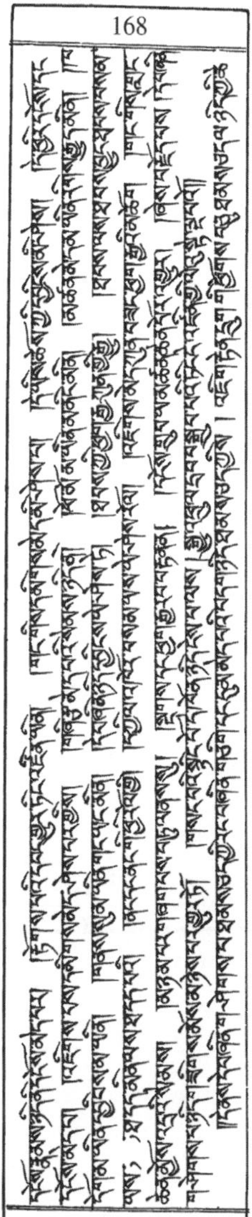

169

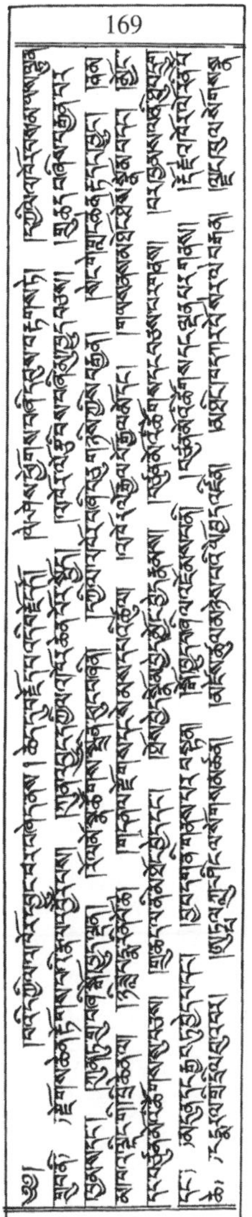

170

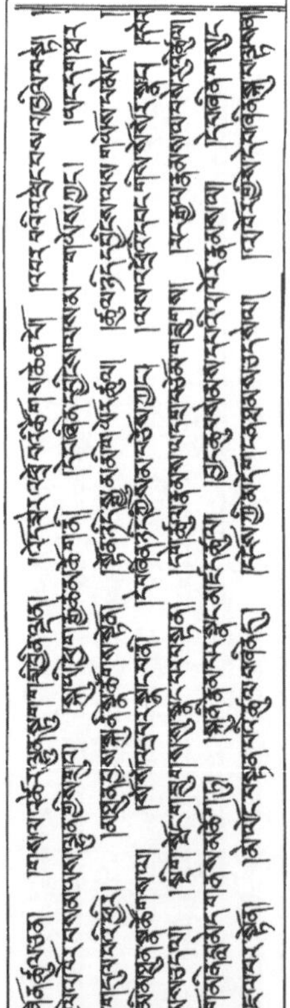

171

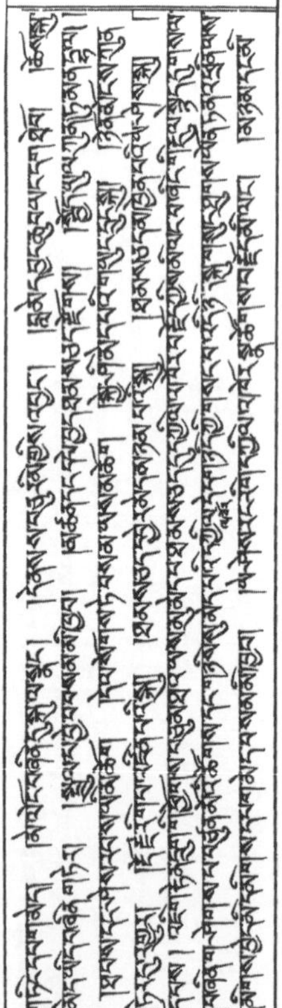

172

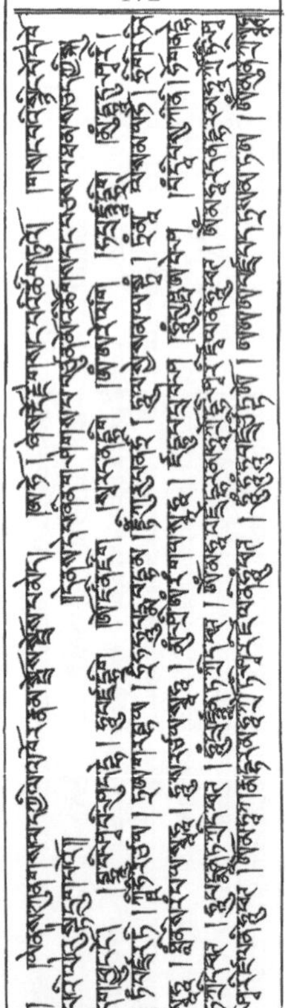

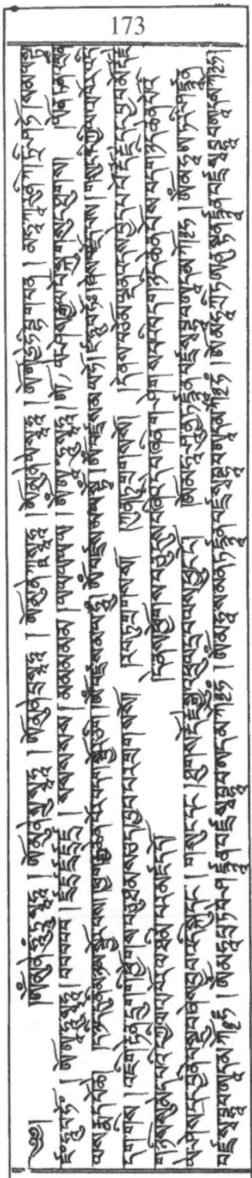
173

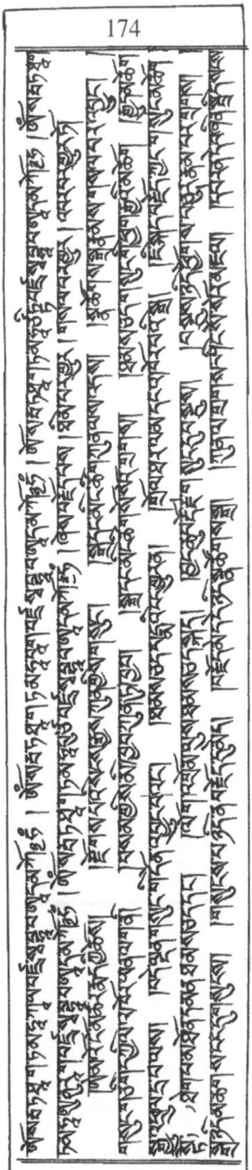
174

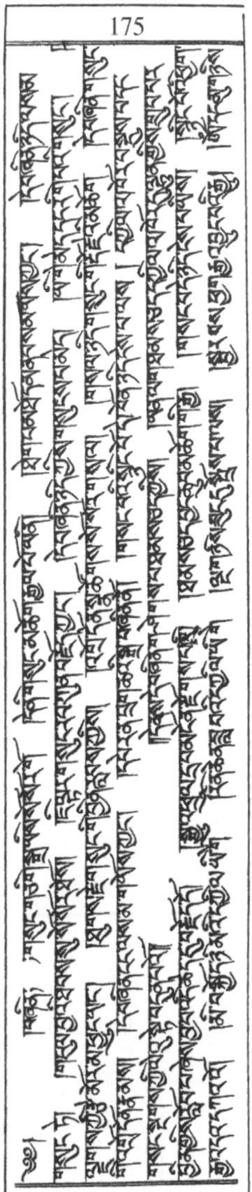
175

176

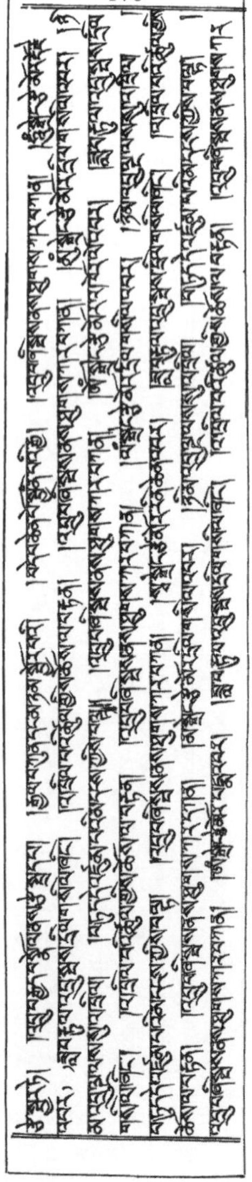

177

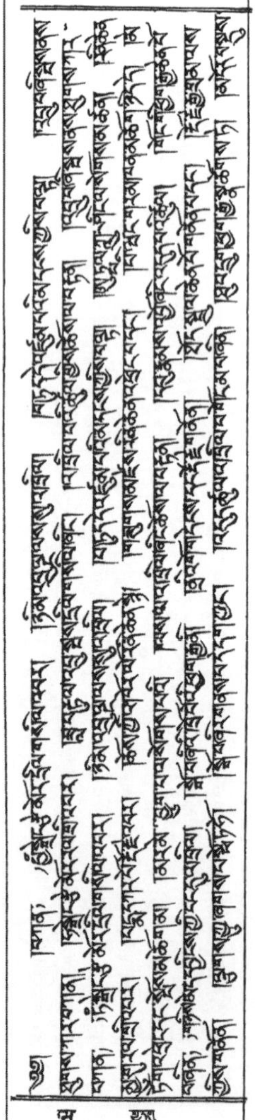

178

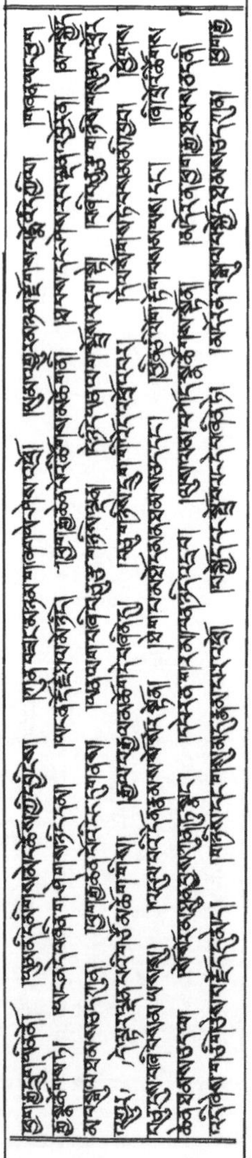

179

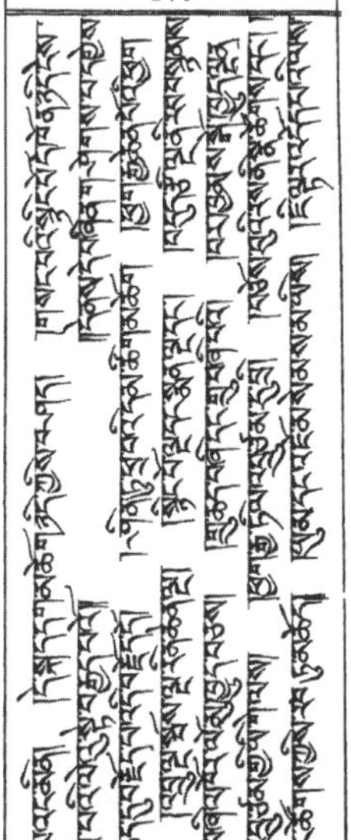

180

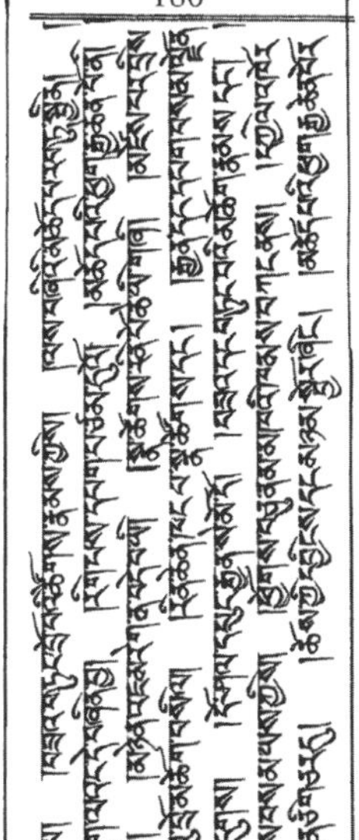

181

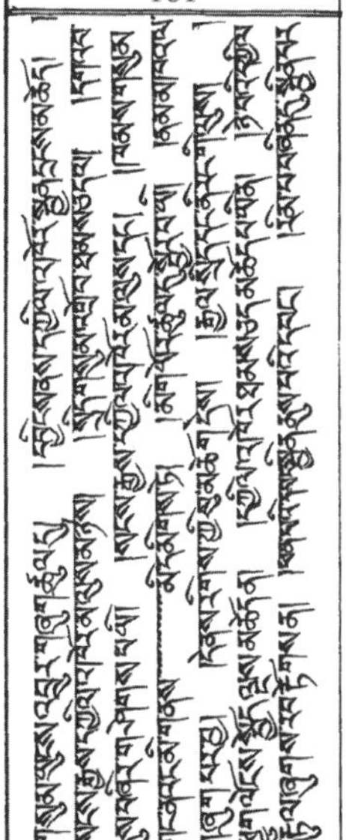

182

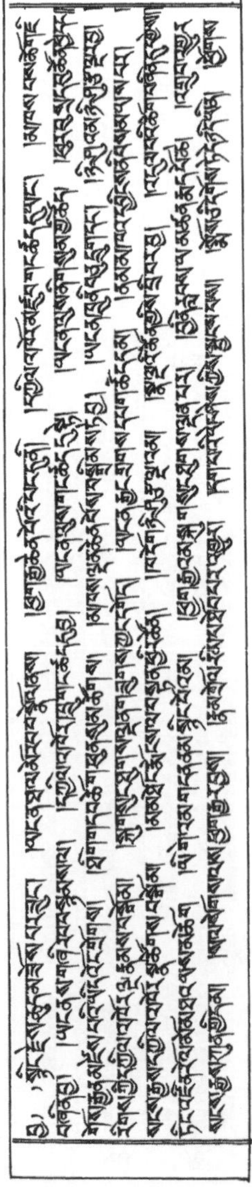

183

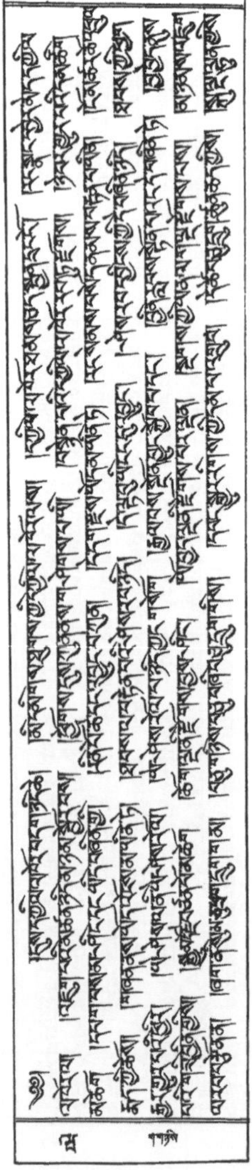

184

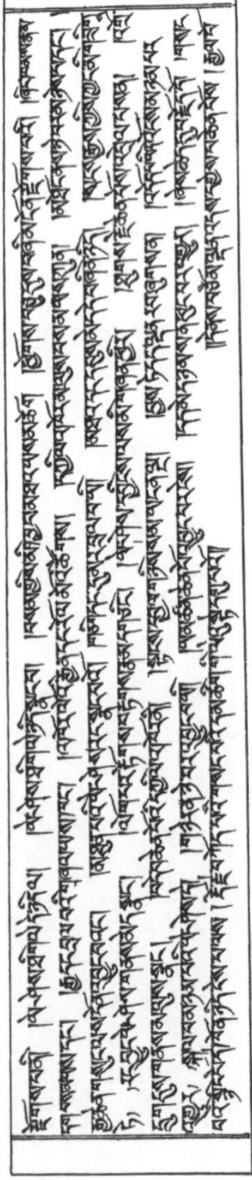

185

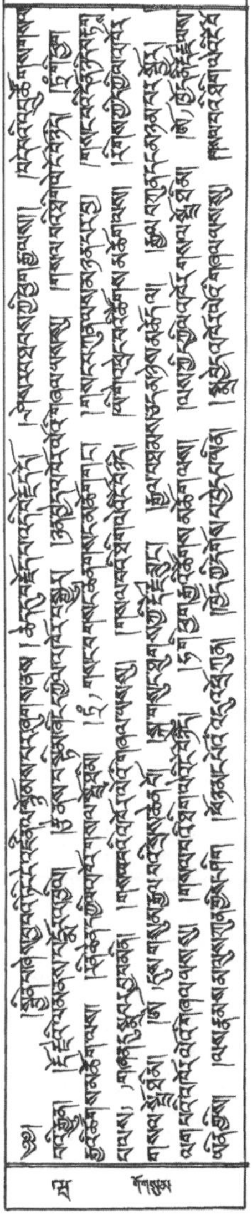

186

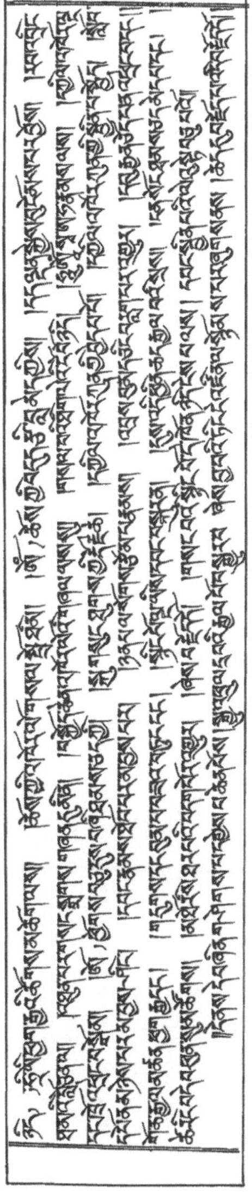

187

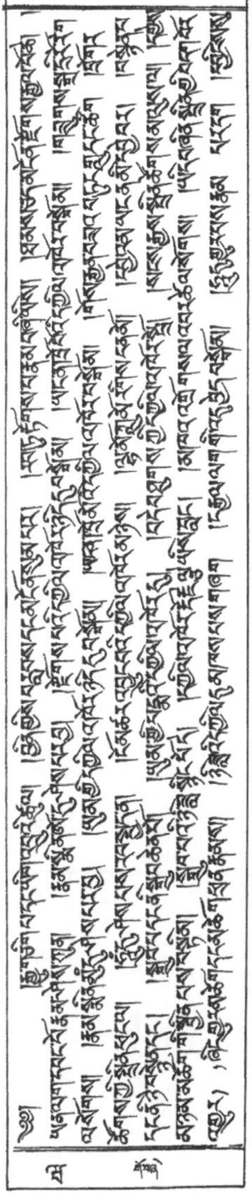

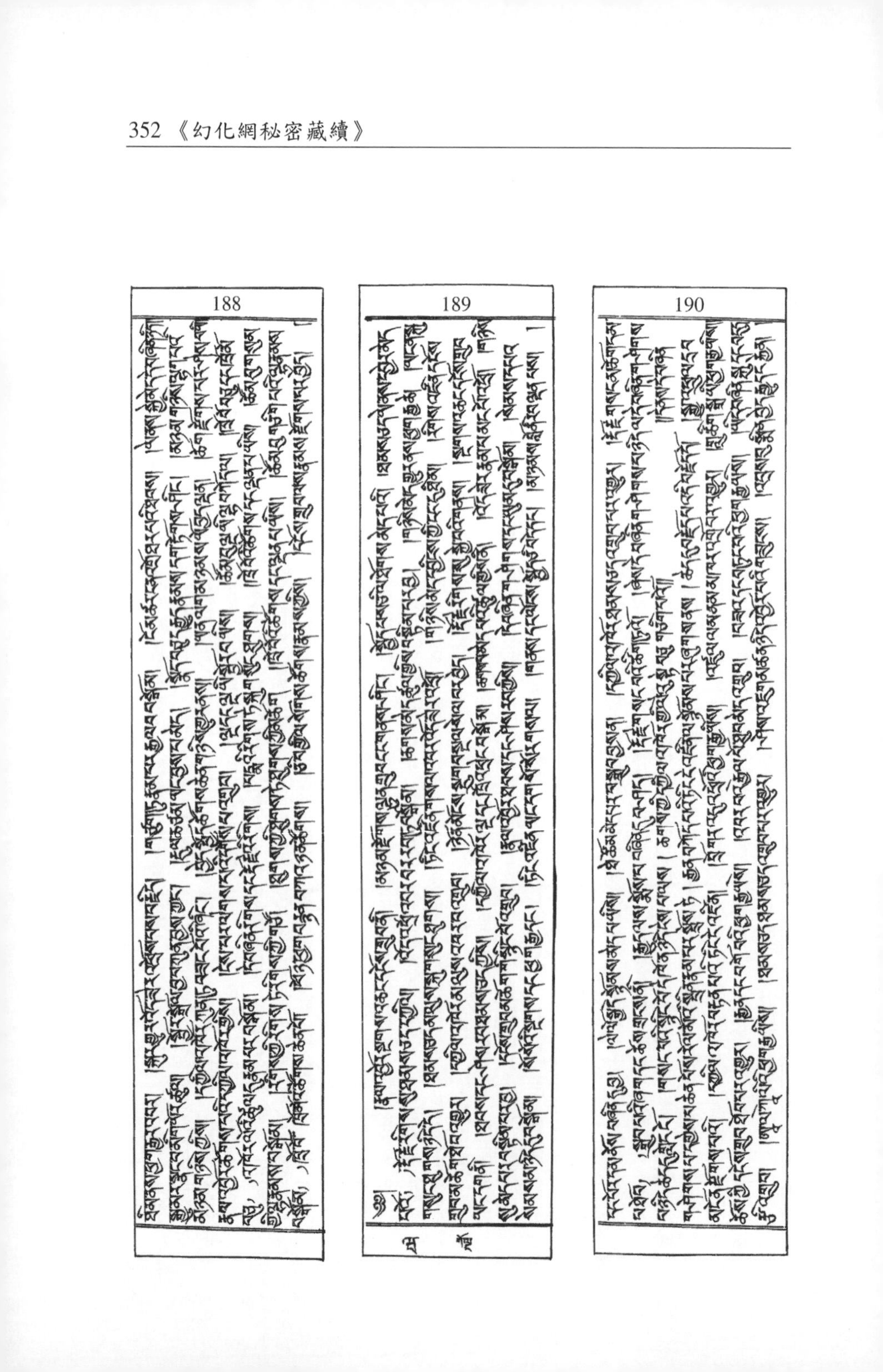

188

189

190

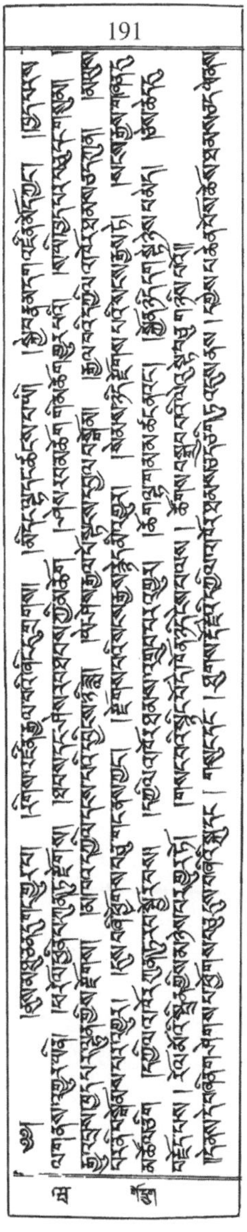
191

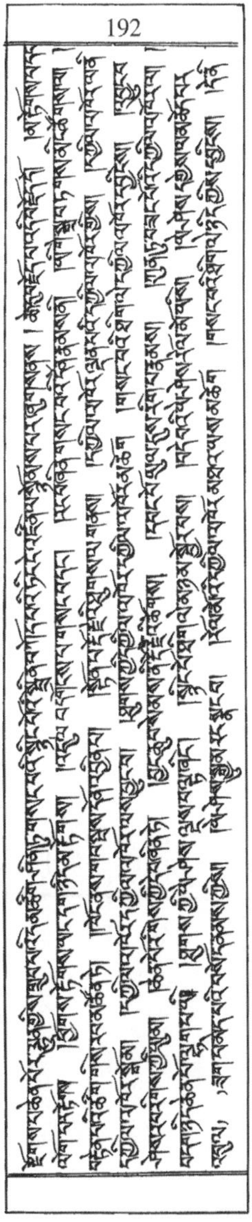
192

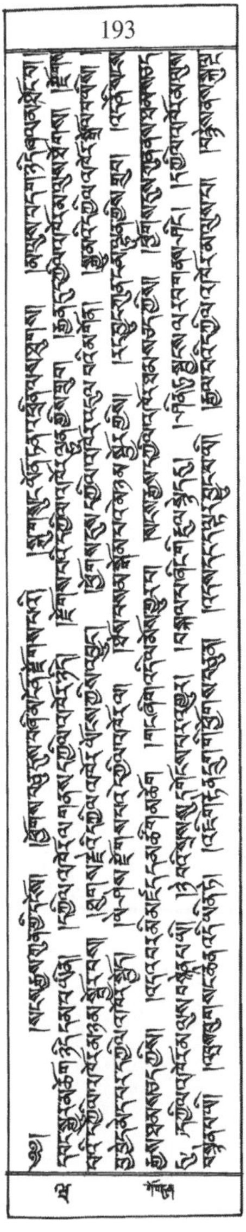
193

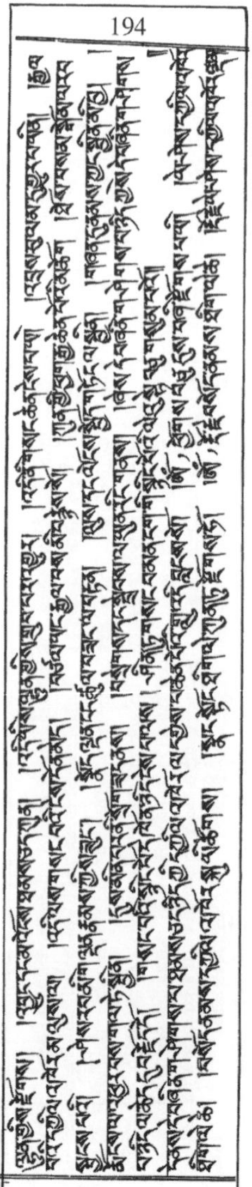

194

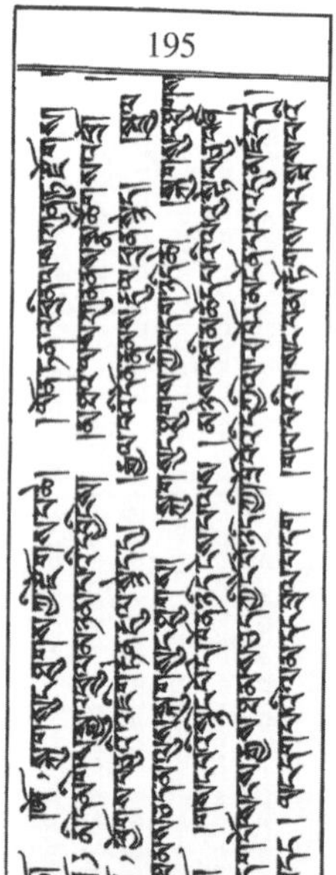

195

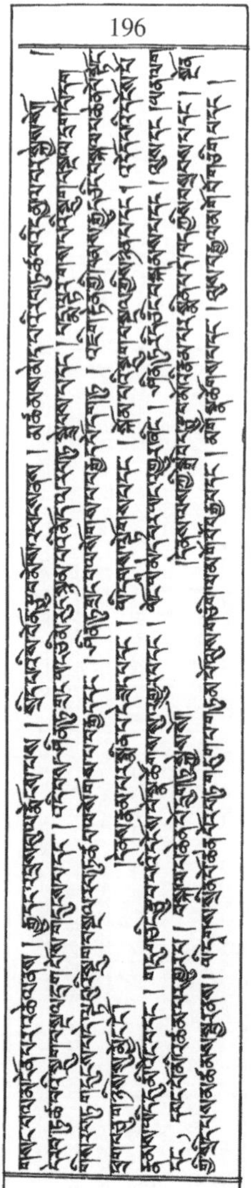

196

197

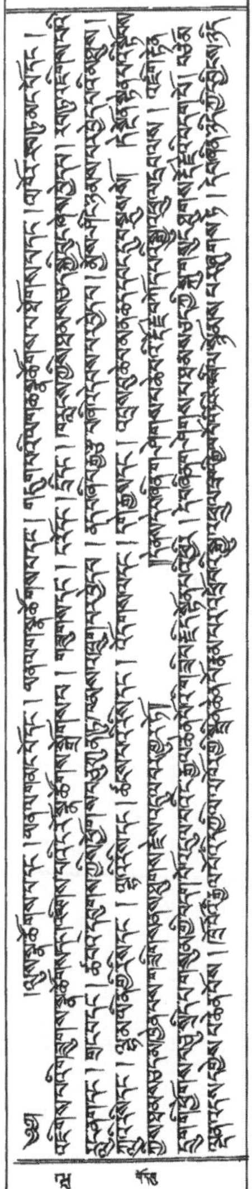

198

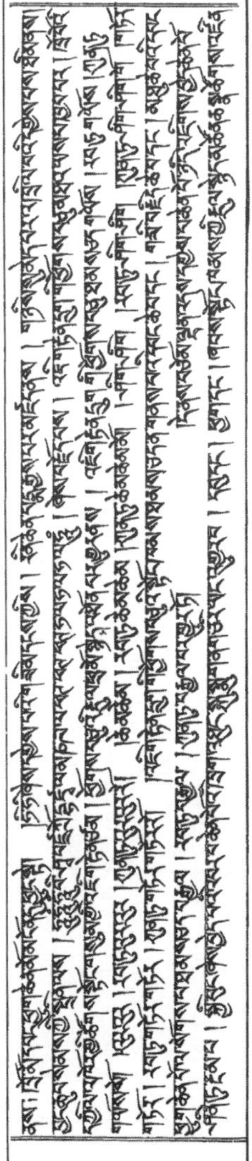

199

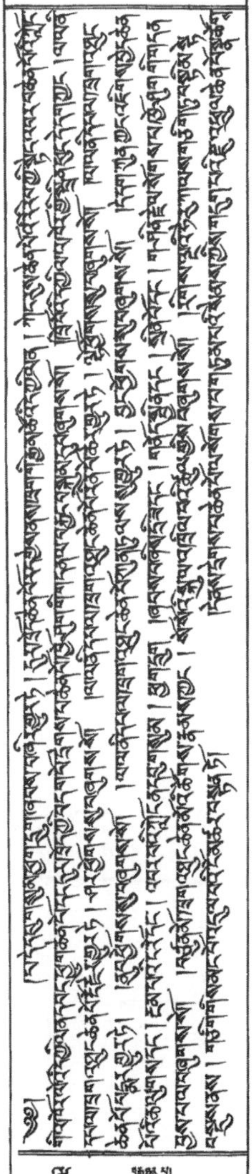

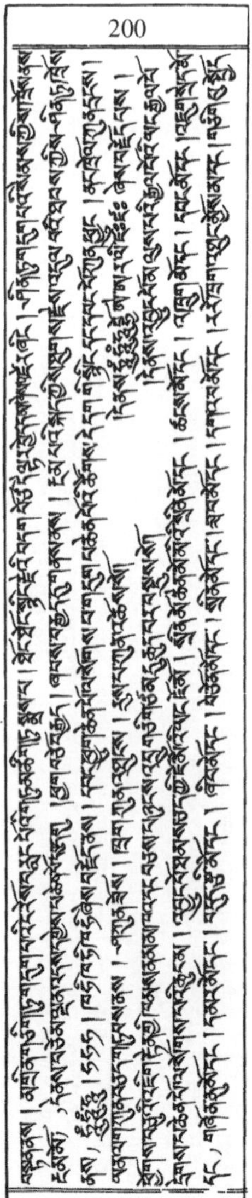

200

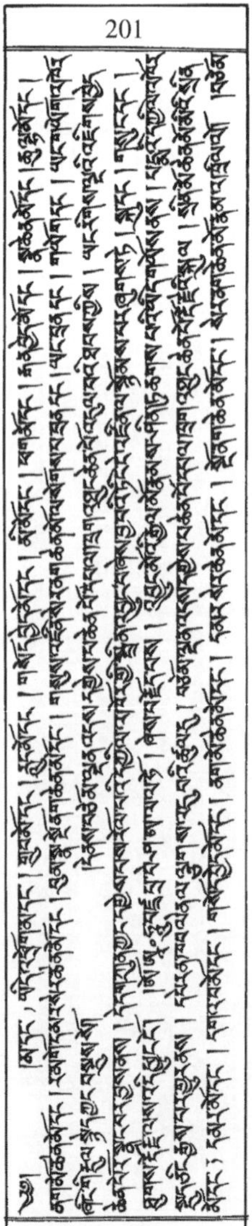

201

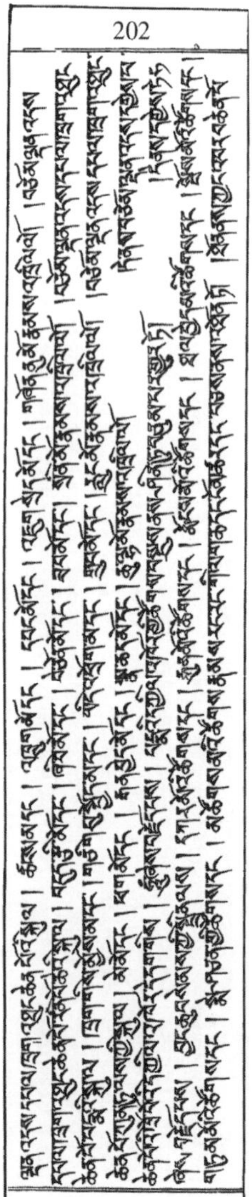

202

203

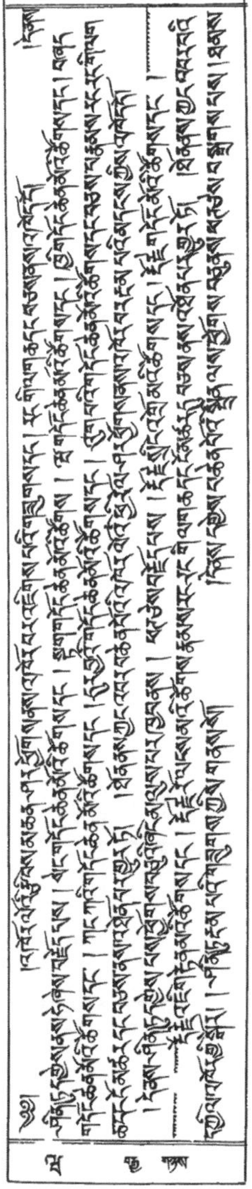

204

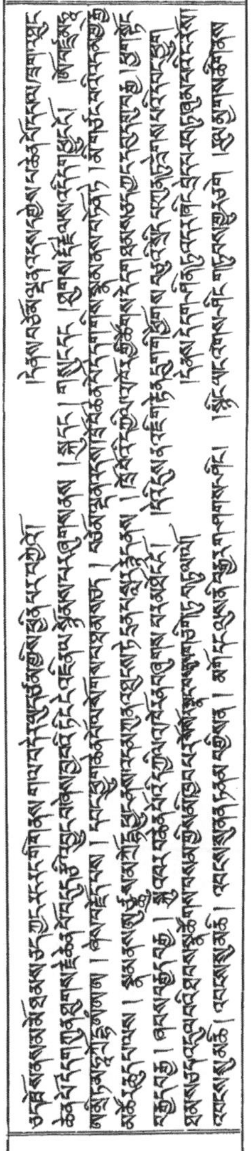

205

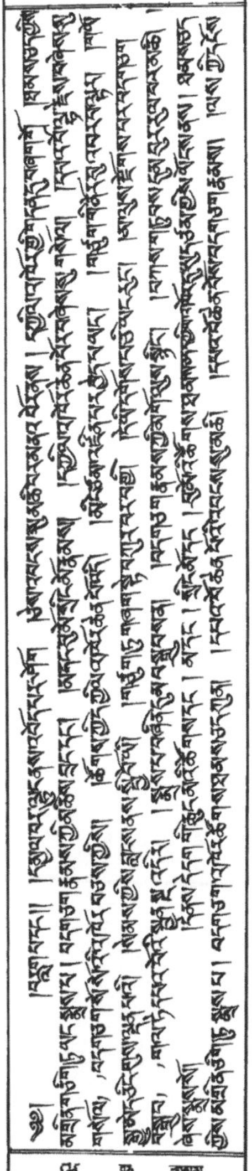

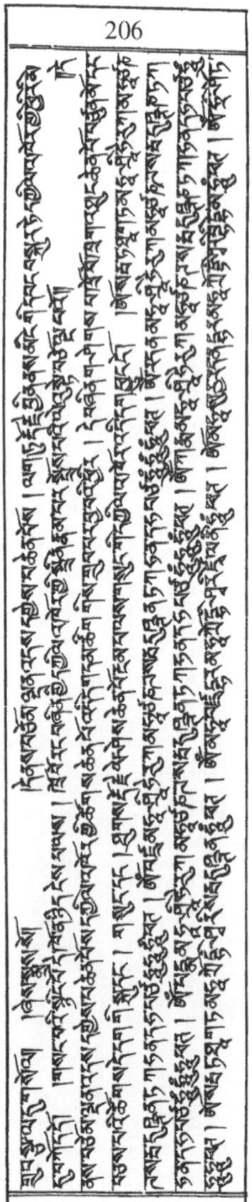
206

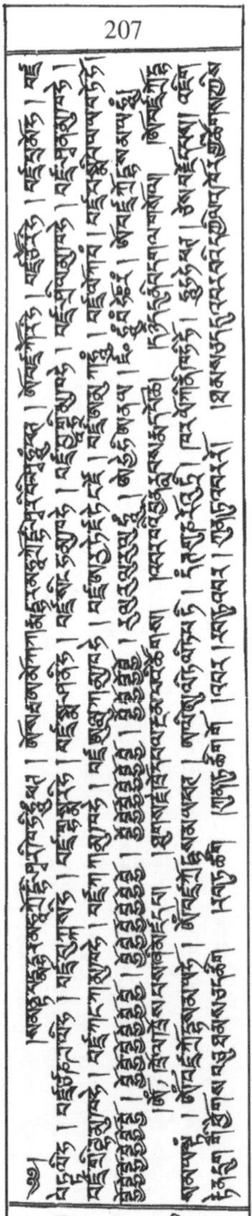
207

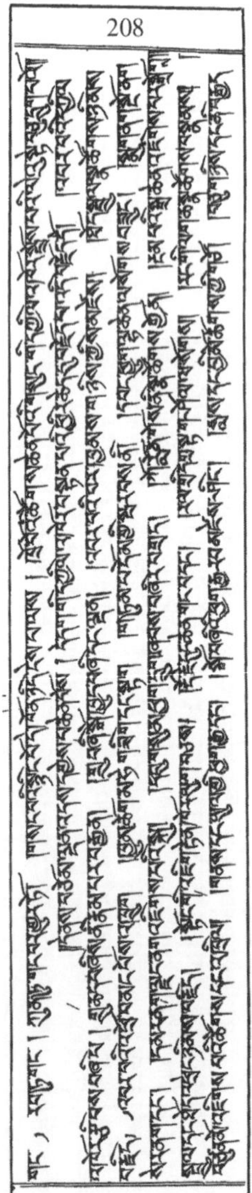
208

209

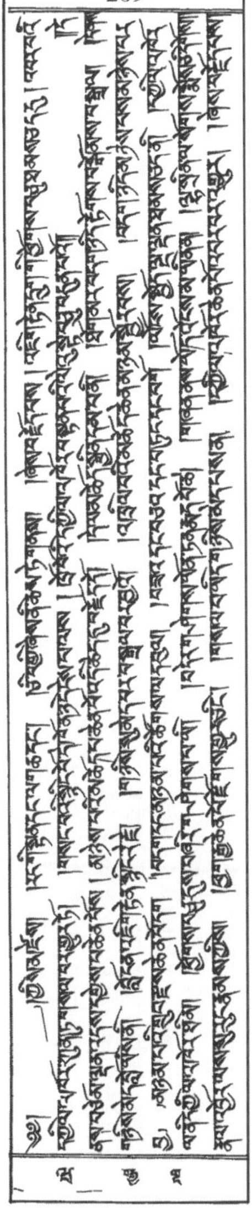

210

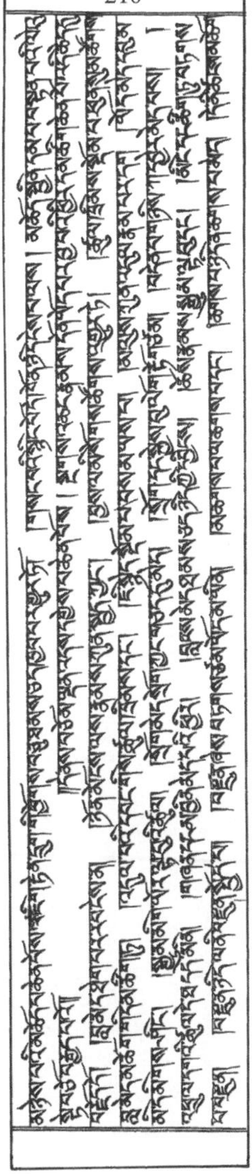

211

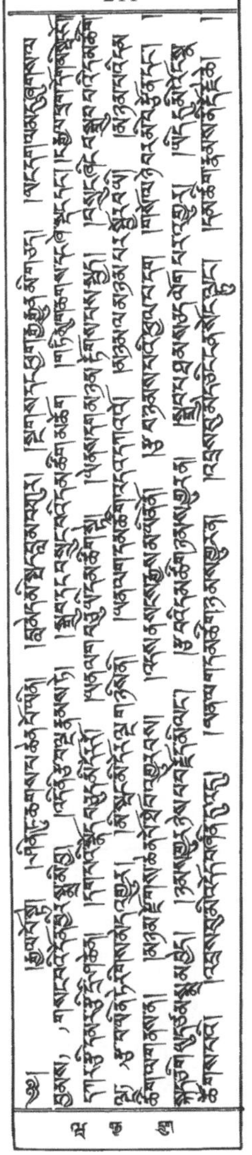

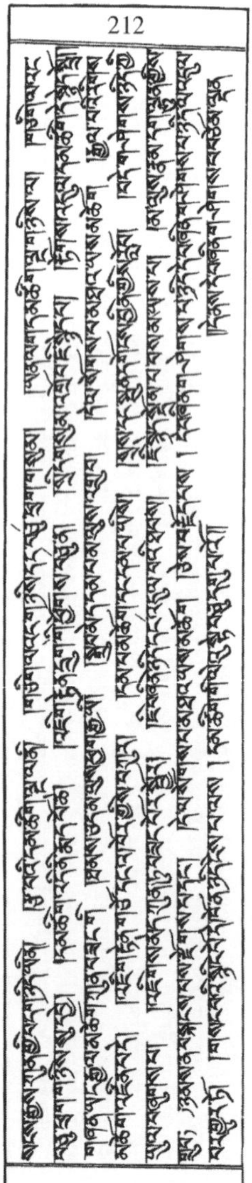

212

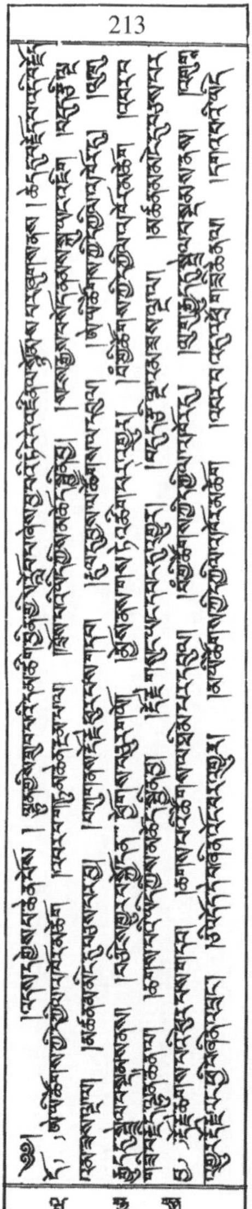

213

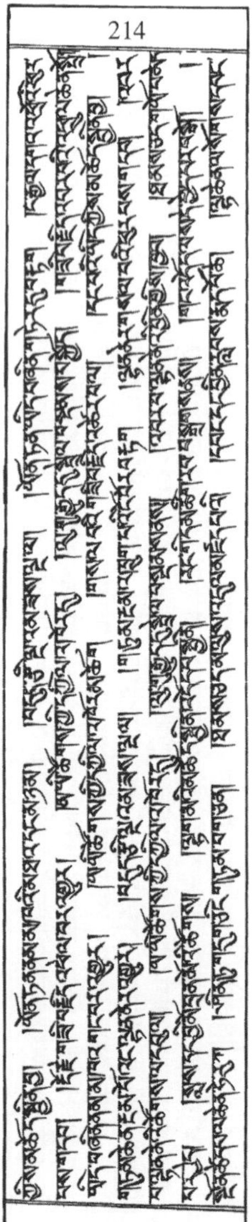

214

215

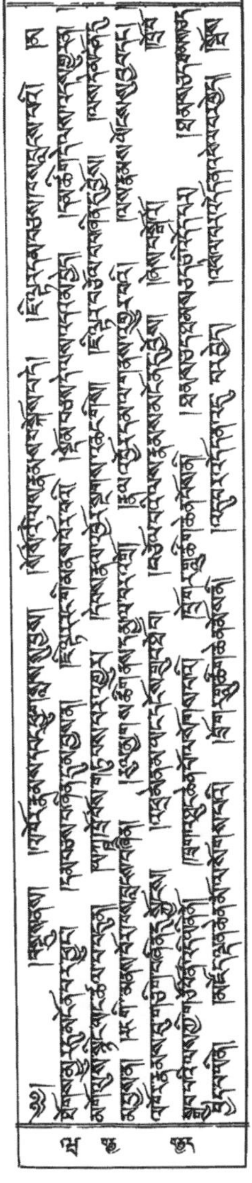

216

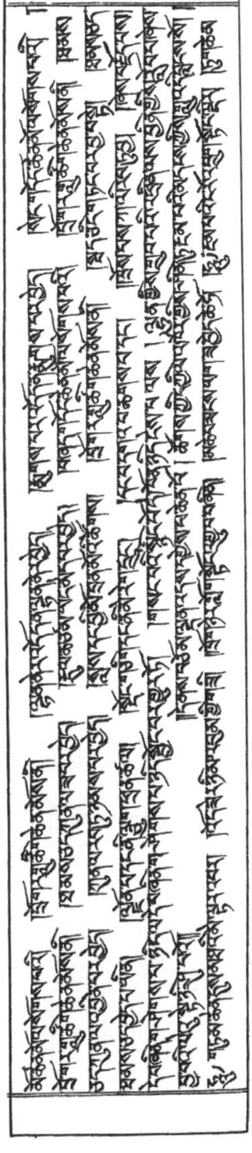

217

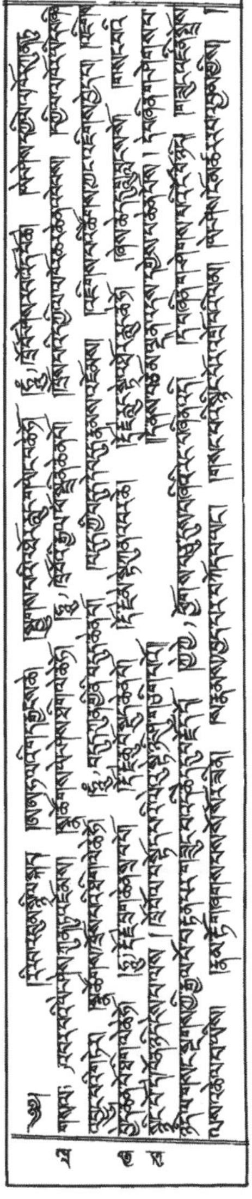

218

དོན་དཀྱི་སྤྲུལ་པ་ཡོང་མ་གསུང་། །དེ་བཞིན་གཤེགས་པ་ཐམས་ཅད་ཀྱི། །ཐུགས་རྒྱུད་གསང་ཆེན་སྙིང་པོ་འདི། །ཧཾ་ཞེས་ནས་སྨྲ་བར་ག་བྱེད་པ། །ཧེ་དེ་དཔའ་ཆེ་རབ་དབང་ཛྙཱ་ན། །དེ་བཞིན་གཤེགས་པ་
ཐམས་ཅད་ལ། །གསང་བ་རྡོ་རྗེ་ལས་གཞན་མི་མངའ། །སྒྲོན་དང་སྐུ་དང་བཞི་པ་ཡི། །གསང་བའི་སྙིང་པོ་དོན་ཕྱོགས། །ཀྱེ་དེ་རྟེན་པའི་རྒྱུ་མཚན་འབྱུང་། །དེ་ཉིད་ངེས་པར་འབྱུང་བ་བསྟན། །སྤྲུལ་ཉིད་སྤྱོད་ལས
སྐྱེས་པ་ཡིན། །ས་རབ་རིག་པ་འཛིན་ལ་གནས། །ཞེས་བརྗོད་པས། །དེ་བཞིན་གཤེགས་པ་ཐམས་ཅད་སྤྱིར་མེད་པར་རྗེས་ནས། །རྣམ་པ་ཀུན་ལྡན་མཉམ་པ་ཉིད་ཀྱི་སྤྱི་རིགས་སྐུ་གསུང་ཐུགས་ཀྱི་
ལྷུན་གྱིས་པོ་བ་ཀོ་དང་པ་རྒྱ་ནི་དང་བ་བཞུགས་སོ། །འབྲས་བུ་སྟེ་རྡོ་རྗེ་པའི་རྒྱལ་པོ་སྐུ་འདུས་པ་དྲན་པའི་ལོ་རྒྱུས་སྐྱོང་སྒྲ་བསྒྲུབ་པ་ལས། །མཚན་ཉིད་དང་རྒྱུ་ཚོགས་ཐམས་ཅད་ཀྱི་ཡུང་གི་སྒྲ།
དེ་བཞིན་གཤེགས་པ་ཐམས་ཅད་ཀྱི་གསང་བ། །གསང་བའི་སྙིང་པོ་དེ་ཁོ་ན་ཉིད་ངེས་པ་ལས་ཐམས་ཅད་མཐུན་པར་སྨྲས་ཏེ། །ཡེ་ཤེས་པོ་བསྐོར་བ་དེ་དག་གི་བཟླས་ཚུ་མཆོག
གསང་བའི་སྙིང་པོ་དེ་ཁོ་ན་ཉིད་ངེས་པ་ལས་མཉམ་པ་དང་ཡོངས་སུ་གཏུགས་པའི་ལེའུ་སྟེ་ཉི་ཤུ་གཉིས་པའོ།། །།རྫོགས་སོ།།
།།རྒྱ་གར་གྱི་པཎྜི་ཏ་བི་མ་ལ་མི་ཏྲ་དང་། །ལོ་ཙཱ་བ་རྨ་རིན་ཆེན་མཆོག་གིས་བསྒྱུར་བའོ། །སྤྲོ་འབུམ་པ་བཞི་དགུ་པ་གསང་སྙིང་བགྲེ་བ་ཀྱི་རྒྱན།།

主編者簡介

談錫永，廣東南海人，1935年生。童年隨長輩習東密，十二歲入道家西派之門，旋即對佛典產生濃厚興趣，至二十八歲時學習藏傳密宗，於三十八歲時，得甯瑪派金剛阿闍梨位。1986年由香港移居夏威夷，1993年移居加拿大。

早期佛學著述，收錄於張曼濤編《現代佛教學術叢刊》，通俗佛學著述結集為《談錫永作品集》。主編《佛家經論導讀叢書》並負責《金剛經》、《四法寶鬘》、《楞伽經》及《密續部總建立廣釋》之導讀。其後又主編《甯瑪派叢書》及《大中觀系列》。

所譯經論，有《入楞伽經》、《四法寶鬘》（龍青巴著）、《密續部總建立廣釋》（克主傑著）、《大圓滿心性休息》及《大圓滿心性休息三住三善導引菩提妙道》（龍青巴著）、《寶性論》（彌勒著，無著釋）、《辨法法性論》（彌勒造、世親釋）、《六中有自解脫導引》（事業洲巖傳）、《決定寶燈》（不敗尊者造）、《吉祥金剛薩埵意成就》（伏藏主洲巖傳）等，且據敦珠法王傳授註疏《大圓滿禪定休息》。著作等身，其所說之如來藏思想，為前人所未明說，故受國際學者重視。

近年發起組織「北美漢藏佛學研究協會」，得二十餘位國際知名佛學家加入。2007年與「中國人民大學國學院」及「中國藏學研究中心」合辦「漢藏佛學研究中心」主講佛學課程，並應浙江大學、中山大學、南京大學之請，講如來藏思想。

譯者簡介

沈衛榮，江蘇無錫人。南京大學歷史學學士、碩士，德國波恩大學（University of Bonn）中亞語言文化學博士。歷任尼泊爾藍比尼國際佛教研究所（Lumbini International Research Institute）、美國哈佛大學（Harvard University）、Macalester 學院、德國洪堡大學（Humboldt University）、日本京都大學及日本綜合地球環境學研究所研究員、訪問學者、客席教授等職，現任中國人民大學國學院西域歷史語言研究所所長、教授，中國藏學研究中心學術委員。主要學術興趣涉及西藏宗教、歷史、漢藏佛教研究、中亞研究、中西文化交流史等領域。

寧瑪派叢書 見部 ①

《九乘次第論集》—佛家各部見修差別

談錫永◆主編　敦珠法王等◆著　許錫恩◆譯

甯瑪派以九乘次第説修習，由小乘有部（毘婆沙部）起修，而至甯瑪派的「大圓滿」法門，悉依根器而建立修習。這應是西元八世紀時，由印度傳入西藏的修持系統，而且是屬於「瑜伽行中觀」的系統。這修習系統，如今只有甯瑪派將之保存。這法門殊勝之處，在於不高高立一見地，且依此見地而高高修習。甯瑪派學人即使只修聲聞乘的止觀，上師亦許可，只會提醒其學人於建立「出離心」外尚須建立菩提心，引導其趨向菩薩乘；同樣，對修習菩薩乘（如四無量心、六波羅蜜）的弟子，亦只會提出須修「瑜伽行」然後始能證得清境見，如是即引導其趨向四部瑜伽（密法），期依次第現證究竟實相。

本書分兩部分：上篇翻譯藏地論著，摘自甯瑪派法王敦珠甯波車（Dudjom Rinpoche）對於共因乘及不共果乘之提要，以及義成活佛甯波車（Tulku Thondup Rinpoche）詳論九乘教法的概論。兩篇所引甯瑪派歷代祖師論著片段，絕少見於漢土書籍，甚具參考價值。下篇則輯錄漢地學者郭元興及劉立千縱論九乘次第差別及甯瑪派教法的兩篇文章。本書並以談錫永上師翻譯敦珠甯波車的〈四部宗義要略〉作為附錄，令讀者欲知九乘次第的別別見修行果時，於見地上能得一宗義的參考。

【精裝】定價：新台幣380元

甯瑪派叢書 見部 ②

《甯瑪派四部宗義釋》

談錫永◆主編　敦珠法王等◆著　許錫恩等◆譯著

〈甯瑪派四部宗義要略〉摘譯自敦珠法王無畏智金剛尊者（bDud 'joms rin po che, 'Jigs bral ye shes rdo rje）之《密咒舊譯教法安立簡論・顯現善說喜宴》（gSang sngags snga 'gyur rnying ma ba'i bstan pa'i rnam gzhag mdo tsam brjod pa legs bshad snang ba'i dga' ston）。此論雖討論佛家大小乘四部宗義，但原非宗義學（grub mtha'）專論，僅於說「九乘次第」前作引導，是故其體系便亦跟宗義學之分見修行果以說宗義不同。甯瑪派以九乘次第說修習，由小乘有部（毘婆沙部）起修，而至甯瑪派的「大圓滿」（rdzogs pa chen po）法門，悉依根器而建立修習。這應是西元八世紀時由印度傳入西藏的修持系統，而且是屬於「瑜伽行中觀派」的系統。

本書附有蓮花生大士（Padmasambhava）造的《口訣見鬘》（Man ngag lta ba'i phreng ba），抉擇外宗、內宗，於內宗更抉擇九乘，所以是很重要的論典。論中更說明「四種證悟」、與生起、圓滿、大圓滿三部法，要言不煩，即是並非修密的行人，亦宜理解以作參考。更附錄智軍（Ye shes sde）的《見差別》（lTa ba' khyad par）及吉祥積（dPal brtsegs）的《見次第說示》（lTa ba'i rim pa bshad pa bzhugs）。這是佛法傳入西藏初期的兩部宗義書，故亦作為附錄，令學者知於古代如何判別宗義。

由於〈甯瑪派四部宗義要略〉中實未說九乘次第，所以亦將談錫永〈九乘次第略說〉一文作為附錄。這雖然是附錄，但這其實是本書重要組成部份。
如是四篇附錄，當可作為研讀正文時的參考。

【精裝】定價：新台幣480元

甯瑪派叢書
見部
③

甯瑪派叢書 見部③
談錫永◆主編
辨法法性論及釋論兩種
談錫永、邵頌雄◆譯著
本論論旨為轉依，
而轉依之所依則為無分別智，
是故理解如何悟入無分別智，
是研讀本論關鍵所在。

《辯法法性論及釋論兩種》

談錫永◆主編　談錫永、邵頌雄◆譯著

《辨法法性論》乃印度大乘佛教「瑜伽行派」的根本論典之一。然而，自陳那、護法一系的「唯識學派」興起以後，傳統「瑜伽行古學」的教法即成沈寂，甚至一些主弘瑜伽行古學法義的論典，如《辨法法性論》及《寶性論》等，亦曾失傳。

玄奘法師當年未曾譯出本論，而漢土所傳的瑜伽行教法亦僅成立唯識；但若據藏傳佛教，則本論已超越唯識範圍，其論旨實契合瑜伽行古學的教法精華。今新譯據藏文重翻，為漢土的「瑜伽行派」研究開展新的一頁，不但澄清瑜伽行教法的內容，且著重由實修層次來理解論旨，令本論與密乘修習無間配合。

本書亦有專章對勘《辨法法性論》的漢藏諸譯，並附上印度論師世親菩薩(Vasubandhu)與藏密甯瑪派近代大學者不敗勝海尊者(Mi pham rgya mtsho)為本論所造釋論的翻譯；復依甯瑪派了義大中觀見地來詮釋本論，詳明悟入法性的次第與現證無分別智的法門、點出修道的機理，甯瑪學人讀來更覺親切。

【精裝】定價：新台幣480元

寧瑪派叢書 見部 ④

《決定寶燈》

談錫永◆主編、譯著　不敗尊者◆造論

《決定寶燈》為不敗尊者(Mi pham rgya mtsho, 1846-1912)藉提出七個甚深問難，與當時惡意批評大中觀見地的餘宗學者作見地上的討論，以回護自宗。此七個問難如下：

據二遮遣說何見
二乘證否二無我
定中需持境相否
定為修觀抑修止
二諦以何為要義
異受以何為共境
中觀立宗抑不立

產生本論的背景，是由於十九世紀時有部分噶丹寺學人不善學祖師的見修，將見地與修持割裂，於是將前輩的論著斷章取義，用以恣意批評藏傳佛教中其他宗派的見修。由是掀起宗派融和運動(ris med)，藏密各派融和，對抗當時對各派猛烈評擊的風氣。本論其實亦有這個意趣。

【精裝】定價：新台幣480元

甯瑪派叢書

見部

⑤

《無修佛道》—現證自性大圓滿本來面目教授

摧魔洲尊者◆造論 敦珠法王◆科判 談錫永◆導論 許錫恩◆翻譯

《現證自性大圓滿本來面目教授・無修佛道》由大伏藏師摧魔洲尊者（bDud ’ jom gling pa, 1835 -1904）所發掘，乃大圓滿教授中，最稀有典籍之一。全論乃大圓滿口訣部立斷（且卻khregs chod）法門之重要指示，分見、修、行、果四門論述修證本來面目的階梯。

此論亦簡名《淨治明相》（sNang sbyang），即修治明相令得清淨之意，修證本來面目次第，由有修持而無修持、由有整治而無整治、由有行持而無行持、由有證量而至無所得，次第井然。「大圓滿」道法，以直指本來面目為建立見地的手段，此同於由菩提達摩（Bodhidharma）大師傳入漢土的教法。因此我們可以説，祖師禪與大圓滿實同一旨趣，同一趨歸，唯漢土祖師禪則由最高處入手，不同藏密之由下趨上，若謂宗風不同，即此而已。由是「淨治明相」的法門，便有很重要參考價值。

敦珠法王無畏智金剛（’ Jigs bral ye shes rdo rje, 1904-1987）乃摧魔洲尊者之轉生，曾為本論造一攝義科判，題為《大圓滿立斷淨治明相攝義科判》（rDzogs chen khregs chod snang sbyang gi bsdus don sa bcad bzhugs）；此外，又為本論造一簡明釋義(’ chad pa)。本書亦附有此二論之漢譯，並由談錫永上師撰寫導論，讀者由是能得窺甯瑪派所傳之不可思議法門次第止觀教授。

【精裝】定價：新台幣360元

甯瑪派叢書 修部①

《大圓滿心性休息導引》

龍青巴尊者◆造論　談錫永◆主編、譯釋

《大圓滿心性休息》（rDzogs pa chen po sems nyid ngal gso）為甯瑪派祖師龍青巴尊者（Klong chen rab ’byams pa, 1308-1364/69）所造，內容涵攝小乘教法中「諸法無我」、「諸行無常」、「諸受是苦」的具體修習，大乘顯宗四無量心與願行兩種菩提心的實際觀修，外密事續、行續、瑜伽續的修習綱領，以及內密大瑜伽、無比瑜伽、無上瑜伽中生起次第、圓滿次第與生圓雙運的觀修法門。本譯註另譯出此論的自釋論《三住三善導引菩提妙道》中共一百四十一導引，其中九十二導引配合顯三乘止觀，二十二導引配合密乘四續部生圓次第修習，二十七導引配合大圓滿加行的不共止觀法。

本論為尊者所造的《三休息》（Ngal gso skor gsum）之一。三部《休息》論一氣呵成，以《心性》總述甯瑪派九乘次第止觀修習；以《禪定》專述生圓次第修習，且特別著意於圓滿次第中，由氣脈明點修習得大樂、光明及無念；以《虛幻》修習樂空之「八幻喻觀」，用以對治修樂明之執著。所以三論中，實以《心性》為根本。

本論分十三品，總述九乘次第的修習綱要，涵括聲聞、緣覺、菩薩三共因乘，事續、行續、瑜伽續外密三乘以及大瑜伽、無比瑜伽、無上瑜伽內密三乘之義理與止觀修習綱領。全論説理明暢，深受歷代學人重視。

【精裝】定價：新台幣395元

甯瑪派叢書 修部②

《大圓滿前行及讚頌》

談錫永◆主編

《大圓滿廣大心要》（rDzogs pa chen po klong chen snying thig）整個伏藏，由無畏洲尊者（'Jigs med gling pa, 1729-1798）取巖，所有法彙都屬於密意藏（dgongs gter）。至於《敦珠新伏藏》（bDud 'joms gter gsar，漢土習慣譯作《敦珠新寶藏》），包含八個教法系統，前四由摧魔洲尊者（即敦珠一世，bDud 'joms rin po che I）取巖，後四則由無畏智金剛尊者（'Jigs 'bral ye shes rdo rje, 1904-1987，即敦珠二世）取巖。摧魔洲尊者的四個教法系統中，前三屬於密意藏，後一屬於地藏（sa gter）；至於無畏智金剛尊者的四個教法系統，則全屬密意藏。本書主要以《廣大心要》的前行法為例，輔以《敦珠新伏藏》的部分讚頌，以說明甯瑪派前行修習的理趣，以及《廣大心要》前行修習與整個《廣大心要》伏藏法門的關係。

甯瑪派的前行修習，分共與不共兩部分。共前行的觀修，主要為行者建立出離心。其修習固然可以依儀軌念誦，但其精華卻不在於形式上背誦儀軌的頌文，而在於令行者厭離輪迴、歸心於法。不共前行的觀修，主要為行者建立菩提心。皈依的修習，乃生起菩提心的基礎；於生起菩提心後，經過行者深切的懺悔除障、積集兩種資糧、斷除凡庸心對自我的執著，於上師瑜伽的修習中，即能初證智悲雙運的菩提心。

【精裝】定價：新台幣380元

甯瑪派叢書系列
修部【3】

《幻化網秘密藏續》

主編／談錫永
翻譯／沈衛榮
發行人／黃紫婕
美術編輯／李琨
出版者／**全佛文化事業有限公司**
地址／台北市松江路 69 巷 10 號 5 樓
永久信箱／台北郵政 26-341 號信箱
電話／（02）2508-1731　**傳真**／（02）2508-1733
郵政劃撥／19203747　全佛文化事業有限公司
E-mail：buddhall@ms7.hinet.net
http://www.buddhall.com

行銷代理／紅螞蟻圖書有限公司
地址／台北市內湖區舊宗路二段 121 巷 28 之 32 號 4 樓（富頂科技大樓）
電話／（02）2795-3656　**傳真**／（02）2795-4100

初版／2010 年 8 月
【**精裝**】**定價**／新台幣 480 元

國家圖書館出版品預行編目資料

幻化網秘密藏續 / 談錫永導論 ; 沈衛榮翻譯. --
初版. -- 臺北市 : 全佛文化, 2010.08
面 ; 公分. -- (甯瑪派叢書系列 ; 3)

ISBN 978-986-6936-52-4(精裝)
1.藏傳佛教 2.佛教修持

226.96615 99013683